智能制造工业软件应用系列教材

工业数据采集与管理系统
（下　册）

胡耀华　梁乃明　总主编
王福杰　程泽阳　编　著

机械工业出版社

本书以 WinCC 为实现工具，讲述工业数据采集与管理系统的组态方法。WinCC 即 Windows Control Center（视窗控制中心），是一个基于 Windows 操作系统的数据采集与监控管理软件。本书共 6 章，讲解使用 WinCC 组态数据采集与管理系统的高级功能与智能工具，内容包括 WinCC 概述、脚本系统、通信驱动程序、WinCC 的集成、系统架构与授权及实战演练。

通过对本书的学习，读者会对软件有一定的了解，掌握编写基本语言脚本的方法，并通过最后一章的实战演练，达到能独立完成简单项目的学习效果。

本书内容全面，基本覆盖了组态软件的基本操作、前沿功能与实际操作中易被忽略的知识点，不仅可以作为高等院校智能制造工程、自动化、机械工程及其自动化、电气工程等相关专业的教学用书，也可作为技术开发人员及工程技术人员的培训和自学用书。

★本书配套项目的源文件请通过机械工业出版社教育服务网（www.cmpedu.com）的本书详情页下载。

图书在版编目（CIP）数据

工业数据采集与管理系统. 下册/胡耀华，梁乃明总主编；王福杰，程泽阳编著. —北京：机械工业出版社，2021.10
智能制造工业软件应用系列教材
ISBN 978-7-111-69389-5

Ⅰ.①工⋯ Ⅱ.①胡⋯ ②梁⋯ ③王⋯ ④程⋯ Ⅲ.①制造工业-数据采集②制造工业-数据管理 Ⅳ.①F407.4

中国版本图书馆 CIP 数据核字（2021）第 212337 号

机械工业出版社（北京市百万庄大街 22 号 邮政编码 100037）
策划编辑：徐鲁融 责任编辑：徐鲁融 张翠翠
责任校对：陈 越 封面设计：王 旭
责任印制：单爱军
北京虎彩文化传播有限公司印刷
2022 年 1 月第 1 版第 1 次印刷
184mm×260mm・11.5 印张・284 千字
标准书号：ISBN 978-7-111-69389-5
定价：45.00 元

电话服务 网络服务
客服电话：010-88361066 机 工 官 网：www.cmpbook.com
　　　　　010-88379833 机 工 官 博：weibo.com/cmp1952
　　　　　010-68326294 金 书 网：www.golden-book.com
封底无防伪标均为盗版 机工教育服务网：www.cmpedu.com

前 言

随着"中国制造2025"和"两化融合政策"的提出，如何实现信息化和工业化的结合、提升制造技术水平，是我国制造业面临的一大挑战。通过 SCADA（Supervisory Control And Data Acquisition，监视控制与数据采集）系统，可以采集和管理制造过程产生的数据，以供分析和优化，提高制造过程的信息化和透明化程度，不断优化制造过程，促进制造生产水平不断提高。同时，也为企业后期搭建功能更加强大的企业信息化平台提供数据基础。针对各行各业智能制造需求的不断提升，SCADA 技术也在不断完善，不断发展，其技术进步一刻也没有停止过，并逐渐在传统流程型制造行业和离散型制造行业中得到深化应用与推广，进而提升企业的信息化水平。

本书介绍的 WinCC 软件是 SCADA 软件中的一种，由西门子公司与微软公司共同开发推出，采用众多先进技术是在自动化领域居于世界领先地位的工控软件。WinCC 适用于对各种行业的生产过程、生产工序、机器设备和工厂进行可视化及操作控制。该系统不仅支持简单的单站系统，同时支持带有冗余服务器的分布式多站系统，以及基于 Web 的全球解决方案。功能强大的 WinCC 是公司实现信息纵向集成的数据交换枢纽。

本书作为与《工业数据采集与管理系统（上册）》相配合的下册，重点介绍 WinCC 软件的逻辑操作与可用智能选件。第 1 章为 WinCC 概述，主要讲解了 WinCC 软件在智能制造工业软件系统中的地位及作用，并对 WinCC 软件与其他智能制造工业软件的衔接关系做了介绍。第 2~5 章主要对 WinCC 软件的高级应用功能做了详细的介绍，包括脚本系统、通信驱动程序、WinCC 的集成、系统架构与授权。第 6 章挑选了离散型行业与流程型制造行业的实际工业项目作为实例，介绍了 WinCC 项目开发的全过程。

本书是智能制造工业软件应用系列教材中的一本，本系列教材在东莞理工学院马宏伟校长和西门子中国区总裁赫尔曼的关怀下，结合西门子公司多年在产品数字化开发过程中的经验和技术积累编写而成。本系列教材由东莞理工学院胡耀华和西门子公司梁乃明任总主编，本书由东莞理工学院王福杰和西门子公司程泽阳共同编著。虽然编著者在本书的编写过程中力求描述准确，但由于水平有限，书中难免有不妥之处，恳请广大读者批评指正。

编著者

目 录

前言
第1章 WinCC 概述 ································ 1
第2章 脚本系统 ································ 4
  2.1 C 语言（C-Script）基础 ············ 4
  2.2 VBS 脚本 ································ 17
  本章小结 ····································· 24
  习题 ·· 24
第3章 通信驱动程序 ······················ 26
  3.1 西门子 S7 系列 PLC 通信驱动
      SIMATIC S7 Protocol Suite ········ 26
  3.2 西门子 SIMATIC S5 通信驱动 ··· 29
  3.3 三菱 PLC 通信驱动 Mitsubishi
      Ethernet ································ 31
  3.4 OPC 通信协议 ························· 33
  3.5 Modbus TCP 通信协议 ·············· 42
  3.6 通信诊断 ································ 43
  本章小结 ····································· 46
  习题 ·· 46
第4章 WinCC 的集成 ······················ 47
  4.1 使用 C 语言脚本和 VBS 脚本进行
      系统间数据交互 ······················ 47
  4.2 SQL 数据库集成 ····················· 48
  4.3 ActiveX 控件集成 ···················· 49
  4.4 Excel 文档集成 ······················· 50
  4.5 应用实例 ································ 53
  本章小结 ····································· 60
  习题 ·· 61
第5章 系统架构与授权 ·················· 62
  5.1 WinCC 的授权种类 ················ 62
  5.2 WinCC 常见架构和所需授权 ··· 65
  5.3 应用实例 ································ 77
  本章小结 ····································· 84
  习题 ·· 84
第6章 实战演练 ································ 85
  6.1 离散行业数据采集与监控系统开发
      案例 ·· 85
  6.2 流程行业数据采集与监控系统开发
      案例 ·· 126
附录 A 标准函数 ···························· 148
附录 B 拓展软件介绍 ···················· 167
结束语 ·· 179
参考文献 ·· 180

第 1 章 WinCC概述

WinCC（Windows Control Center）是一款由西门子公司和微软公司共同开发的基于PC的HMI系统，适用于对各种行业的生产过程、生产工序、机器设备和工厂进行可视化及操作控制。该系统不仅支持简单的单站系统，同时还支持带有冗余服务器的分布式多站系统，以及基于Web的全球解决方案。功能强大的WinCC是整个公司实现信息纵向集成的数据交换枢纽。

WinCC基本系统包含各种工业标准功能，如过程值的监视与控制、事件触发与确认、消息与过程测量值的归档，以及用户管理和可视化等。

1. 图形系统

WinCC的图形系统可在运行时处理画面上的所有对象。通过WinCC Graphics丰富的图形库，可提高工程效率，加强企业工程标准化。通过集中设置和调色板，可高效生成企业标准画面风格和元素，以应用于不同项目，从而创建良好的视觉效果。WinCC支持多点触控、手势操作及监控画面的多屏显示功能，让现场操作易如反掌。

WinCC集成功能强大的趋势控件，可以显示在线数据，也可用于历史数据的展示。WinCC利用大量的内置统计功能对过程状态进行综合分析，并可以将这些功能定位到WinCC趋势标尺控件内的任何位置。此外，WinCC的运行语言支持全球绝大部分官方使用的语种，因此用户可在一个项目中同时使用多种语言，并可在运行中随时进行画面语言切换。

2. 报警消息系统

SIMATIC WinCC报警可以通过外部变量各个位的触发而产生（最多32位），也可以直接由来自自动化系统的时间消息帧或者是超出限定值时由模拟量报警而引发，或者是由某个操作而导致（操作消息）。根据每个报警块内容的不同，可按优先级、故障位置或时间顺序对报警进行筛选和分类。

3. 归档系统

WinCC集成高性能的MS SQL Server数据库，用于归档存储历史数值/值序列，以及报警和用户数据，不仅功能强大，而且易于扩展。高效率和无损失压缩功能的采用意味着对存储器的要求非常低，用户可在事件控制或过程控制的基础上（如超过限定值）以及在压缩的基础上（如生成平均值）循环（连续）归档过程值。系统将测量值或报警保存在一个大小可组态的归档内。实际上，用户还可根据实际需求确定最大归档周期（如一个月或一年），也可以规定一个最大数据量，每种归档都可分段，并定期将已完成的各个日志导出到长期归档服务器。WinCC 归档系统已支持 512 个变量归档功能，需存储更多变量数据时，可订购相应的归档变量许可证进行扩展。

4. 报表系统

WinCC 集成报表系统，可将按时间或事件记录的消息、操作员输入和当前过程数据，生成用户自定义布局的报表或项目文档。可以打印报表，也可将报表保存为文件，并在显示器上进行预览。当然，这些日志也可以按不同语种进行组态。

5. 用户管理系统

利用 WinCC User Administrator（用户管理系统），可分配和控制用户的组态及运行时软件版访问权限。用户管理系统最多可支持 128 个用户组，每组最多包含 128 个不同用户，可随时（甚至在操作过程中）为用户分配相应的 WinCC 功能访问权限，最多可划分 999 种不同授权。

6. 脚本系统

WinCC 支持 VBScript 或 ANSI-C 编程。WinCC 配有自己的编辑器，界面友好，支持调试。脚本本身可以访问所有 WinCC 图形对象的属性和方式，以及 ActiveX 控件和其他制造商应用软件的对象模型，从而可使用户能控制对象的动态特性，方便地建立与其他制造商应用软件的连接（如与 Microsoft Excel 和 SQL 数据库的连接）。

WinCC 拥有的很多优势是其他组态软件所不能比拟的，具体如下。

1）WinCC 的开放性。WinCC 作为西门子的产品，一直秉持着开放的原则，在互联网上可以很轻松地下载很多学习资料，同时又有一个拥有大量用户的论坛（西门子工业支持中心），用户可以在上面自由搜寻自己想要的资料，也可以与其他用户、西门子专家进行互动答疑，这可帮助大量的新人走进和适应 WinCC 这个圈子。圈子越大，前景就越好，也反过来促进 WinCC 的不断更新。

2）WinCC 的易用性。对于一些简单的功能，如切换画面、改变对象属性等，WinCC 提供了快速配置方式，不需要写脚本即可实现。同时，WinCC 还自带了很多对象库和控件，只需要简单配置，就可以实现这些简单的功能，让组态工作变得更加简洁。

3）WinCC 的多语言性。国内的组态软件在多语言功能上很薄弱，而 WinCC 作为一款国际通用的产品，本身就具有多语言的先天优势，提供了亚洲版和欧洲版，支持的语言有简体中文、繁体中文、韩语、日语、英语、德语、意大利语、西班牙语等。多语言的通用性让工程师更加忠诚于该软件的使用。

4）WinCC 的创新性。随着计算机技术的发展，WinCC 刚诞生时的那种 C/S 架构已经无法满足客户的需求。WinCC 与时俱进，增加了基于 B/S 架构的 WebNavigator，以及基于移动端的 Web UX，让用户可以通过互联网和移动终端实时访问生产现场的项目。想象一下，当企业老板在国外出差时，想了解国内生产现场的情况，有什么方式是比通过移动终端来访问现场项目更加便利的呢？这些功能把 WinCC 的监控功能充分发挥，让客户更加钟情于 WinCC。

5）WinCC 有着广泛的应用范围。WinCC 独立于工艺技术和行业的基本系统设计、模块化的结构，以及灵活的扩展方式，使其不但可以用于机械工程中的单用户，而且还可以用于复杂的多用户解决方案,甚至是工业和楼宇技术中包含几个服务和客户机的分布式系统。WinCC 集生产自动化和过程自动化于一体,实现了相互之间的整合,这在大量工业领域的应用实例中已证明。

WinCC 突出的优点如下。

1) 通用的应用程序。
2) 内置所有操作和管理功能。
3) 可简单、有效地进行组态。
4) 可基于 Web 持续延展。
5) 采用开放性标准,集成简便。
6) 以集成的 Historian 系统作为 IT 和商务集成的平台。
7) 可用选件和附加件进行扩展。
8) 是"全集成自动化"的组成部分。
9) 适合所有工业领域的解决方案,支持多语言,全球通用,可以集成到所有自动化解决方案内。

智能制造各软件如图 1-1 所示。

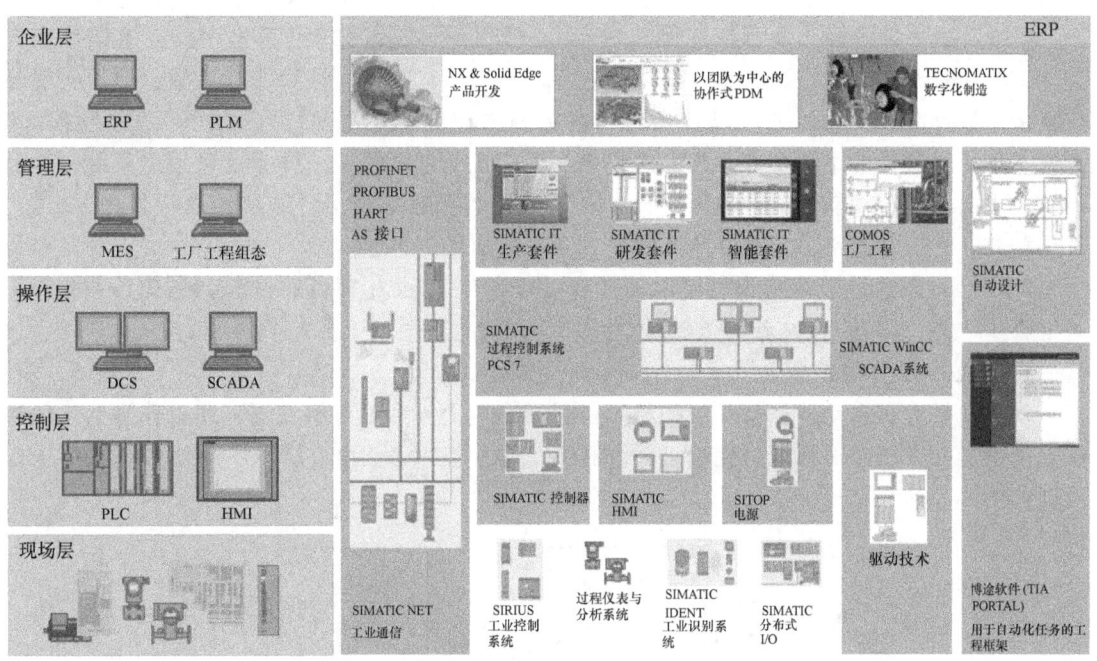

图 1-1　智能制造各软件

TC 是 PLM 系统的产品全生命周期管理软件,NX 是 PLM 系统中的产品设计软件,WinCC 是 SCADA 系统的数据采集软件,MES 是与 PLM 系统并列的生产执行系统。WinCC 和 MES 之间可以通过通信进行数据交互,在生产线中起到数据采集和监控的作用,而 TC 主要负责产品生命周期管理。

因此,WinCC 在制造业快速发展的我国市场中将会迎来更加辉煌的明天。

第 2 章

脚 本 系 统

2.1 C 语言（C-Script）基础

2.1.1 C 语言脚本概述

C 语言是一种结构化语言。它层次清晰，便于按模块化方式组织程序，易于调试和维护。C 语言的表现能力和处理能力极强。它不仅具有丰富的运算符和数据类型，便于实现各类复杂的数据结构，而且还可以直接访问内存的物理地址，实现位（bit）一级的操作。C 语言实现了对硬件的编程操作，集高级语言和低级语言的功能于一体，既可用于系统软件的开发，也适合于应用软件的开发。此外，C 语言还具有效率高、可移植性强等特点。因此，C 语言被广泛地移植到了各类型计算机中，从而形成了多种版本。

WinCC 可以通过 C 语言编写使用函数和动作，使 WinCC 项目的过程动态化。在使用 C 语言脚本之前，先介绍几个 C 语言脚本在 WinCC 中的概念。

1. 函数和动作的差异

动作由触发器启动，也就是由初始事件触发。因为函数没有触发器，所以作为动作的组件来使用，并在动态对话框、变量记录和报警记录中使用。C 语言脚本中动作和函数的工作原理如图 2-1 所示。

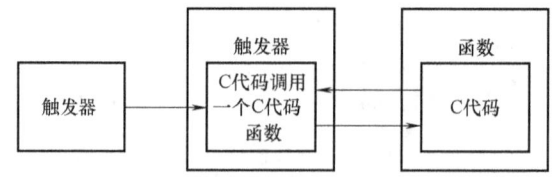

图 2-1 C 语言脚本中动作和函数的工作原理

2. 触发器类型

触发器类型如图 2-2 所示。

3. 函数和动作概述

图 2-3 所示为函数和动作的范围。

动作用于独立于画面的后台任务，如打印日常报表、监控变量或执行计算等。函数是一

第2章 脚本系统

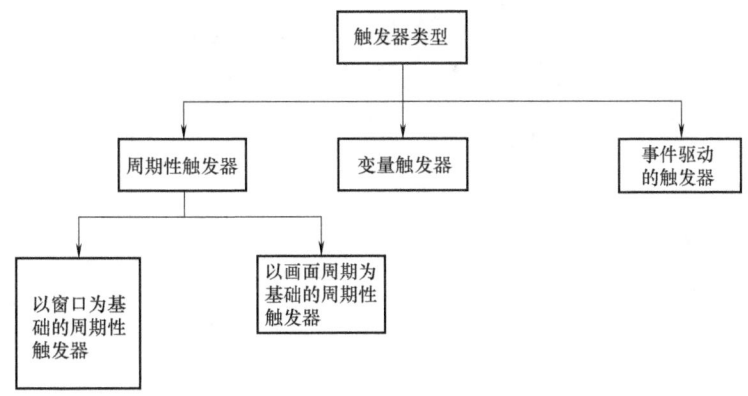

图 2-2 触发器类型

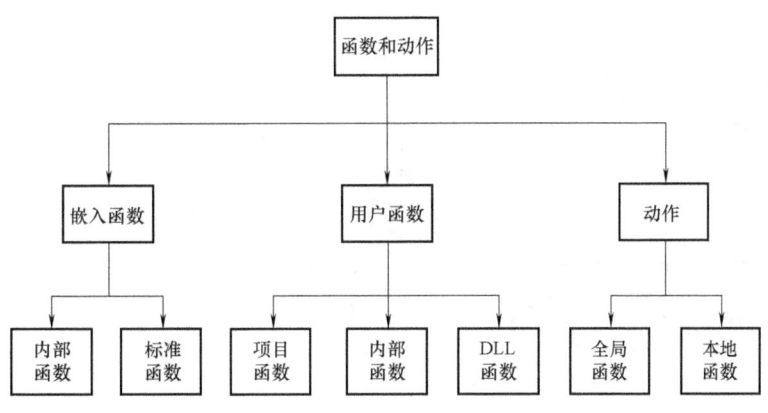

图 2-3 函数和动作的范围

段代码，可在多处使用，但只能在一个地方定义。WinCC 自带许多标准函数。此外，用户还可以编写自己的函数和动作，可以修改标准函数。重新安装或升级 WinCC 时，修改过的标准函数将被删除或被标准函数替换。因此，应事先保存修改过的函数。

2.1.2 全局脚本 C 编辑器

在项目管理器中打开全局脚本 C 编辑器 （C-Editor），如图 2-4 所示。

全局脚本 C 编辑器如图 2-5 所示。

全局脚本 C 编辑器窗口包含 6 个部分。

(1) 浏览窗口　浏览窗口用于选择将要编辑或插入编辑窗口中光标位置处的函数和动作。函数和动作均按组的多层体系进行组织。函数以函数名显示，动作则以文件名显示。动作是特殊的函数，它不是从其他的 C 脚本中调用的。与其他函数不同，动作是由其他判断依据触发的。

浏览窗口中的函数包括项目函数、标准函数、内部函数。

1) 项目函数：允许生成可全局访问的 C 函数，这些函数可在任何地方的 WinCC 脚本中调用。每个函数最多可有 64KB 大小，可在不同的项目之间进行传送。

2) 标准函数：该类型的函数含有用于 WinCC 编译器（如报警、变量存档、报表），以

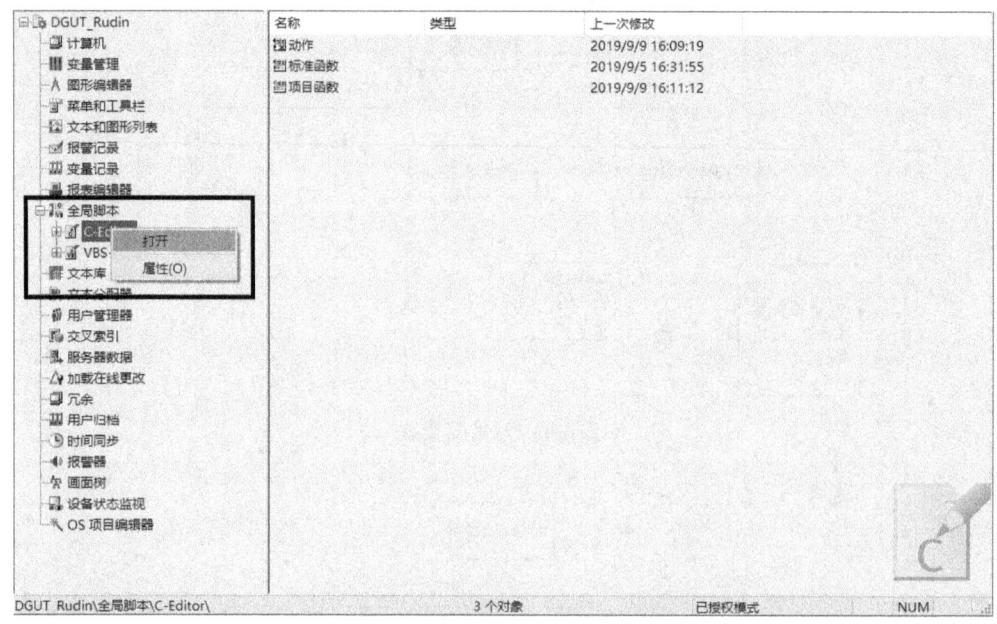

图 2-4 打开全局脚本 C 编辑器

图 2-5 全局脚本 C 编辑器

及 WinCC 和 Windows 运行工具下的函数。

3) 内部函数：这是一个函数库，包含 ANSI-C 中常见的库函数以及 WinCC 中的一些惯例函数。与标准函数不同，内部函数不能编译。这些函数具有算术功能，以及 I/O 文件、存储位置、时间和字符串操作功能。

（2）编辑窗口　在编辑窗口中可写入及编辑函数和动作。只有在所要编辑的函数和动作被打开时，它才是可见的。每个函数或动作都将在自己的编辑窗口中打开。可同时打开多个编辑窗口。

（3）输出窗口　"在文件中查找"或"编译所有函数"的结果将显示在输出窗口中。通常，它是可见的，但也可将其隐藏。

1）在文件中查找：搜索的结果将按每找到一个搜索术语显示一行的方式显示在输出窗口中。每行均有一个行编号，表示路径和文件名以及所找到搜索术语的行的行号和文本。双击已显示在输出窗口中的行，可直接打开相关的文件。光标将位于所找到搜索术语的行中。

2）编译所有函数：编译器所返回的警告和出错信息将在编译每个函数时输出。下面的行将显示所编译函数的路径、文件名以及编译器的总结消息。

① 警告：带有警告的代码可以运行。常见的警告在数据转换时产生，数据丢失可能会造成错误。

② 错误：有错误的代码不能运行。

（4）菜单栏　菜单栏主要由"文件""编辑""视图""窗口""选项"和"帮助"菜单项组成，它始终可见。

（5）工具栏　全局脚本具有两个工具栏，分别是标准工具栏和编辑工具栏。在菜单栏的"视图"菜单项中可使其显示或隐藏，并可拖动到屏幕的任何地方。

（6）状态栏　状态栏位于全局脚本 C 编辑器的下边缘，可以将其显示或隐藏（在菜单栏的"视图"菜单项中设置）。它显示了与编辑窗口中的光标位置以及键盘设置等有关的信息。此外，状态栏既可显示当前所选全局脚本函数的快速参考信息，也可显示其提示信息。

2.1.3　创建动作

动作和函数之间的区别如下。

1）与函数相比，动作可以具有触发器。也就是说，函数在运行时不能由自己来执行。

2）动作可以导出和导入。

3）可为动作分配许可。许可指的是全局脚本运行系统故障检测窗口中的可操作选项。

下面通过两个例子来说明。

例 1　用图形编辑器的按钮触发一个 C 动作，该动作用来计算 3 个数据的平均值，步骤如下。

1）打开 SIMATIC WinCC Explorer 软件，新建一个单用户项目，命名为 "DGUT_Rudin"，项目路径修改为想存放的位置即可，如图 2-6、图 2-7 所示。

2）在项目管理器的左侧窗格中选中 "图形编辑器"，在右侧的窗格中右击一个画面，选择 "新建画面" 命令，命名为 "average_value"，如图 2-8 所示。

3）双击新建的 "average_value" 画面，在图形编辑器的 "标准" 面板中，选择 "窗口对象"，选择 "按钮"，按住鼠标左键把 "按钮" 拖到画面窗口中，在弹出的 "按钮组态" 对话框中修改 "文本" 为 "平均值"，如图 2-9 所示。

4）选中按钮，在 "对象属性" 面板中选择 "事件" 选项卡，选择 "鼠标"，右击 "单击鼠标" 右侧的灰色闪电符号，在弹出的菜单中选择 "C 动作命令"，如图 2-10 所示。

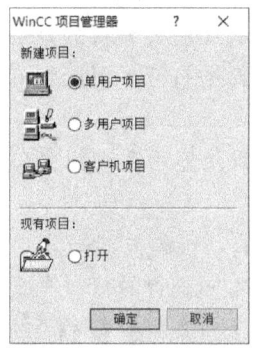
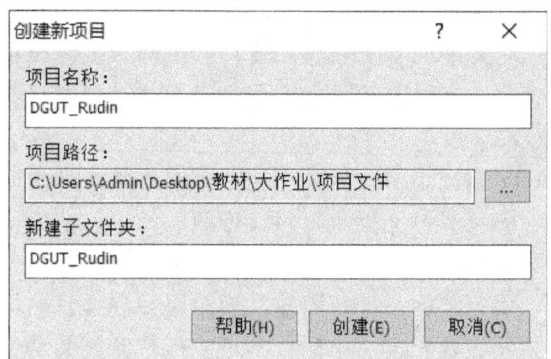

图 2-6　新建项目　　　　　　　　图 2-7　设置项目名称与存放路径

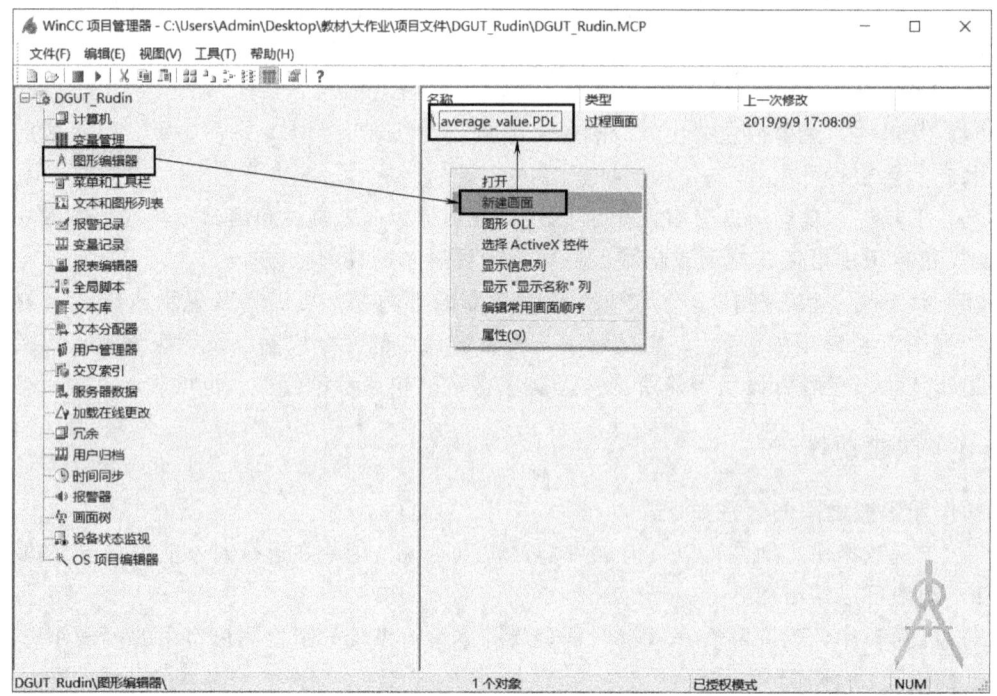

图 2-8　新建画面并命名

5）选择"C 动作"命令之后，在编辑窗口输入以下代码：

double a = 1；
double b = 2；
double c = 3；
double avg；
avg =（a+b+c）/3；//求平均数
printf（"%.2lf\n"，avg）；//输出

编译无误后单击"确定"按钮。如图 2-11 所示。

6）在"标准"面板中把"应用程序窗口"拖到画面窗口，在弹出的对话框中选择

第2章 脚本系统

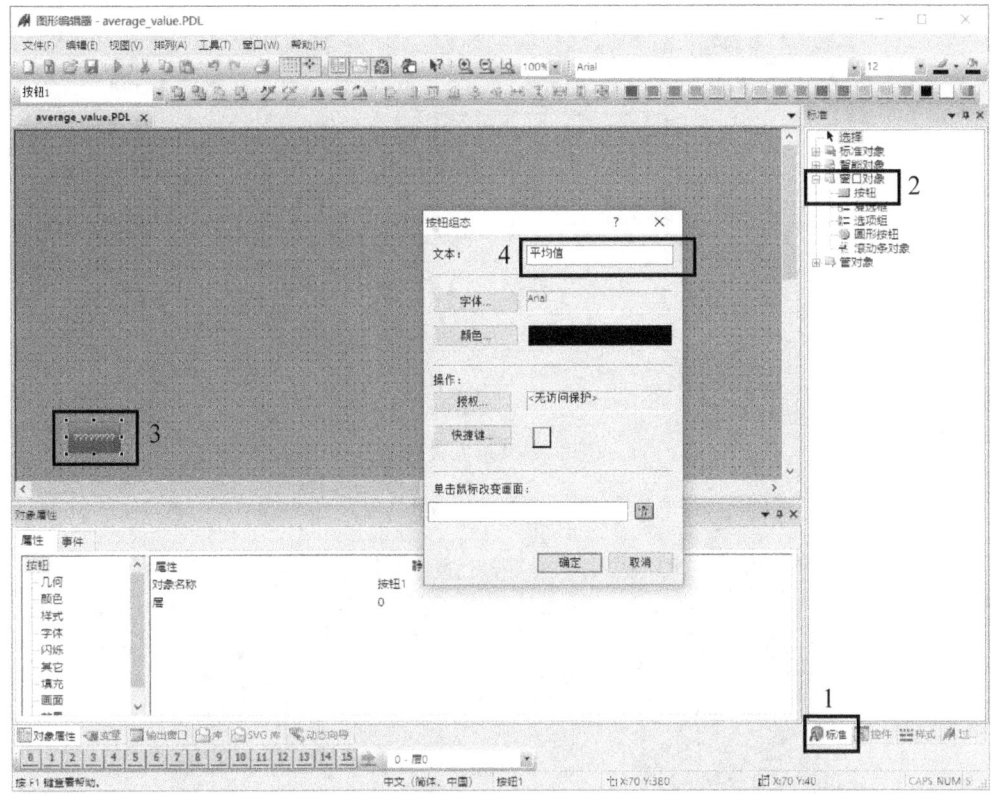

图 2-9 添加按钮

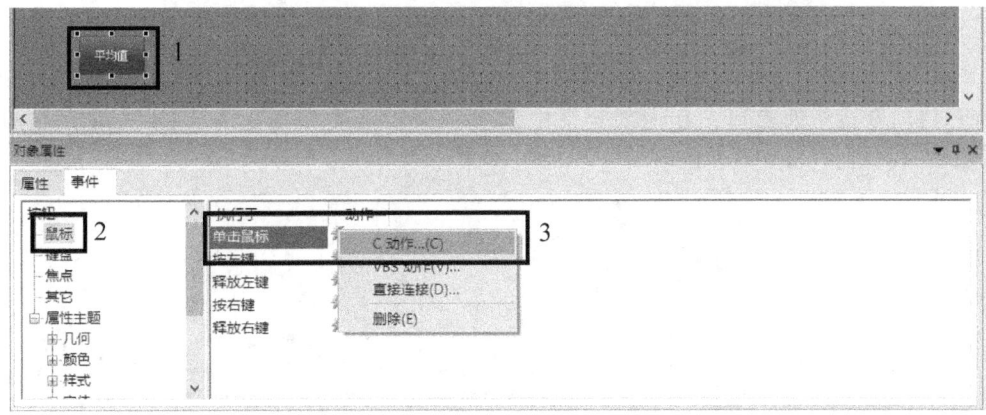

图 2-10 设置鼠标的 C 动作

"全局脚本",单击"确定"按钮之后在下一个对话框中选择"GSC Diagnostics"并单击"确定"按钮,长按其边缘并拖动可以调节其大小。

7) 单击图形编辑器工具栏中的激活按钮 ▶ ,在运行界面中单击"平均值"按钮,平均值将在"应用程序窗口"显示,如图 2-12 所示。

例 2　创建一个全局动作,用来完成名为"NewTag1"的变量值每隔 2s 自动加 1 的动作,步骤如下。

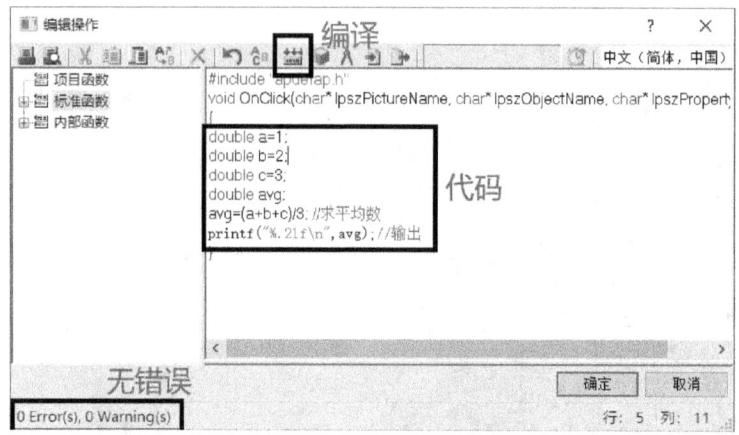

图 2-11 输入代码

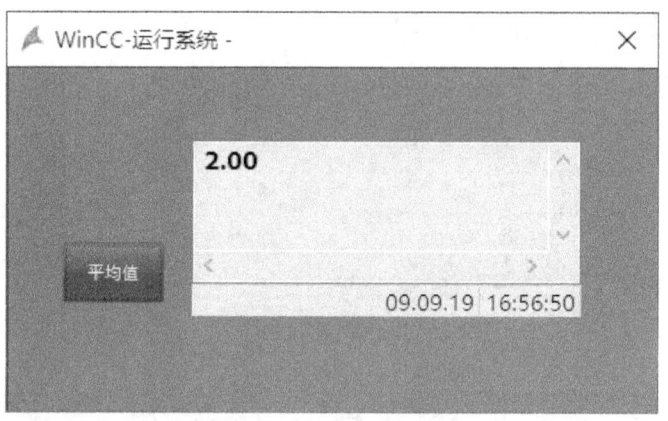

图 2-12 WinCC 运行结果

1）启动变量管理窗口，在内部变量中创建一个数据类型为无符号的 32 位值的变量，命名为"NewTag1"，如图 2-13 所示。

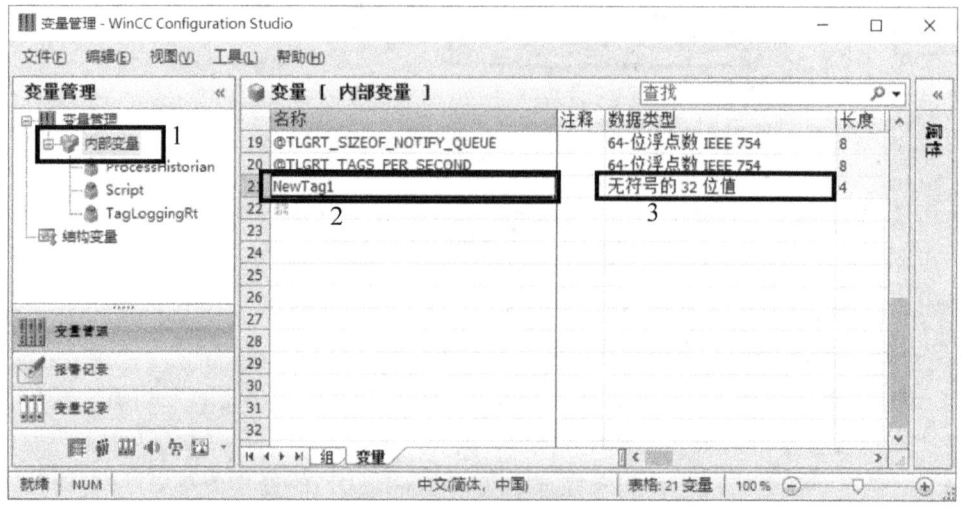

图 2-13 创建内部变量

2) 在"average_value"画面窗口中添加一个输入/输出域,并把"NewTag1"变量与其组态,如图 2-14 所示。

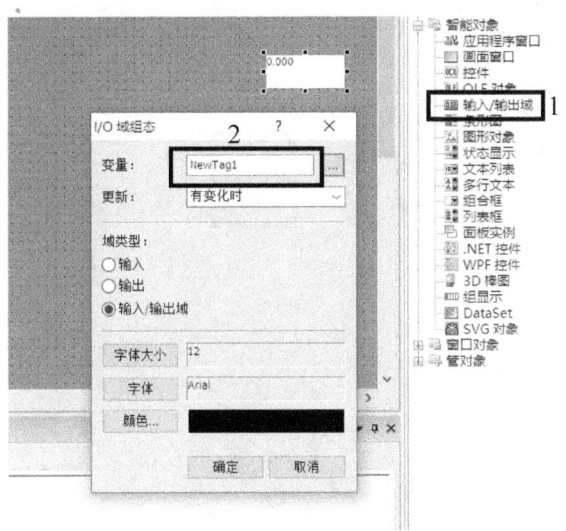

图 2-14　组态输入/输出域

3) 在 WinCC 项目管理器中启动全局脚本 C 编辑器,通过使用"文件"→"新建动作"命令来创建新动作,再使用"文件"→"另存为"→"Plus1.pas"命令来保存文件。

4) 在编辑窗口输入图 2-15 所示的代码,其中用到两个内部函数 GetTagDWord( ) 和 SetTagDWord( ) 来获得和设置 WinCC 变量的值。

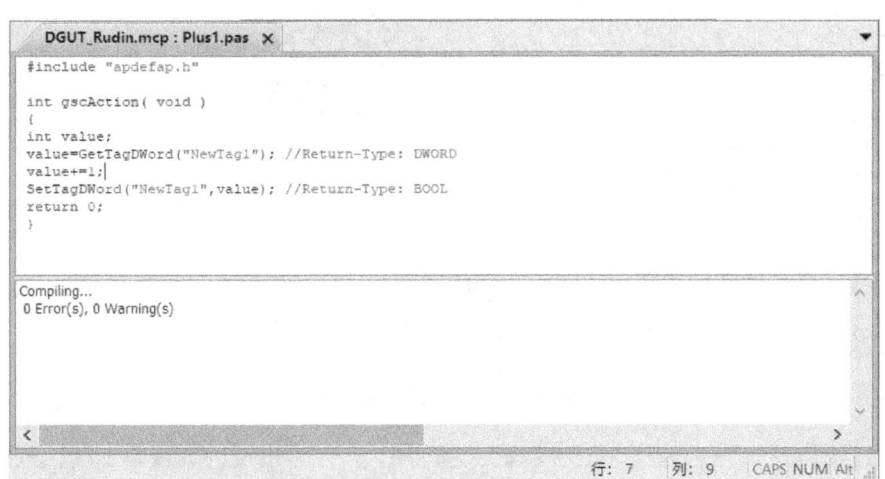

图 2-15　输入代码

5) 编译代码添加并设置触发器,保存设置,如图 2-16 所示。

6) 在项目管理器中右击"计算机"选项,在弹出的快捷菜单中选择"属性"命令,在打开的"计算机列表属性"对话框中选择本地计算机名称,单击"属性"按钮,在打开的"计算机属性"对话框中选择"启动"选项卡,选择"全局脚本运行系统"复选框,如图 2-17 所示。

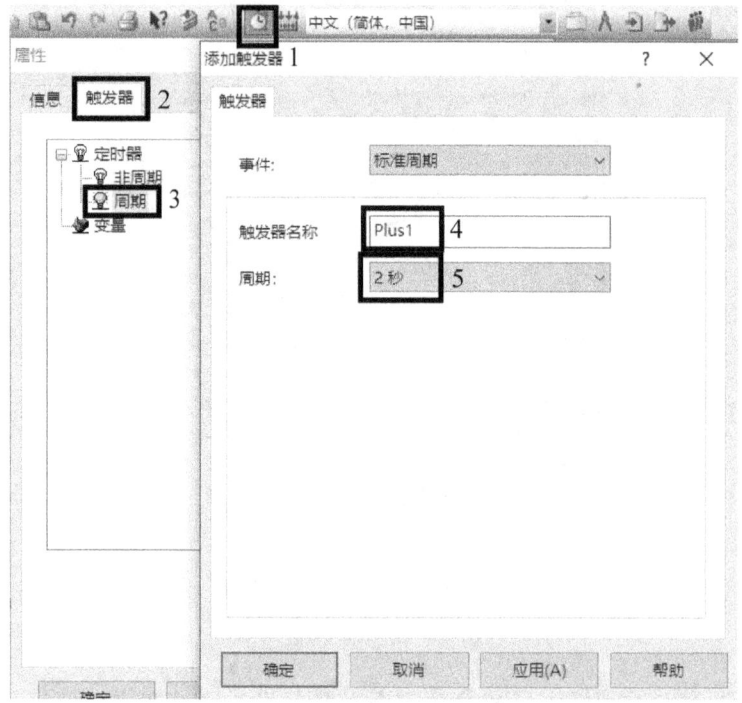

图 2-16 添加并设置触发器

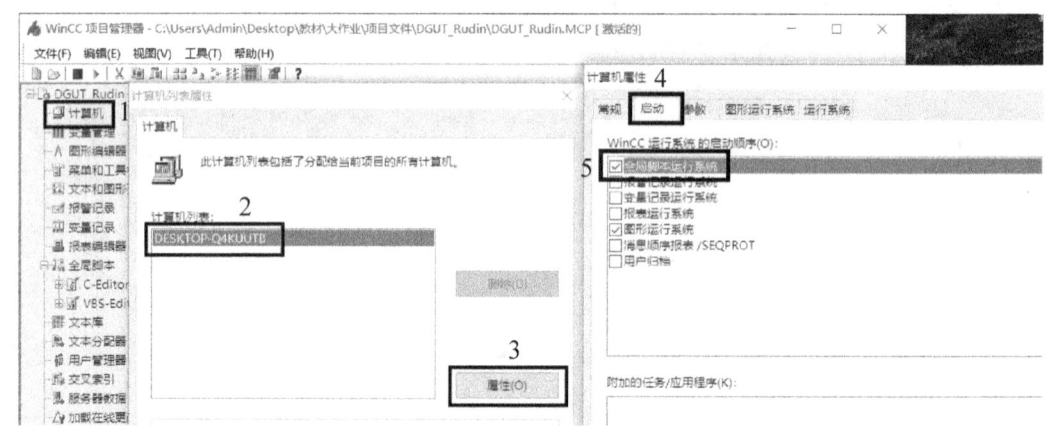

图 2-17 设置计算机属性

7) 激活并运行 "average_value" 画面,画面中输入/输出域的数值每 2s 就会递增 1。

2.1.4 创建项目函数

(1) 项目函数的特征
1) 可由用户自己创建。
2) 可由用户自己进行编辑。
3) 可以进行口令保护,防止未授权的人员对其进行修改和查看。
4) 没有任何触发器。

5) 仅在项目内识别。
6) 分配了文件扩展名".fct"。
7) 项目函数均保存在 WinCC 项目的子目录"\library"中。

(2) 项目函数的使用

如果在多个动作中必须执行同样的计算，只是具有不同的起始值，那么最好编写项目函数来执行该计算。在动作中，可以用当前参数方便地调用函数。下面举例说明如何创建项目函数。

例 3 本实例将创建一个简单的项目函数，用来计算 3 个数值的平均值。参数以数值的形式传递给函数，结果也以数值的形式返回。

1) 打开全局脚本 C 编辑器。
2) 在浏览窗口中右击项目函数，在弹出的快捷菜单中选择"新建"命令。
3) 在编辑窗口中编写函数代码。
4) 编译并保存函数。

项目函数脚本如图 2-18 所示。

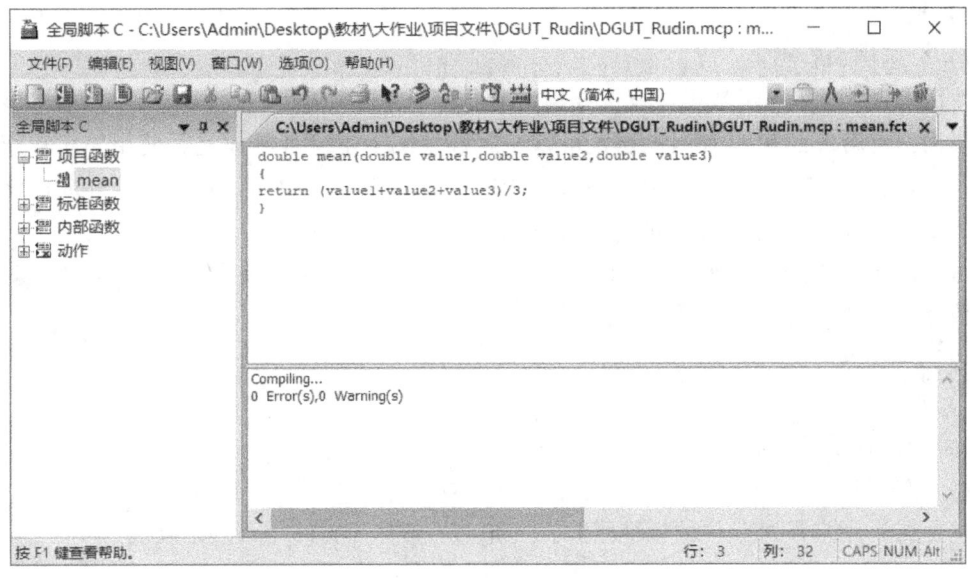

图 2-18 项目函数脚本

2.1.5 标准函数

可以使用系统提供的标准函数。这些函数可以根据需要改变。此外，用户可以自己创建标准函数。

标准函数可越过项目识别。使用标准函数，可以使图形对象和归档文件动态化。同样，可以在项目函数、其他标准函数和全局脚本中使用它们。

使用全局脚本 C 编辑器创建标准函数。在控制中心启动编辑器，可以按以下步骤创建标准函数。

1) 制定函数。

2）扩展函数信息。

3）编译函数。

4）保存函数。如果需要，可为其改名。

5）如果需要，可生成头文件。

创建完标准函数后，系统编辑器会自动生成若干代码，其中，头文件apdefap.h包含标准函数的定义。文件apdefap.h和ap_glob.h位于文件夹…\APLIB。如果新的标准函数被创建，并且其他标准函数在此使用，那么必须集成头文件apdefap.h或ap_glob.h。

新的标准函数被加入服务器中位于WinCC安装文件夹…\APLIB下的标准函数中。系统所提供标准函数分类如下。

1）报警。

2）图形。

3）标签记录。

4）WinCC。

5）Windows。

6）报告。

7）分割画面管理器。

使用来自Tag组的函数可以设置或调用变量；使用Miscs组中的函数可以修改和调用对象的属性；使用来自WinCC组的函数可以在运行系统中定义各种设置，使用system子组中的函数可以操作WinCC运行系统。例如，BOOL DeactivateRTProject（）函数可取消激活项目，BOOL ExitWinCC（）函数可中止WinCC。

基于选项软件包（如基本过程控制、高级过程控制），系统可提供附加的标准函数。这些函数分为下列类别。

1）选项。

2）报告。

3）分割画面管理器。

4）用户归档。

包含在"用户归档"中的标准函数，更详细的解释请查阅本书的附录。

2.1.6 C语言脚本实例

例4 用户注销。

```
#pragma code（"useadmin.dll"）
#include "PWRT_api.h"
#pragma code（）
PWRTLogout（）；
```

例5 用户登录。

```
#pragma code（"useadmin.dll"）
#include "PWRT_api.h"
#pragma code（）
```

PWRTLogin('c');

例6 关闭项目并退出。

wincc：ExitWinCC( );

例7 退出 WinCC 资源管理器中的项目运行。

DeactivateRTProject( );

例8 WinCC 变量操作。

GetTagWDord（"变量名称"）；//获取 WinCC 变量值。

SetTagWDord（"变量"，设定值）；//设置 WinCC 变量对文本进行读/写操作。

例9 按钮变3种颜色。

```
#include "apdefap.h"
    long _main(char * lpszPictureName,char * lpszObjectName,char * lpszPropertyName)
    {
    #pragma option(mbcs)
    if(GetTagWord("TX/ZSH001") = = 1)
    return 0x0000ff00;
    else
    if(GetTagWord("TX/ZSL001") = = 1)
    return 0x000000ff;
    else
    return 0x00c0c0c0;
```

例10 组态一个按钮，这个按钮需要实现如下功能：当某电机处于运行状态时，单击该按钮则关闭电机；而当电机处于停止状态时，单击该按钮则启动该电机。诸如此类情况，可以在组态按钮的事件属性中插入如下 C 脚本。

```
    if(GetTagBit("Tag"))
        SetTagBit("Tag",FALSE);
else
        SetTagBit("Tag",TRUE);
```

例11 结束监控并关闭计算机（会弹出确认对话框）。

HWND hWnd=NULL;//用户:智能系统

int iRet；

hWnd=FindWindow(NULL,"WinCC-运行系统 -")；

iRet=MessageBox(hWnd,"结束监控并关闭计算机",

"关闭操作站",MB_YESNO|MB_ICONWARNING|MB_APPLMODAL);if(iRet= =IDYES)

DMExitWinCCEx（DM_SDMODE_POWEROFF）；

例12 单击事件后弹出对话框，通过单击弹出对话框中的"确定"和"取消"按钮实现对变量的置位或取消。

int r；

r=MessageBox(NULL,"YES 为开,NO 为关","确定开命令:",MB_YESNO | MB_SYSTEM-

MODAL);
　　if (r==IDYES)
　　SetTagBit("TAGNAME",TRUE);
　　else
　　SetTagBit("TAGNAME",FALSE);
　　例13 开"显示",关"显示"（要在内部变量中建立3个二进制变量：COLSE_DISPLAY、DISPLAY_NO 和 DISPLAY_COMMENT）。
　　if(GetTagBitWait("COLSE_DISPLAY")==1)
　　{SetTagBit("COLSE_DISPLAY",0);
　　SetTagBit("DISPLAY_NO",0);//Return-Type：BOOL
　　SetTagBit("DISPLAY_COMMENT",0);
　　}
　　　else
　　　SetTagBit("COLSE_DISPLAY",1);
　　SetTagBit("DISPLAY_NO",1);//Return-Type：BOOL
　　SetTagBit("DISPLAY_COMMENT",0);
　　例14 归档读取数据库的内容。
　　Dim sPro,sDsn,sSer,sCon,sSql,conn. oRs,oCom,ListView1,m,n,s,iMS,strDateTime
　　Dim oItem
　　Set ListView1=HMIRuntime. ActiveScreen. ScreenItems("LIST")
　　sPro="Provider=WinCCOLEDBProvider. 1;"
　　sDsn="Catalog=CC_LESSON4_19_03_07_11_10_38R;"
　　sSer="Data Source=WIN-882BK11U9QF\WINCC"
　　sCon=sPro+sDsn+sSer
　　sSql="TAG:R,'test\Speed',' 2019-03-07 07:27:01. 280 ',' 2019-03-07 07:37:37. 290 '"
　　Set conn=CreateObject("ADODB. Connection")
　　conn. ConnectionString=sCon
　　conn. CursorLocation=3
　　conn. Open
　　Set oRs=CreateObject("ADODB. Recordset")
　　Set oCom=CreateObject("ADODB. Command")
　　oCom. CommandType=1
　　Set oCom. ActiveConnection=conn
　　oCom. CommandText=sSql
　　Set oRs=oCom. Execute
　　m=oRs. Fields. Count
　　ListView1. View=3
　　ListView1. ColumnHeaders. Clear
　　ListView1. ColumnHeaders. Add ,,CStr(oRs. Fields(1). Name) ,50 ' DateTime

```
ListView1.ColumnHeaders.Add ,,"MS",50 ' Milisecond
ListView1.ColumnHeaders.Add ,,CStr(oRs.Fields(0).Name),50 ' DateTime
ListView1.ColumnHeaders.Add ,,CStr(oRs.Fields(2).Name),50 ' DateTime
ListView1.ColumnHeaders.Add ,,CStr(oRs.Fields(3).Name),50 ' DateTime
ListView1.ColumnHeaders.Add ,,CStr(oRs.Fields(4).Name),50
If (m > 0) Then
oRs.MoveFirst
n = 0
Do While (Not oRs.EOF And n < 100)
n = n+1
    SplitDateTimeAndMs oRs.Fields(1).Value,strDateTime,iMS ' Split Milisecond from DateTime
s = FormatDateTime(strDateTime,2) & " " & FormatDateTime(strDateTime,3)
Set oItem = ListView1.ListItems.Add()
oItem.Text = s
oItem.SubItems(1) = iMS
oItem.SubItems(2) = CStr(oRs.Fields(0).Value)
oItem.SubItems(3) = FormatNumber(oRs.Fields(2).Value,4)
oItem.SubItems(4) = Hex(oRs.Fields(3).Value)
oItem.SubItems(5) = Hex(oRs.Fields(4).Value)
oRs.MoveNext
Loop
oRs.Close
Else
End If
```

2.2 VBS 脚本

WinCC V6.0 以上版本集成了 VB Script，简称 VBS 或 VB 脚本，它与 ANSI-C 脚本属性一样，既可以在全局脚本 VBS 编辑器中创建和编辑 VBS 动作，也可以在图形编辑器的对象属性和事件中创建及编辑 VBS 动作。VBS 简单易学，并且便于测试。

2.2.1 VBS 脚本概述

VB Script 的全称为 Microsoft Visual Basic Cript Editon，是微软公司出品的一套可视化编程工具，语法基于 Basic 脚本语言。在 WinCC 中，使用 VBS 可以实现以下功能。

1）在 WinCC 中实现图形动态化。
2）读/写变量，启动报表。
3）连接数据库。
4）通过 Microsoft Outlook 发送电子邮件。

5）集成 Microsoft Internet Explorer。

6）连接 Office 应用。

2.2.2 全局脚本 VBS 编辑器

全局脚本 VBS 编辑器用于创建和编辑全局过程及动作。可以在 WinCC 项目管理器中使用快捷菜单中的"打开"命令，也可以双击模块或动作来启动全局脚本 VBS 编辑器，如图 2-19 所示。打开后的全局脚本 VBS 编辑器如图 2-20 所示。

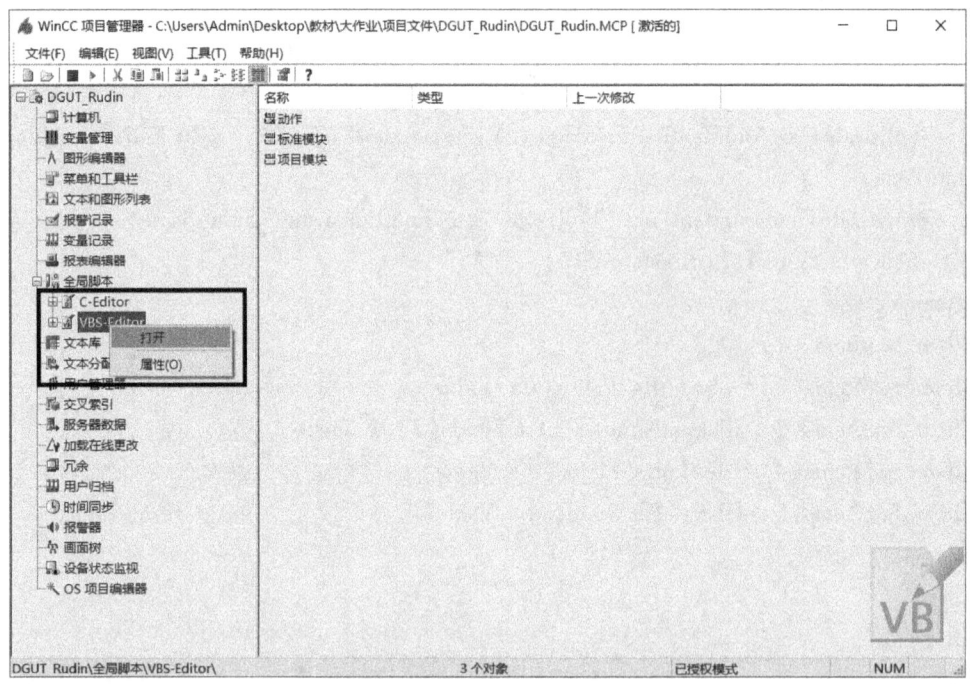

图 2-19　启动全局脚本 VBS 编辑器

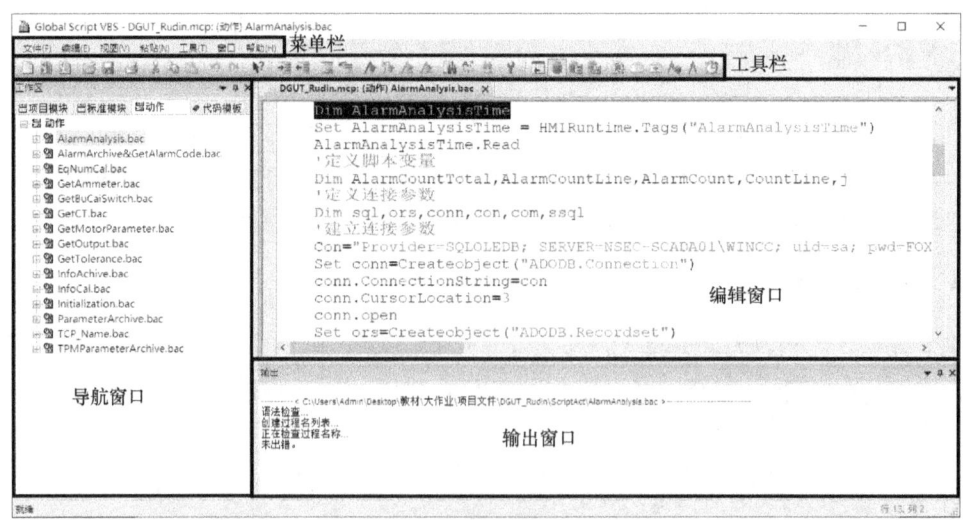

图 2-20　全局脚本 VBS 编辑器

下面将对其界面进行说明。

（1）菜单栏和工具栏　菜单栏和工具栏提供了创建过程和动作需要的所有命令。可以使用"视图"→"工具栏"命令显示和隐藏工具栏，还可以将其移动到编辑器内的任意位置。

（2）导航窗口　在导航窗口中可管理过程、模块和动作。此外还可在此查找代码模板，可通过拖放将模板插入用户的动作或过程中。可通过将过程从导航窗口拖放到代码的相应位置上来将过程调入另一个过程或动作中。

导航窗口中的显示在保存和编辑文档期间始终保持更新。如果改变了文件，那么将通过文件名称之后的 * 号来显示。

模块中所包含的过程显示在导航窗口的模块文件下面。"动作"控件还显示为动作组态的触发器和过程，如果有必要，还包括那些在动作模块中直接定义的触发器和过程。

导航窗口还可创建用于构建脚本的子目录，直接移动、复制、粘贴、删除、重命名模块和目录。

导航窗口中的显示可使用"视图"→"工作场所"命令进行单独组态。用户可以选择是要显示所有文件类型、仅脚本文件，还是仅语法正确的文件。用户可使用"视图"→"工作场所"→"显示"命令显示或隐藏导航窗口。

（3）编辑窗口　在编辑窗口中可编写和编辑动作。每个过程或动作都将在自己的编辑窗口中被打开，可同时打开多个编辑窗口。

在编辑窗口中通过突出显示语法和智能感知功能对用户进行支持。所有常规编辑器功能（如撤销/重复、查找/替换、复制、粘贴、剪切、字体设置、打印机设置）仍然可用。

（4）输出窗口　语法检查之后的错误消息显示在输出窗口中。双击相应错误行可以访问代码中的相关位置。

2.2.3　创建动作

VBS 的动作与 C 动作一样，可以在图形编辑器或者全局脚本中组态。VBS 的动作同样需要触发器启动。而在图形编辑器中组态对象事件 VBS 动作时不必设置触发器，因为事件本身具有触发功能，例如，在图像编辑器中组态单击按钮，可以触发一个事件。触发分为时间触发和变量触发，可根据实际需要选用。

下面以图像编辑器为例进行说明。

1）在图形编辑器右侧的"标准"面板中选中"按钮"，按住并拖动到界面中，如图 2-21 所示。

2）设置按钮名称（也可不设置），如图 2-22 所示。

3）选中按钮，在"对象属性"面板中的"事件"选项卡中选择"鼠标"，右击"单击鼠标"，选择"VBS 动作"命令，进入脚本编辑器，如图 2-23 所示。

4）在脚本编辑器中编辑脚本，如图 2-24 所示。

2.2.4　创建模块

模块相当于一段代码，类似于 C 语言中的函数，只需创建一次，即可在工程中多次调用，避免了编写很多重复性的代码。

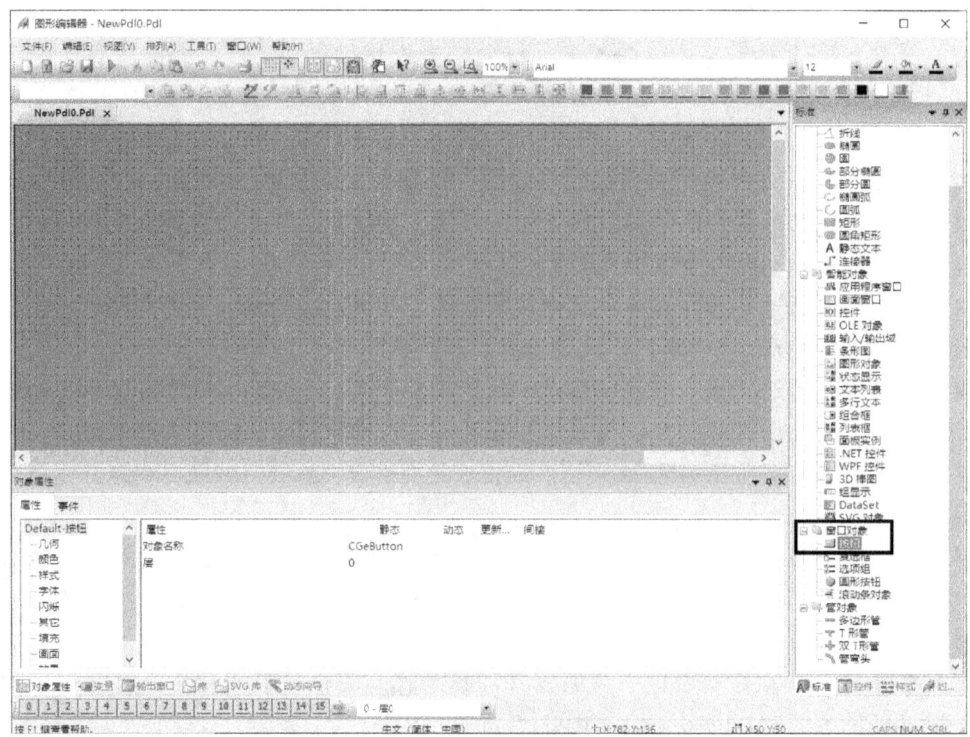

图 2-21 添加按钮

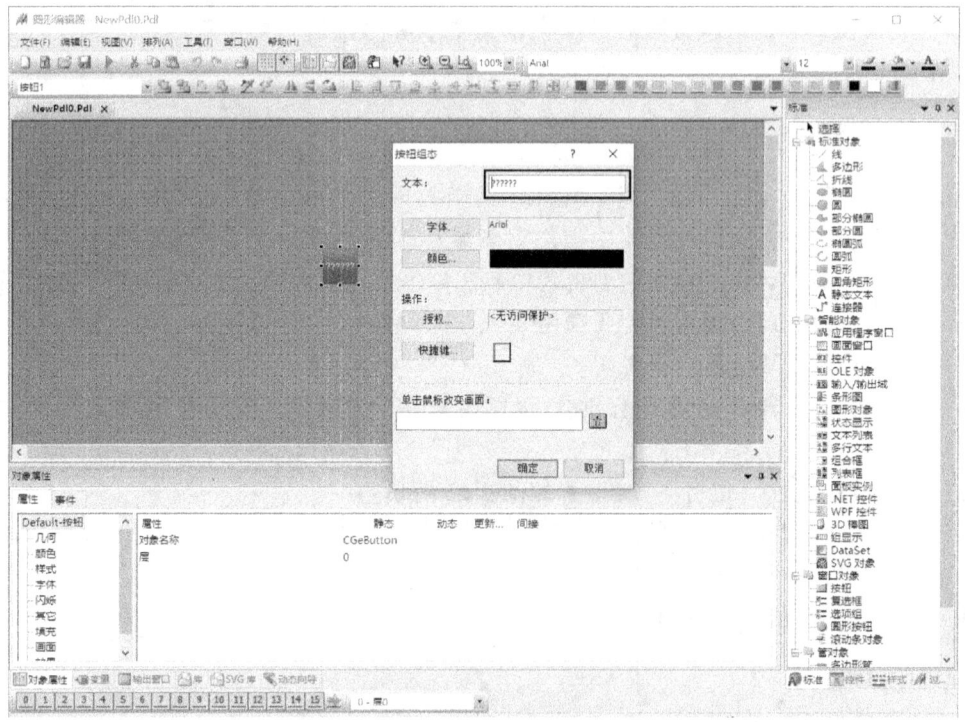

图 2-22 按钮设置

第2章 脚本系统

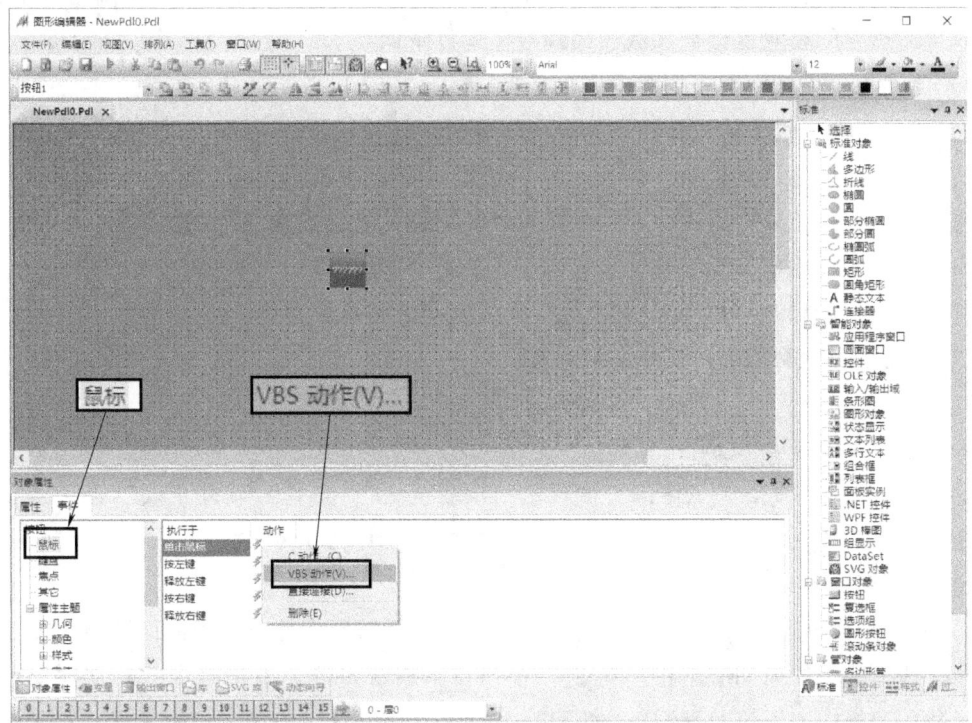

图 2-23　添加一个鼠标事件

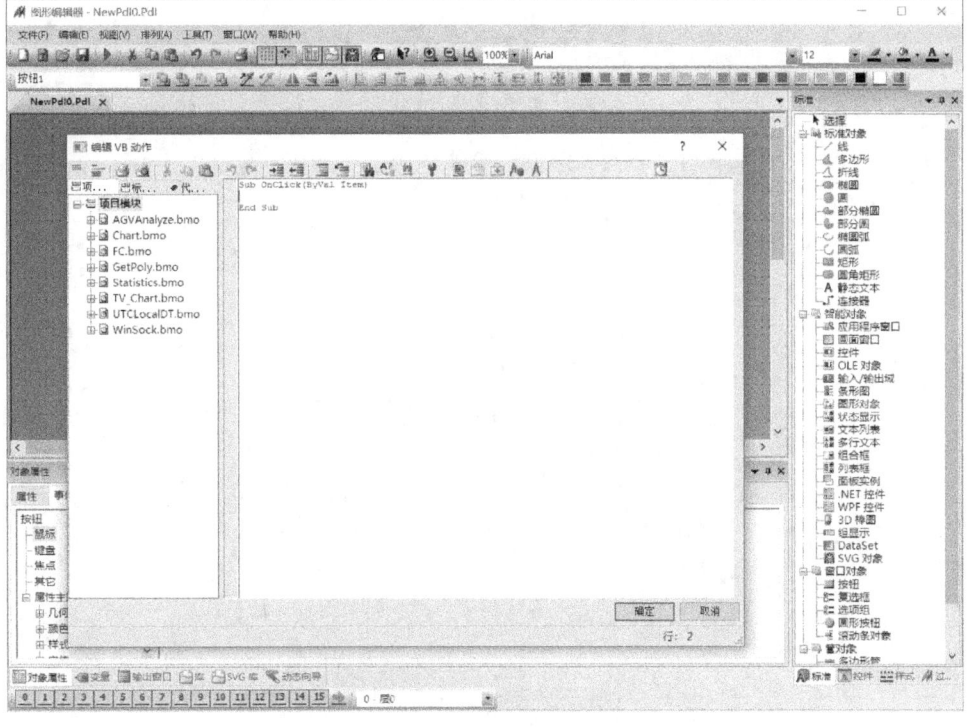

图 2-24　编辑脚本

相互关联的过程应该存放在同一模块中。在运行状态下,如果通过动作调用某个过程,那么包含此过程的模块也会被加载,因此应注意以下两点。

1)当调用一幅画面时,加载的模块越多,运行状态下的系统性能越差。

2)模块越大,包含的过程越多,模块加载的时间就越长。

所以,要合理地组织模块。例如,可以把用于特定系统或画面的过程组织在一个模块中,也可以按照功能来构建模块,如把具有计算功能的过程放在一个模块中。

模块分为项目模块与标准模块。两者都具备下列属性。

1)由用户创建和修改。

2)可通过设置密码来防止修改和查看。

3)没有触发器。

下面介绍 VBS 脚本实例。

1)创建模块(右击"工作区"面板的"项目模块",选择"新建模块"命令,在编写窗口中编写 VB 程序。编写好后进行编译,检查错误,无误后保存模块),如图 2-25 所示。

2)调用模块,如图 2-26 所示。

3)添加触发器(单击展开"触发器"选项卡,根据周期性或非周期性选择需要添加的定时器,选择适当的周期后单击"确定"按钮,生成触发器,单击生成的头文件即可在新建的函数和动作中应用该触发器),如图 2-27 所示。触发器分为周期性触发器、非周期性触发器、变量触发器、事件驱动触发器、动画周期触发器。

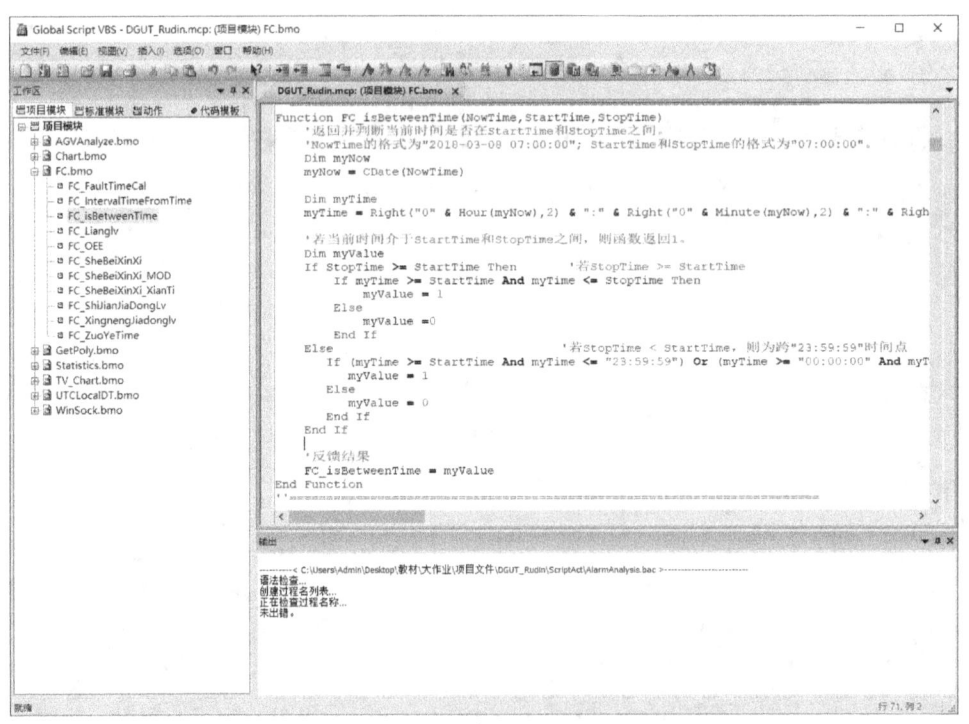

图 2-25 创建模块

```
Function FC_isBetweenTime(NowTime,StartTime,StopTime)
    '返回并判断当前时间是否在StartTime和StopTime之间。
    'NowTime的格式为"2018-03-08 07:00:00"; StartTime和StopTime的格式为"07:00:00"。
    Dim myNow
    myNow = CDate(NowTime)

    Dim myTime
    myTime = Right("0" & Hour(myNow),2) & ":" & Right("0" & Minute(myNow),2) & ":" & Righ

    '若当前时间介于StartTime和StopTime之间,则函数返回1。
    Dim myValue
    If StopTime >= StartTime Then           '若StopTime >= StartTime
        If myTime >= StartTime And myTime <= StopTime Then
            myValue = 1
        Else
            myValue = 0
        End If
    Else                                    '若StopTime < StartTime,则为跨"23:59:59"时间点
        If (myTime >= StartTime And myTime <= "23:59:59") Or (myTime >= "00:00:00" And myT
            myValue = 1
        Else
            myValue = 0
        End If
    End If

    '反馈结果
    FC_isBetweenTime = myValue
End Function
```

图 2-25　创建模块（续）

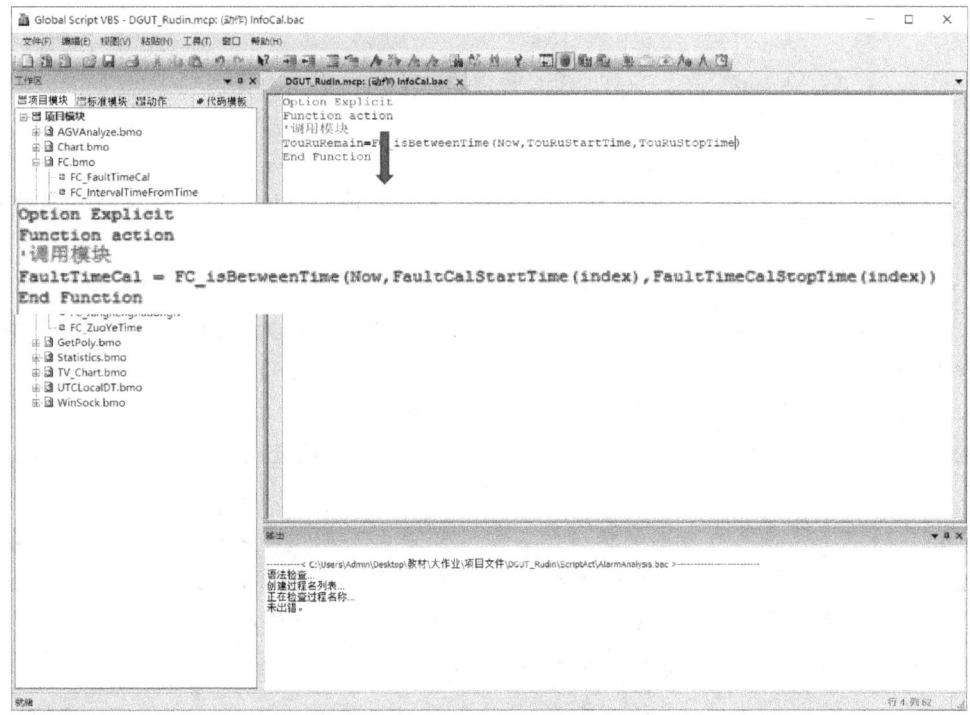

图 2-26　调用模块

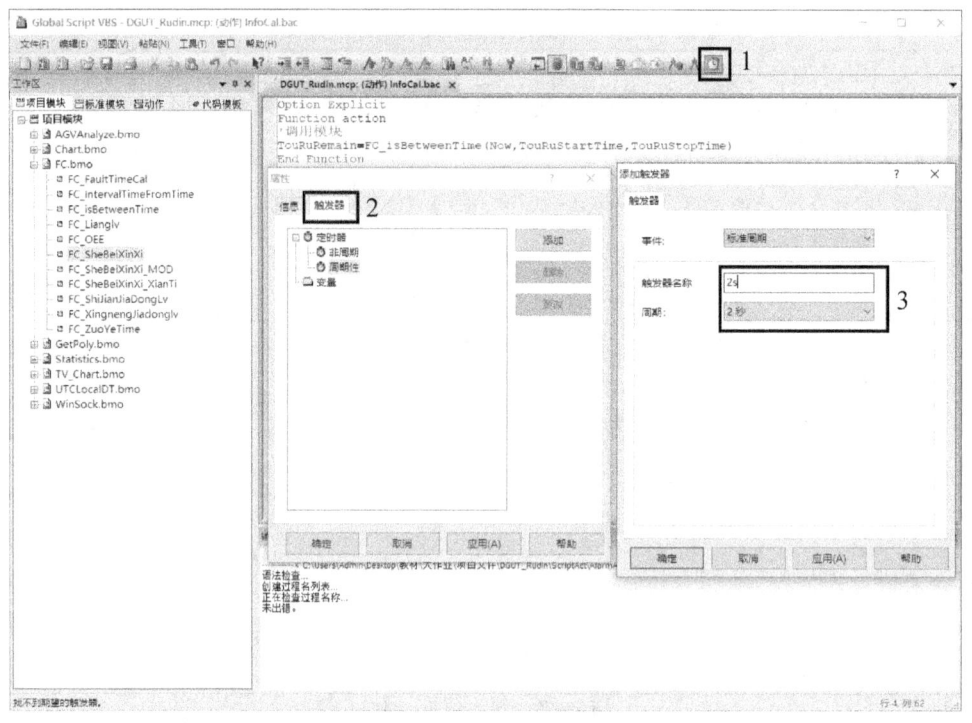

图 2-27　添加触发器

本 章 小 结

动作和函数之间的区别如下。

1) 与函数相比，动作可以具有触发器。也就是说，函数在运行时不能由自己来执行。
2) 动作可以导出和导入。
3) 可为动作分配许可。

VB 的对象模型是 VB 脚本编程的基础。充分理解对象模型的概念之后，掌握 VB 脚本的编程就非常容易。VB 脚本的执行是通过过程、模块和动作三者的调用来实现的。WinCC 中的 VBS 可以使用过程、模块和动作实现运行环境的动态化。动作由触发器启动。例如，在运行系统中，当通过鼠标单击某个对象、到达某个时间或者某个变量被更改都会触发动作。

WinCC 脚本系统提供的脚本线程有限，数量过多、功能过于复杂的脚本势必造成线程队列的堵塞，大量脚本在队列里排队等待，逐渐影响 WinCC 运行系统的性能，最终导致宕机。对于过于复杂的功能，建议在 WinCC 中调用动态链接库或使用外部的自定义程序实现。

在检查脚本的执行时，要善于运用脚本的诊断工具。

习　　题

1. 运用本章讲到的内容，利用动画触发器实现一个圆在 x 方向和 y 方向的同时移动。

2. 新建项目函数，分别实现 3 个数的相乘和相加。建立画面，通过按钮调用函数，要求加数、被加数或乘数、被乘数均可通过输入/输出域改变。

3. 新建一个模块，里面包含两个进程，分别可以根据半径计算圆的面积与周长。然后新建画面，添加一个圆和一个按钮，两个输入/输出域分别显示周长与面积，圆周率取 3.14。

第3章

通信驱动程序

3.1 西门子 S7 系列 PLC 通信驱动 SIMATIC S7 Protocol Suite

3.1.1 概述

SIMATIC S7 Protocol Suite 用于连接 SIMATIC S7-300 和 SIMATIC S7-400 自动化系统。该协议集支持多种网络协议和类型。根据所用的通信硬件，系统支持通过下列单元通道的连接。

1) 工业以太网和工业以太网（Ⅱ）：使用通信处理器（如 CP 1612、CP 1613）通过 SIMATIC NET 工业以太网进行通信。

2) MPI：通过编程设备（如 PG 760、PC RI45）的外部 MPI 端口、MPI 通信处理器或通信模块（如 CP 5511、CP 5613）进行通信。

3) 命名连接：通过符号连接与 STEP7 进行通信。这些符号连接使用 STEP7 组态，并且这些符号连接与 PLC S7-400 系列的 H/F 冗余系统一起，对于提供高可靠性通信是必需的。

4) Profibus 和 Profibus（Ⅱ）：使用通信处理器（如 CP 5613）通过 SIMATIC NET Profibus 进行通信。

5) Slot-PLC：与 Slot PLC（如 WinAC Pro）进行通信，这种 PLC 作为 PC 卡安装在 WinCC 计算机上。

6) Soft-PLC：与 Software PLC（如 WinAC Basis）进行通信，这种 PLC 作为应用程序安装在 WinCC 计算机上。

7) TCP/IP：使用 TCP/IP 与网络进行通信。

3.1.2 组态连接（以 S7-300 为例）

要与现有网络或计划网络建立通信连接，先决条件必须满足以下内容。

1) 通信模块为内置模块。
2) 已经安装硬件驱动程序。
3) 已创建与 AS 电缆的连接。

组态步骤如下。

第3章 通信驱动程序

1）在变量管理的导航区域中，右击"变量管理"。

2）从弹出的快捷菜单中选择命令"添加新的驱动程序"→"SIMATIC S7 Protocol Suite"，随后将建立该通道并在变量管理中显示通信驱动程序和通道单元，如图 3-1 所示。

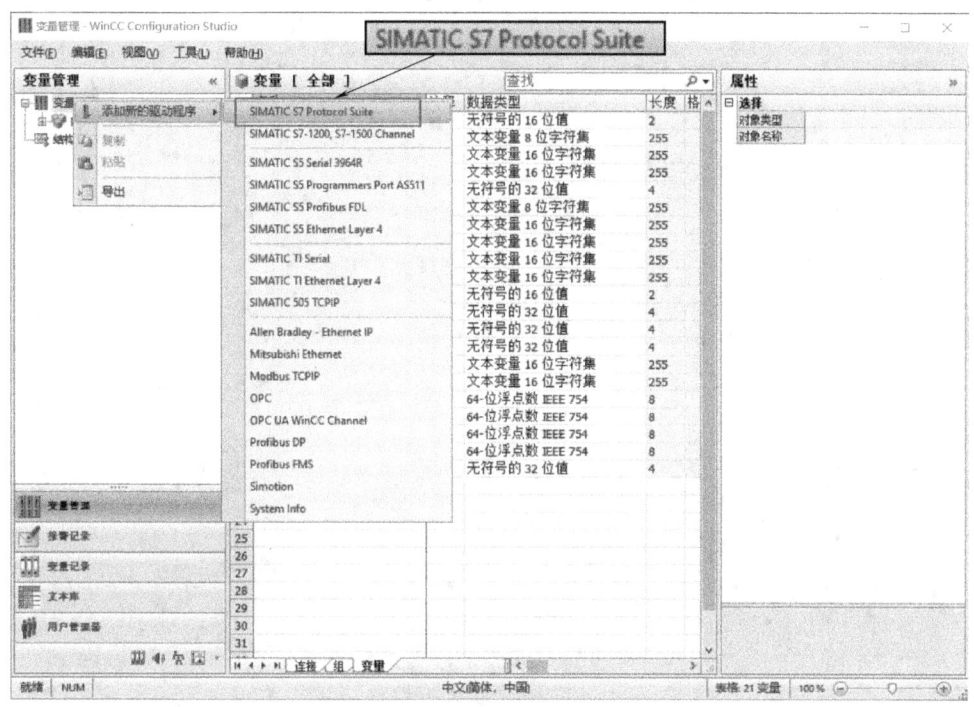

图 3-1 添加通信驱动程序和通道单元

3）选择所需的通道单元并右击，在快捷菜单中选择命令"新建连接"，如图 3-2 所示。选择生成的"NewConnection_1"，右击，选择"连接参数"命令，在弹出的"连接参数-TCP/IP"对话框中配置连接参数，如图 3-3 所示。

图 3-2 新建连接

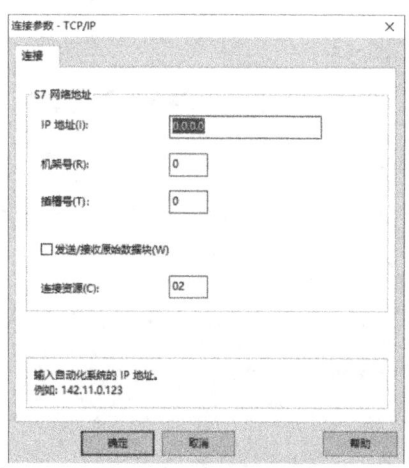

图 3-3 配置连接参数

4)在变量管理窗口中选择"变量"选项卡,在"名称"列最上方的空单元格中输入变量名,在"属性-变量"面板的"数据类型"字段中选择所需的数据类型,也可以为变量定义起始值和替换值,如图3-4所示。

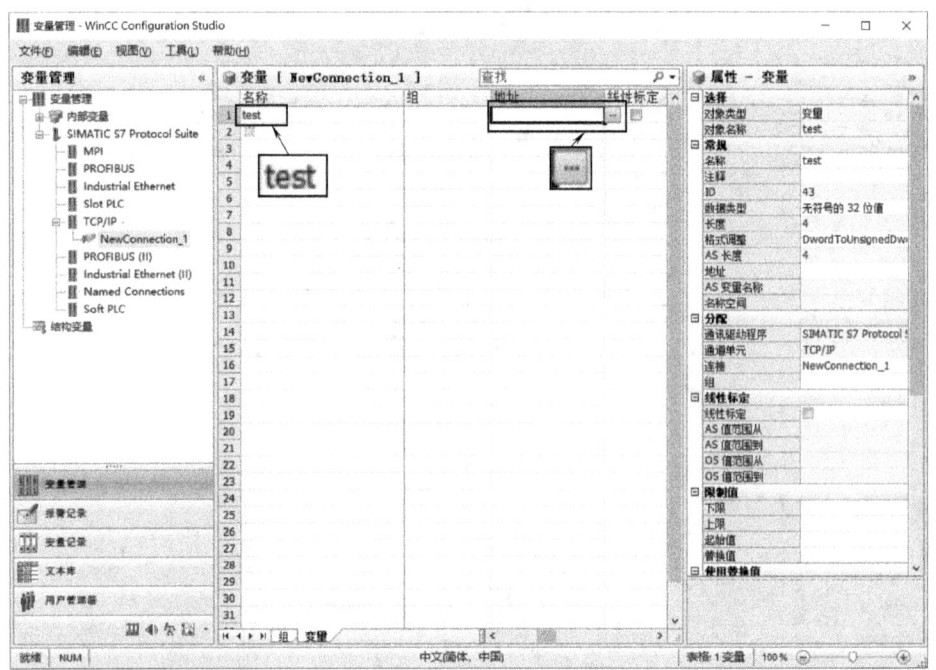

图 3-4 添加变量

5)打开"地址属性"对话框,设置"地址"选项。单击"确定"按钮,如图3-5所示。若连接不成功,则需设置PC/PG接口,如图3-6所示。

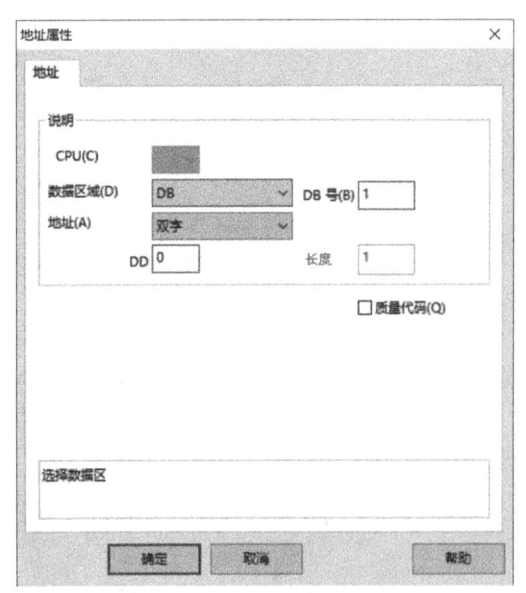

图 3-5 配置连接参数

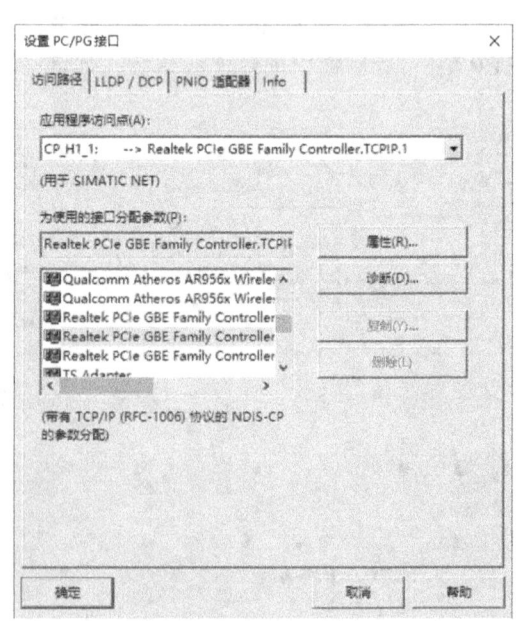

图 3-6 设置 PC/PG 接口

3.2 西门子 SIMATIC S5 通信驱动

3.2.1 概述

WinCC 与 S5 PLC 的通信驱动程序如下。
1) SIMATIC S5 Ethernet Layer 4。
2) SIMATIC S5 Profibus FDL。
3) SIMATIC S5 Programmers Port AS511。
4) SIMATIC Serial 3964R。
5) Profibus DP。
6) Profibus FMS。

WinCC 与自动化系统的不同连接类型采用不同的通信驱动程序。

3.2.2 组态连接（Profibus FMS）

1) 在变量管理窗口的导航区域中右击，选择"添加新的驱动程序"→"Profibus FMS"命令，如图 3-7 所示。

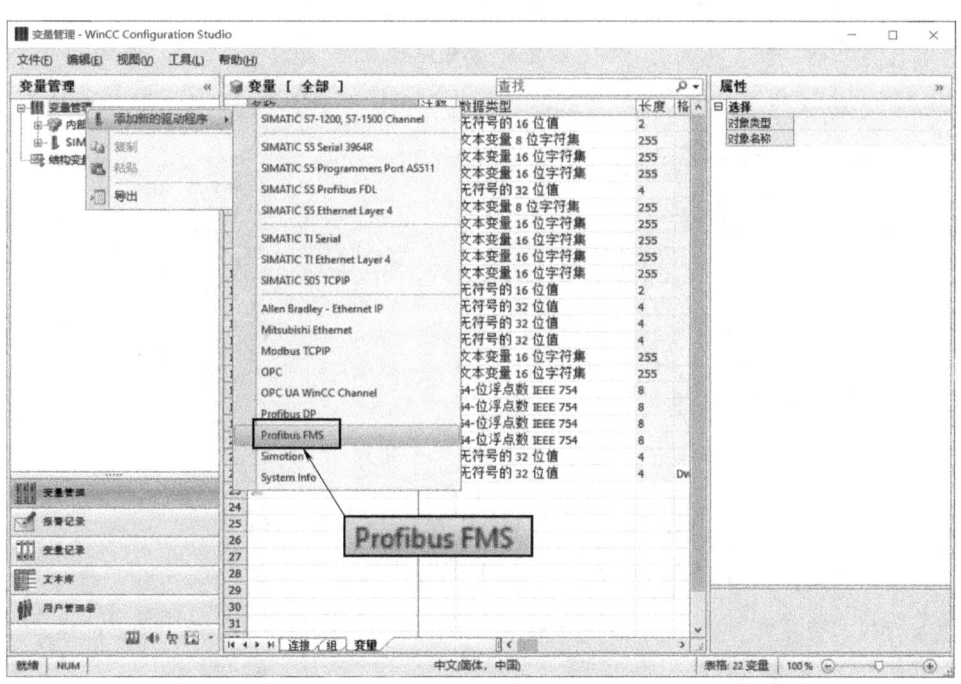

图 3-7 添加新的驱动程序

2) 右击"PROFIBUS FMS"并在快捷菜单中选择"新建连接"命令，如图 3-8 所示。
3) 输入连接的名称。右击"NewConnection_2"并在快捷菜单中选择"连接参数"命令，随即显示以连接名称作为标题的对话框，如图 3-9 所示。

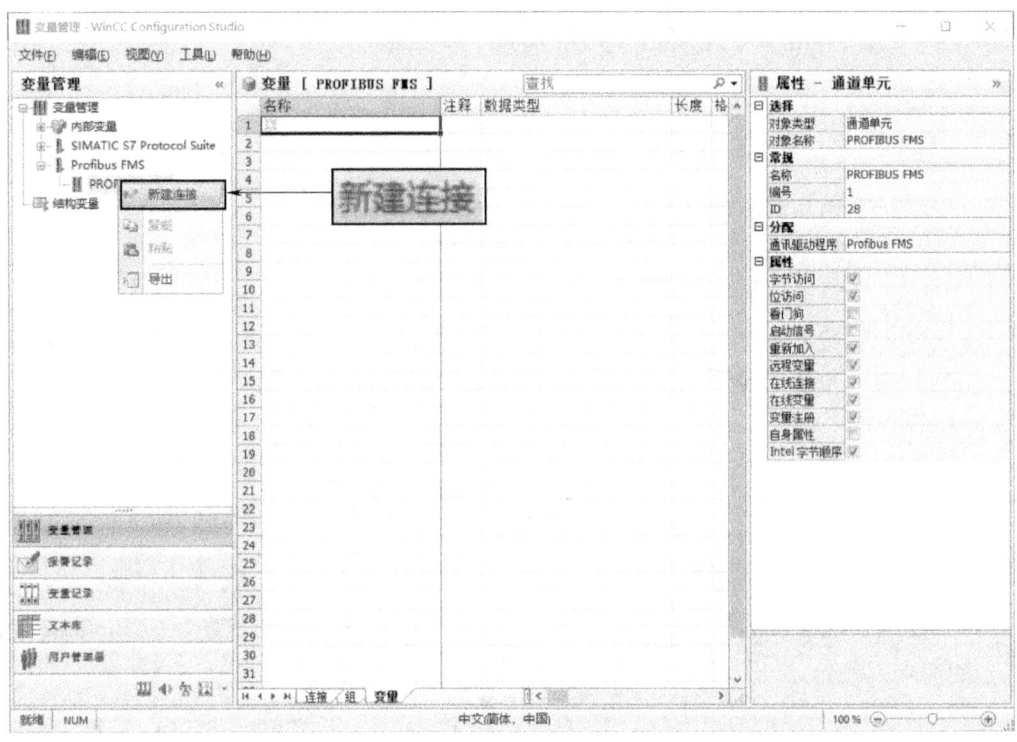

图 3-8 新建连接

图 3-9 打开"FMS 连接"对话框

4)在"FMS 连接"对话框的"名称/索引"文本框中输入逻辑连接的名称或索引。逻辑连接的"名称/索引"必须在本地通信关系列表(CRL)中组态。

5)如果已为逻辑连接分配了访问权限,则可选中"带有权限"复选框。

6)单击"属性"按钮,可打开"访问权限"对话框,如图 3-10 所示。

7)现在可以在"访问权限"对话框中输入逻辑连接的密码,单击"确定"按钮,关闭对话框。

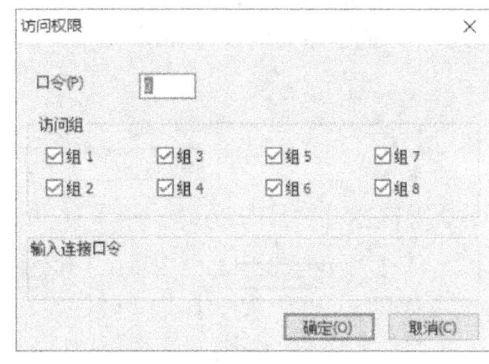

图 3-10 "访问权限"对话框

8)在"变量寻址"区域中进行设置,单击"确定"按钮关闭对话框。

3.3 三菱 PLC 通信驱动 Mitsubishi Ethernet

3.3.1 概述

"Mitsubishi Ethernet"通道用于 WinCC 与三菱 FX3U 和 Q 系列控制器之间的通信,通过 MELSEC 通信协议(MC 协议)进行通信。对于这两种系列控制器的连接,组态连接步骤基本相同,仅仅是特定控制器系列所用地址类型的组态不一样。

3.3.2 组态连接(以 Q 系列为例)

1)在"变量管理"窗口的变量管理的导航区域中,添加 Mitsubishi Ethernet 驱动程序,如图 3-11 所示。

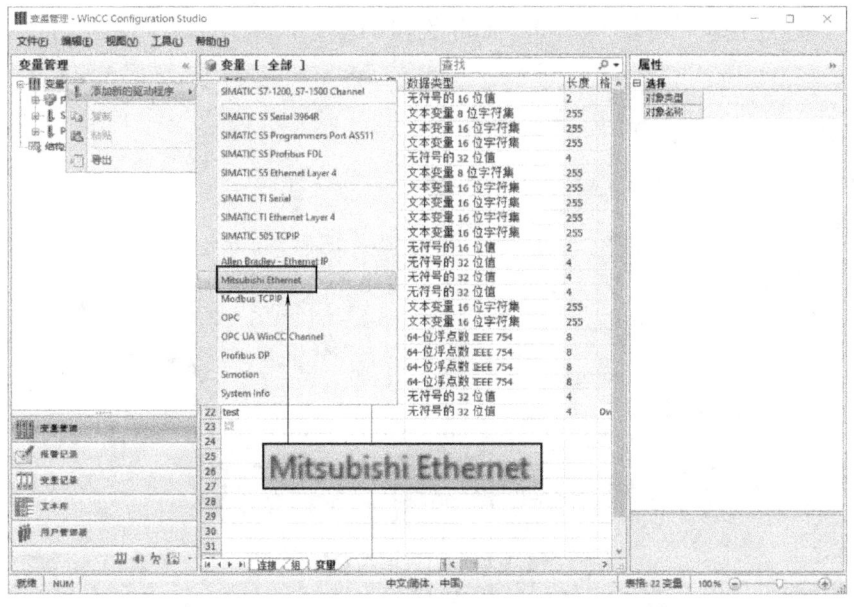

图 3-11 添加 Mitsubishi Ethernet 驱动程序

2）从"Mitsubishi Ethernet"通信驱动程序树结构下选择通道单元"Mitsubishi Q series"并右击。在通道单元的快捷菜单中选择"新建连接"命令，如图 3-12 所示。

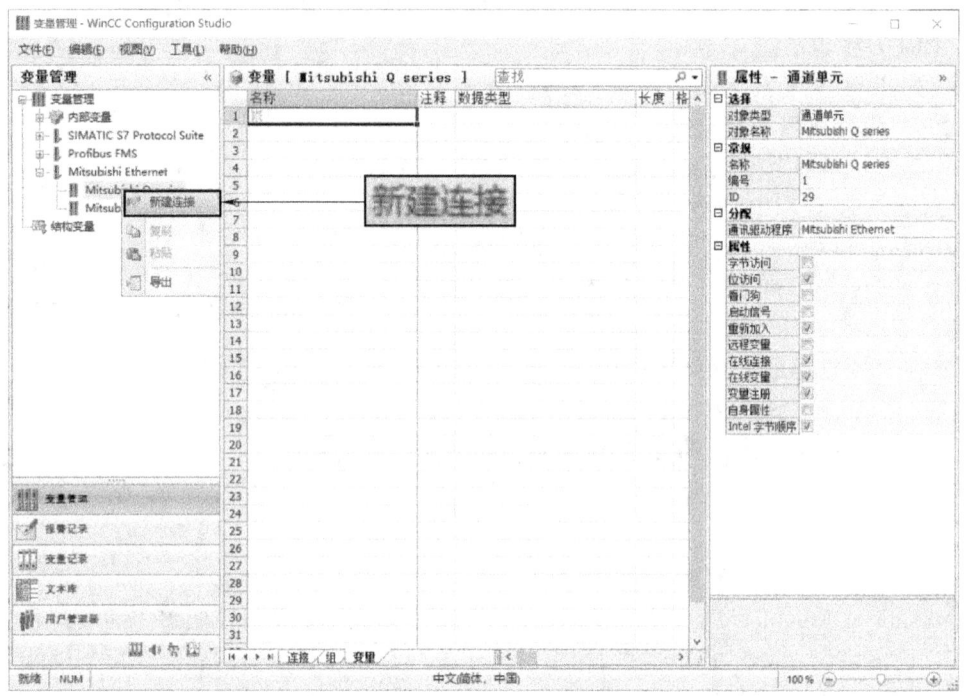

图 3-12　新建连接

3）输入连接的名称。

4）从连接的右键快捷菜单中选择"连接参数"命令，"连接属性"对话框随即被打开。

5）在"连接属性"对话框中输入控制器的 IP 地址、端口号，选择要使用的"TCP"或"UDP"，输入网络编号与 PC 编号，如图 3-13 所示。

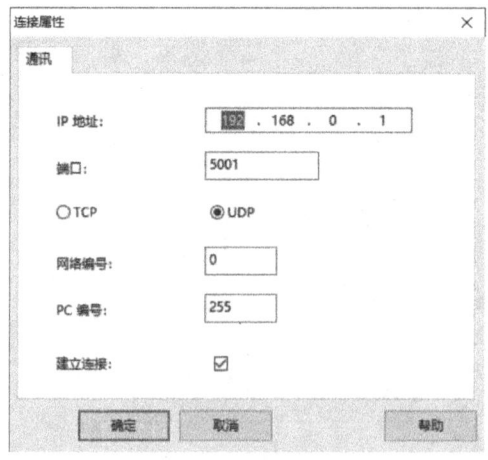

图 3-13　配置连接参数

6）单击"确定"按钮，关闭对话框。

3.4 OPC 通信协议

3.4.1 概述

WinCC 可以用作 OPC 服务器和 OPC 客户端。在安装 WinCC 时，OPC 组件会自动安装，可用于一些不能与 WinCC 直接进行通信的控制器建立连接。

3.4.2 组态连接（以 S7-200 为例）

1）在 STEP7 中新建项目，组态 PC Station。

2）打开 STEP7 并新建一个项目"S7-200 SMART OPC"，通过使用"Insert"→"Station"→"SIMATIC PC Station"命令插入一个 PC Station（PC 站），PC Station 的名字为"SIMATIC PC Station（1）"，如图 3-14 所示。

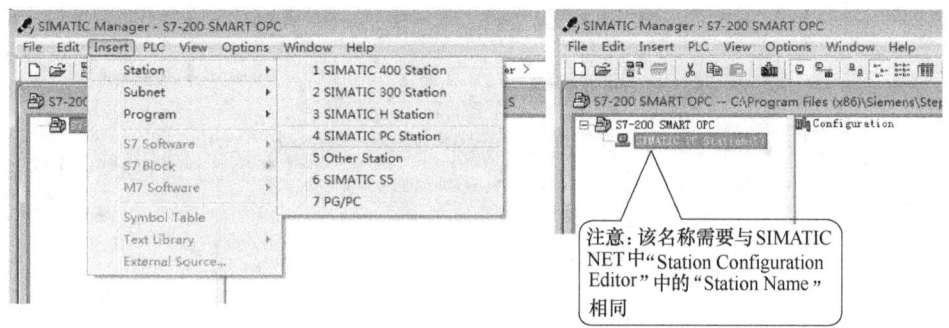

图 3-14 在 STEP7 中配置参数

注意：STEP7 中 PC Station 的名字"SIMATIC PC Station（1）"要与 SIMATIC NET 中 Station Configuration Editor（站组态编辑器）的 Station Name（站名）相同。

3）双击 Configuration 选项即可进入 PC Station 硬件组态界面。

4）在 1 号槽中，在"SIMATIC PC Station"→"User Application"→"OPC Server"下选择版本"SW V8.2"，添加一个 OPC Server 的应用，如图 3-15 所示。在 2 号槽中，在"SIMATIC PC Station"→"CP Industrial Ethernet"→"IE General"下选择版本"SW V8.2"，添加一个 IE General。然后在"Ethernet interface IE General"属性对话框中单击"New"按钮，新建一个以太网络，并设置 IP 地址，如图 3-16 所示。

注意：选择的 OPC Server 版本需要与 SIMATIC NET 软件版本一致，IP 地址的设置需要与 PC 网卡的实际地址相同。

完成 PC Station 硬件组件设置后，单击"Save and Compile"按钮，保存并编译当前组态配置。

5）配置网络连接。通过单击工具栏中的网络配置图标进行网络配置，然后在 NetPro 网络配置中，右击 OPC Server，选择"Insert New Connection"命令。在弹出的"Insert New Connection"对话框中选择通信伙伴为"Unspecified"，连接类型为"S7 connection"，如图 3-17 所示。

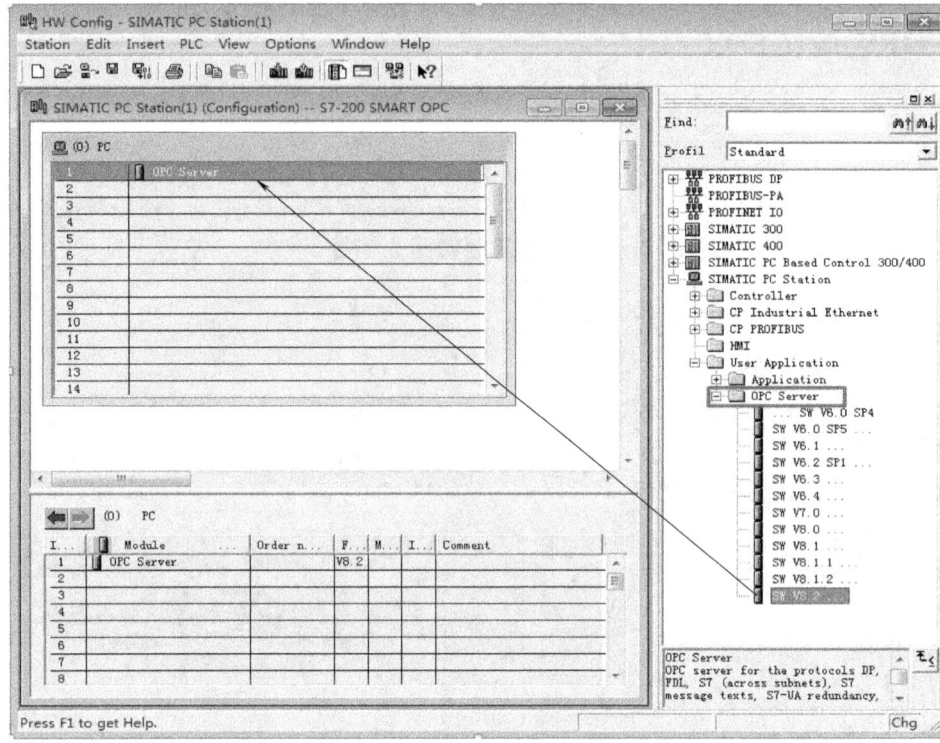

图 3-15 添加 OPC Server 应用

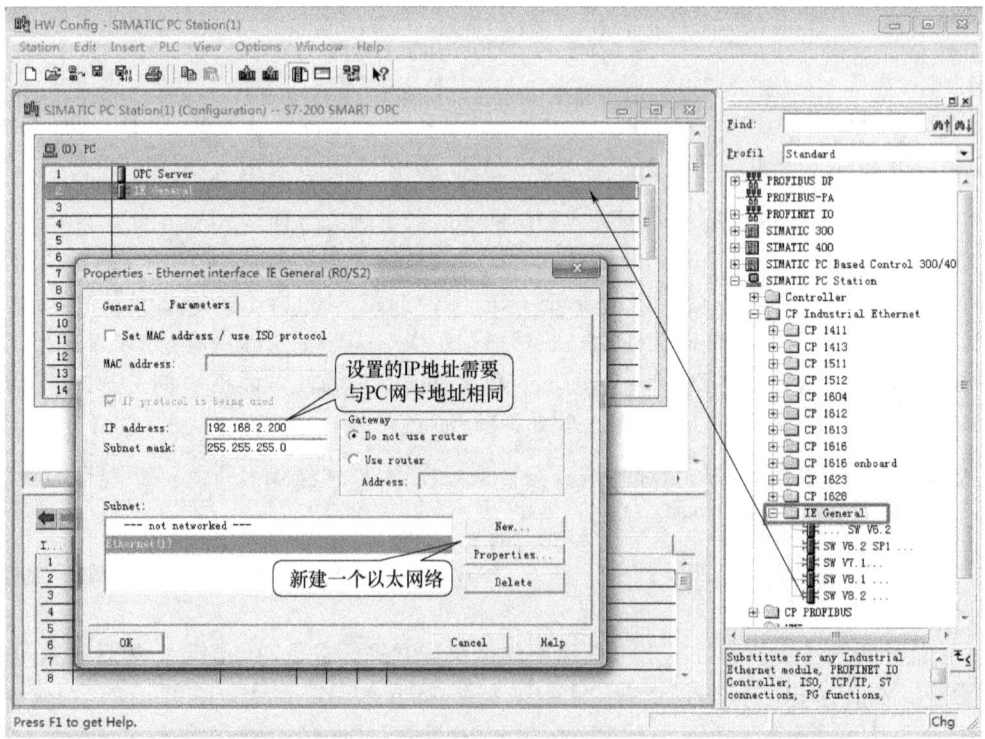

图 3-16 添加 IE General

第3章 通信驱动程序

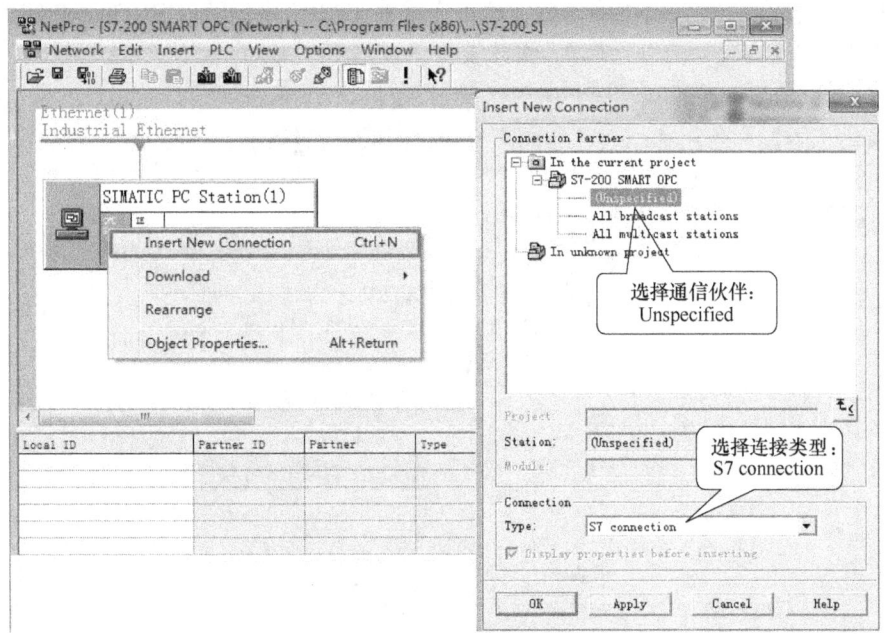

图 3-17 组态网络连接

在"Insert New Connection"对话框中单击"Apply"按钮,在弹出的"Properties-S7 connection"对话框中设置通信伙伴方 IP 地址,即 S7-200 SMART CPU IP 地址。单击"Address Detail"按钮,定义通信伙伴方的 TSAP:03.01。

6) 编译并保存网络连接。确认完成所有配置后,已建好的 S7 连接会显示在连接列表中。单击编译存盘按钮或选择"Network"→"Save and Compile"命令,如图 3-18 所示。如果得到 No error 的编译结果,则表示正确组态完成。

编译结果信息非常重要,如果有错误信息(error Message),则说明组态不正确,是不

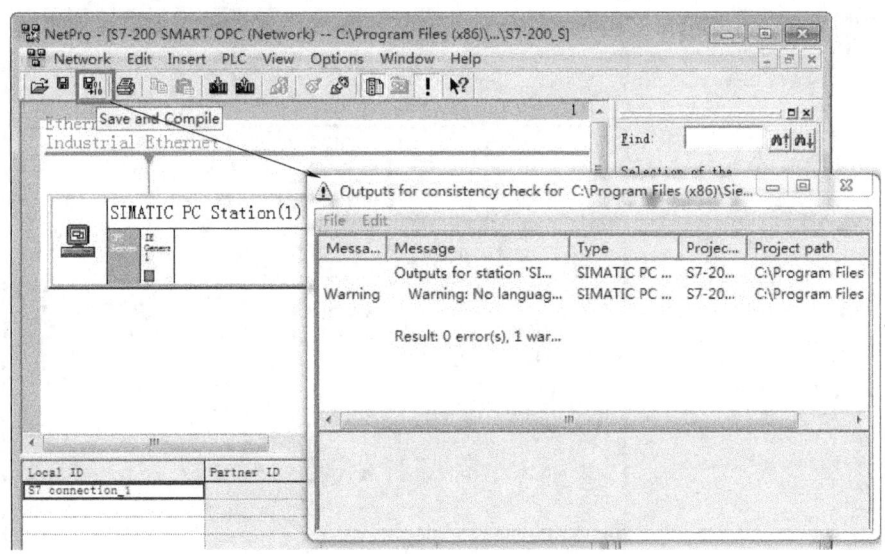

图 3-18 编译并保存网络连接

035

能下载到 PC Station 中的。成功编译后，即可完成在 STEP7 中的所有 PC Station 的硬件组态。

7) 设置 PG/PC 接口。在 STEP7 软件中，通过选择 "Options"→"Set PG/PC Interface" 命令打开设置对话框，如图 3-19 所示。

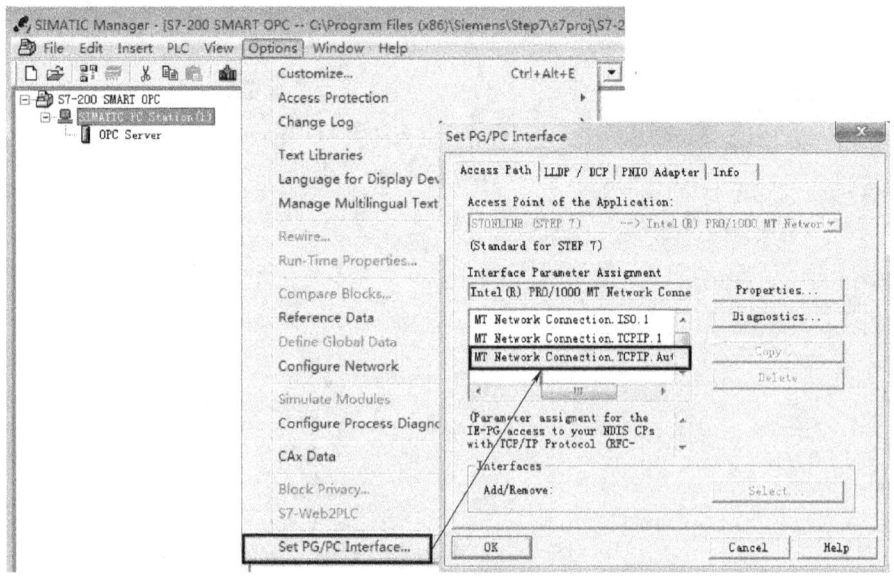

图 3-19 配置访问点

注意：需要选择 PC 的相应以太网卡，选择协议 TCPIP. Auto；如果需要下载的 PC Station 与 STEP7 软件位于同一台 PC 上，则 PG/PC 接口也可以选择 "PC internal. local"。

8) 检查配置控制台。在 Windows 中选择 "开始"→"所有程序"→"Siemens Automation"→"SIMATIC"→"SIMATIC NET"→"Communication Setting" 选项进入配置控制台，从中进行检查如图 3-20 所示。

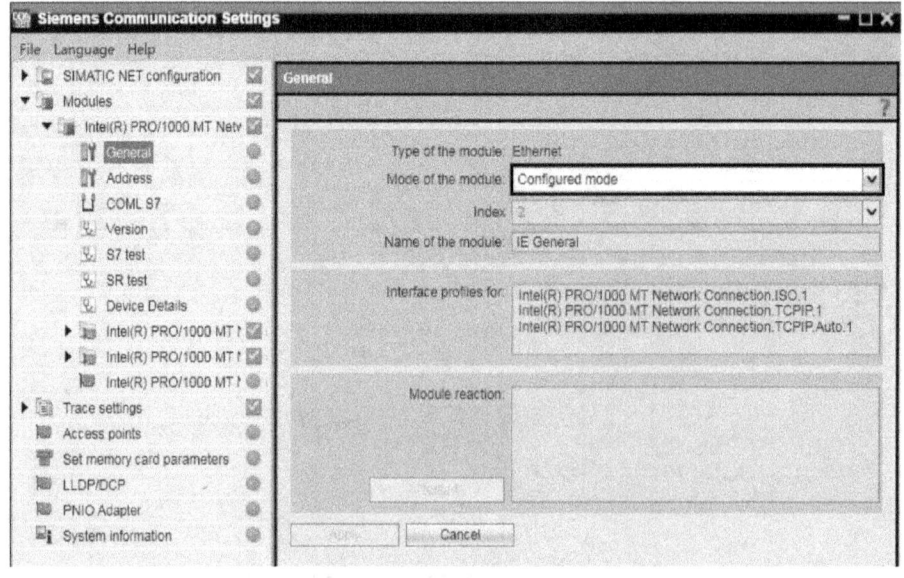

图 3-20 检查配置控制台

注意："IE General"组件的操作模式需要为"Configured mode"。对于低版本的 SIMATIC NET 软件，有可能需要手动将模块模式（Mode of the module）从 PG 模式切换到组态模式（Configured mode），并设置 Index 号，然后在 Station Configuration Editor 中添加硬件。

9）使用 STEP7 软件下载 PC Station 组态。在 STEP7 软件中，选择相应的 PC Station，单击下载图标，下载 PC Station 项目组态，如图 3-21 所示。

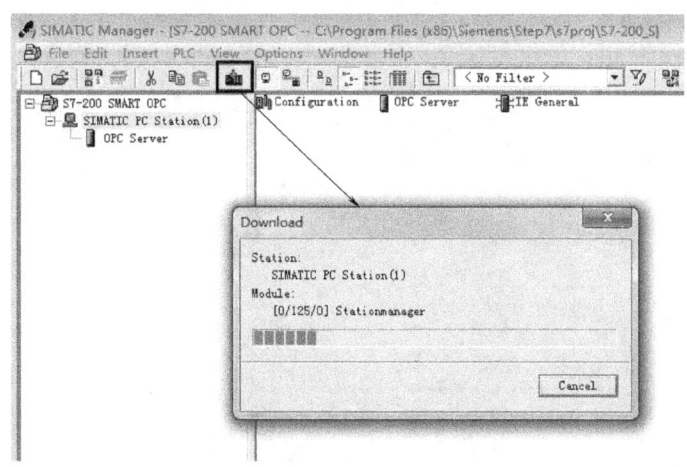

图 3-21　OPC 服务器站点下载

10）在网络配置中将配置好的连接下载到 PC Station 中。下载完成后，打开"Station Configuration Editor"对话框，PC Station 运行及连接状态将更新，如图 3-22 所示。在编程过程中，可以根据这些状态显示进行判断组态是否正确。

11）进入 PC Station 硬件组态界面。在 Windows 桌面中双击 Station Configuration 图标，进入 PC Station 硬件组态界面。

12）添加 OPC Server。选择 1 号槽并右击，选择"Add"命令，在弹出的"Add Component"对话框中选择 OPC Server，如图 3-23 所示。

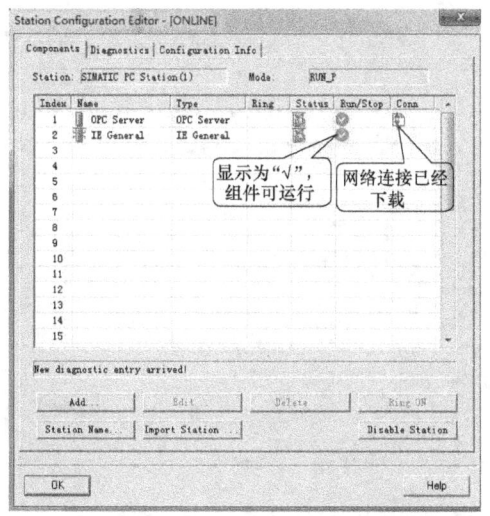

图 3-22　更新 PC Station 运行及连接状态

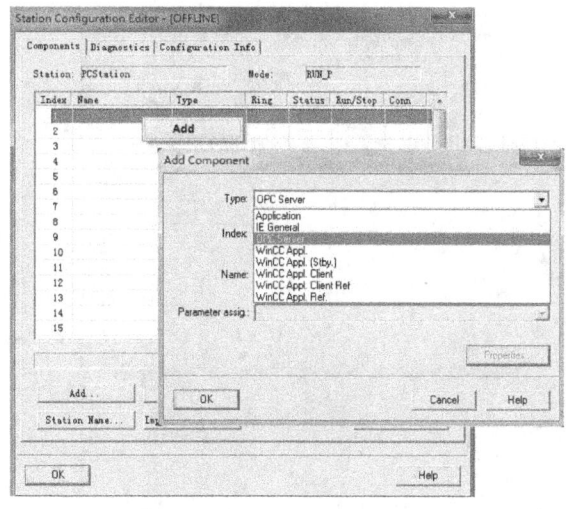

图 3-23　添加 OPC Server

13）选择 2 号槽并右击，选择"Add"命令，在"Add Component"对话框中选择 IE General，如图 3-24 所示。

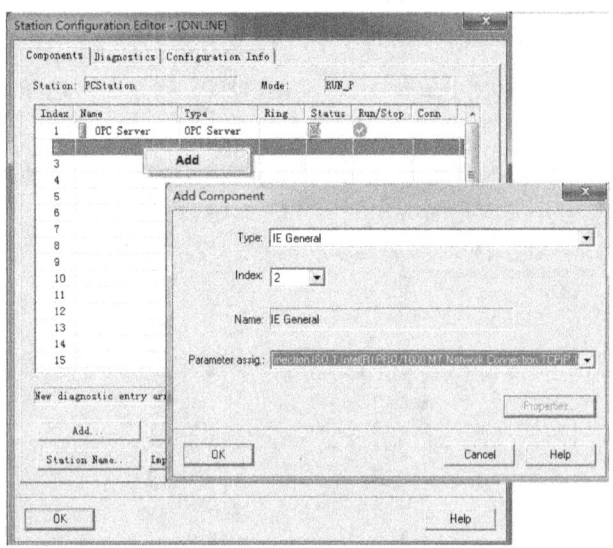

图 3-24　添加 IE General

注意：STEP7 中的 PC Station 硬件组态与虚拟 PC Station 硬件机架的组件、"Index" 必须完全一致。

14）网卡参数配置。插入 IE General 后，随即会弹出"Component Properties"对话框。如果需要修改网卡参数，则可以通过单击"Network Properties"按钮进行网卡参数配置，如图 3-25 所示。

15）命名 PC Station。PC Station 添加完"OPC Server"和"IE General"组件后，需要命名 PC Station，该名字需要与 STEP7 硬件组态中的"SIMATIC PC Station（1）"的名字一致，如图 3-26 所示。

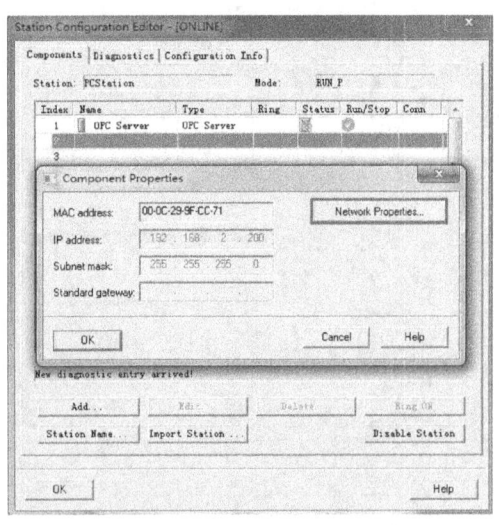

图 3-25　配置网卡参数

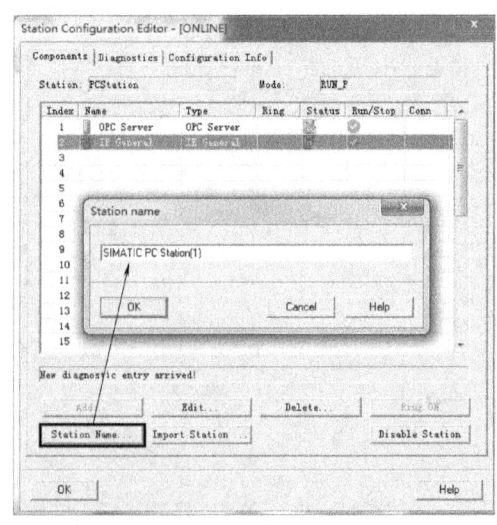

图 3-26　PC Station 命名

16）OPC Scout 配置。双击 OPC.SimaticNET，选择"\S7:"→"S7 connection_1"→"objects"→"DB"→"DB1"→"[New definition]"选项来添加一个变量，并为变量设置数据类型、起始地址、数据个数，如图 3-27 所示。

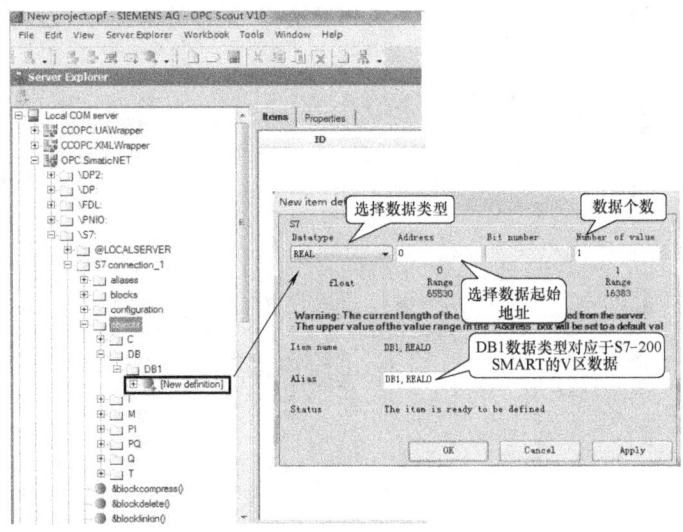

图 3-27　OPC Scout 配置

注意：DB1 数据类型对应于 S7-200 SMART CPU 的 V 区数据。

17）观察通信结果及质量。将创建好的 Item 拖放到 DA view 中，进行变量监控，OPC Scout 通信测试如图 3-28 所示。

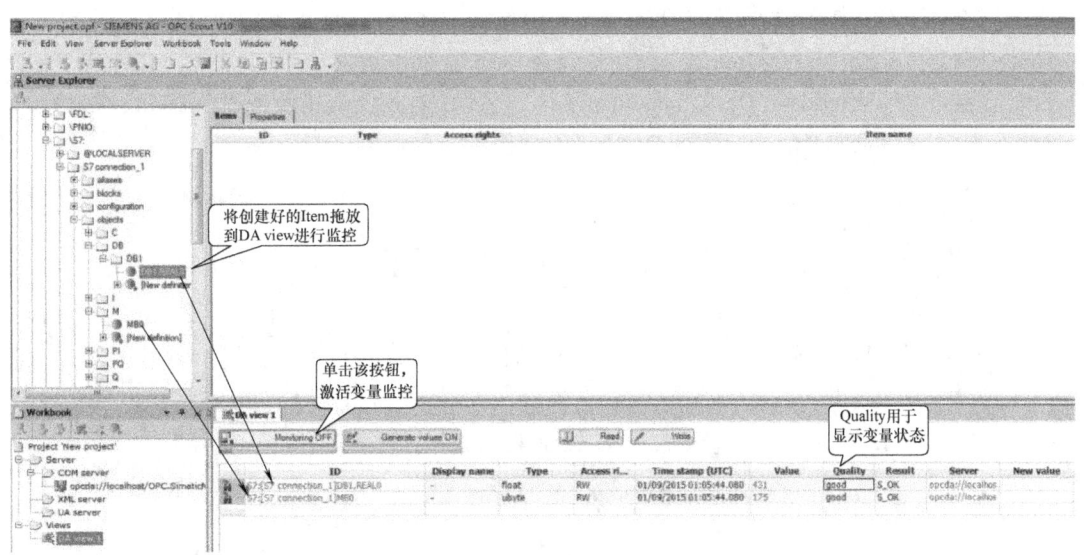

图 3-28　OPC Scout 通信测试

注意：如果通信质量为"bad"，则说明通信失败，需要检查软件组态及硬件连接是否正确。

18）在 OPC Scout 中建立所有 WinCC 中要用到的变量。

19）添加新的驱动。打开 WinCC 项目管理器，在左侧窗格中右击"变量管理"，在快捷菜单中选择"打开"命令。在打开的"WinCC Configuration Studio"窗口中，在"变量管理"面板中右击"变量管理"，在快捷菜单中选择"添加新的驱动程序"→"OPC"命令，如图 3-29 所示。

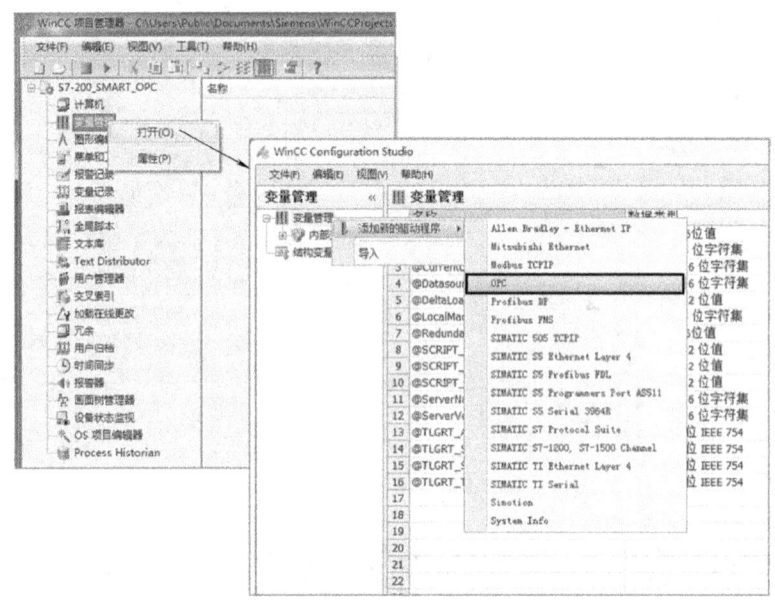

图 3-29　添加 OPC 驱动程序

20）在 WinCC 中搜索及添加 OPC Scout 中定义的变量。首先在"WinCC Configuration Studio"窗口中右击"OPC Groups"，在快捷菜单中选择"系统参数"命令，在弹出"OPC 条目管理器"窗口中选择"OPC.SimaticNET.1"，然后单击"浏览服务器"按钮，在弹出的"过滤标准"对话框中单击"下一步"按钮进行搜索，如图 3-30 所示。

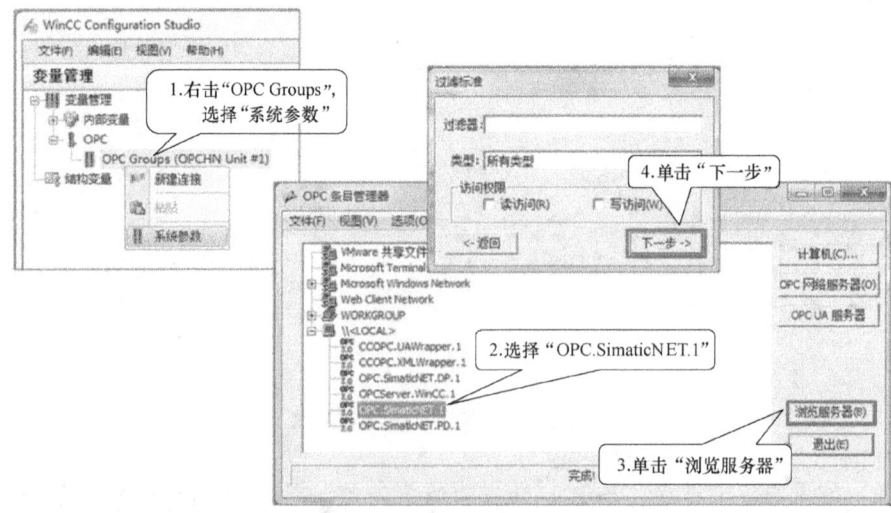

图 3-30　搜索及添加 OPC Scout 中定义的变量

第3章 通信驱动程序

21）建立新连接并添加所需变量。在变量列表中选择所需要的变量，单击"添加条目"按钮添加所需变量，此时会自动要求用户建立一个新连接，并将变量添加到这个连接中，如图 3-31 所示。如果需要添加多个变量，按步骤重复添加即可。

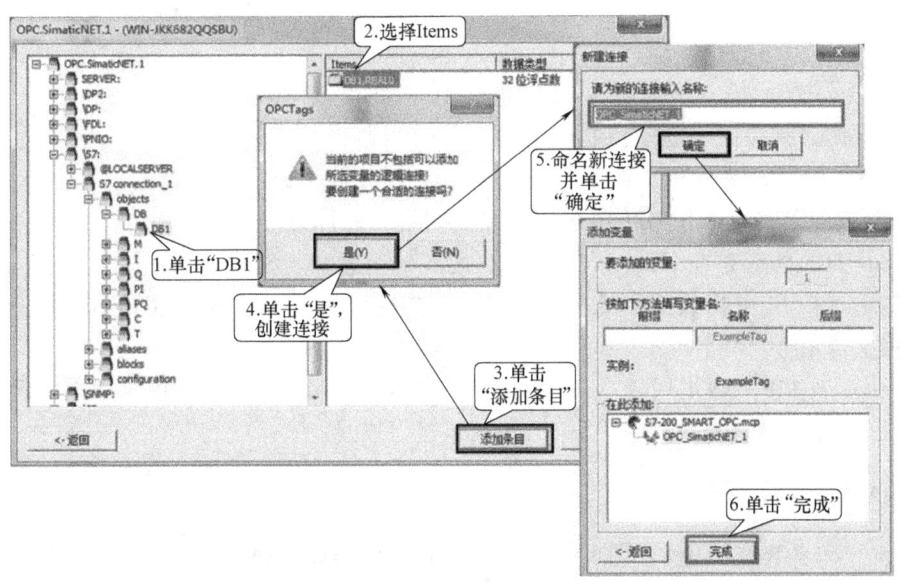

图 3-31　建立新连接并添加所需变量

22）在 WinCC 中创建画面并监控变量。在 WinCC 中新建画面，添加"输入/输出域"，并为其选择 OPC 变量，如图 3-32 所示。

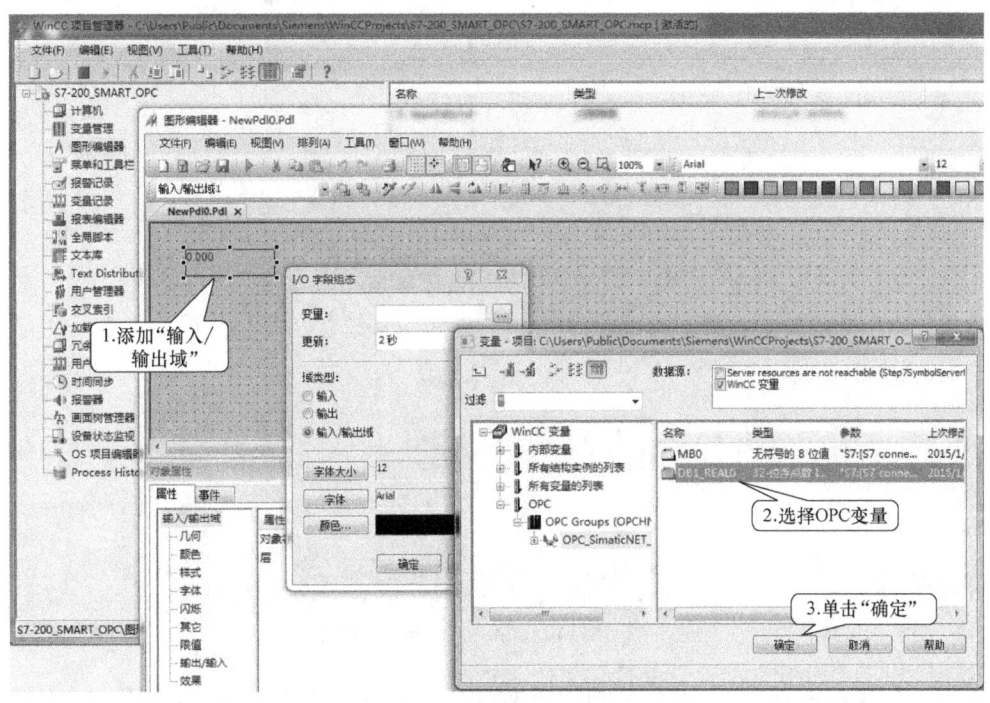

图 3-32　创建画面并监控变量

激活 WinCC，即可测试 WinCC 与 S7-200 SMART OPC 的通信。

3.5 Modbus TCP 通信协议

3.5.1 概述

Modbus 协议是应用于电子控制器上的一种通用语言。通过此协议，控制器之间、控制器经由网络（如以太网）和其他设备之间可以通信。它已经成为一种通用工业标准。有了它，不同厂商生产的控制设备可以连接成工业网络，进行集中监控。

Modbus TCP 协议是在 Modbus-RTU 协议的基础上进一步发展而来的。它是将 Modbus 协议嵌入底层 TCP/IP 中构成的，这样就在 TCP/IP 的以太网上实现了客户机/服务器架构的 Modbus 报文通信。

"Modbus TCPIP" 通道用于 WinCC 站和支持 Modbus 的 PLC 之间通过以太网的通信。可用于与一些不能与 WinCC 直接通信的控制器建立连接。

3.5.2 组态连接

1）在"变量管理"窗口的"变量管理"面板的导航区域中右击，在快捷菜单中选择"添加新的驱动程序"→"Modbus TCPIP"命令，如图 3-33 所示。

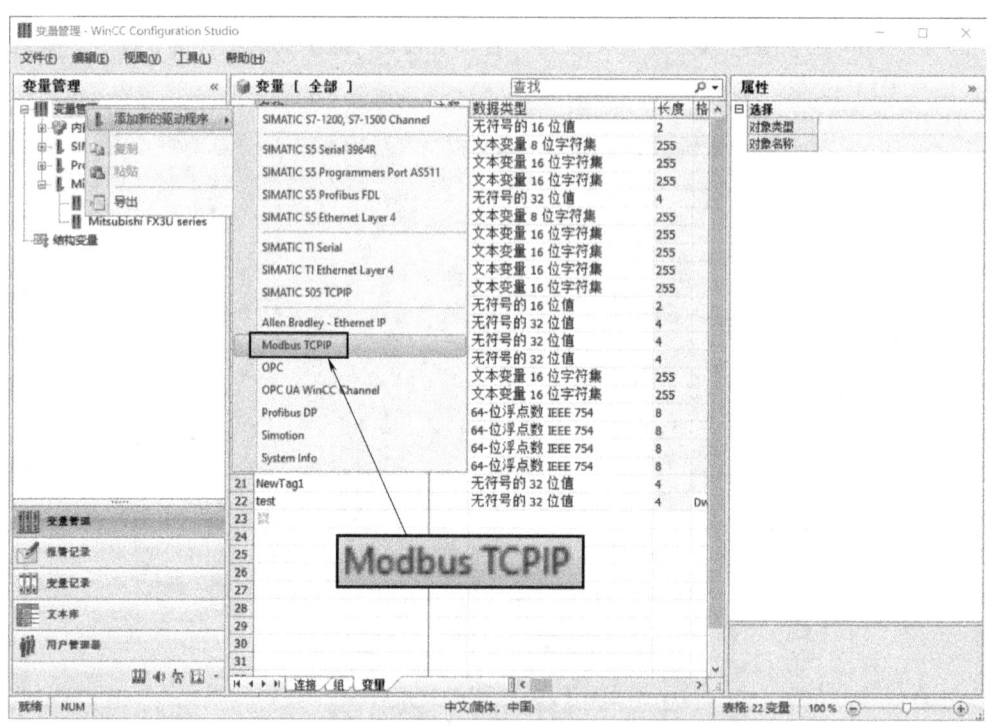

图 3-33 添加 Modbus TCPIP 驱动程序

2）从"Modbus TCPIP"通信驱动程序下选择通道单元"Modbus TCP/IP Unit#1"，然后右击，在快捷菜单中选择"新建连接"命令，如图 3-34 所示。

图 3-34 新建连接

3) 输入连接的名称。

4) 从连接的右键快捷菜单中选择"连接参数"命令,"Modbus TCPIP 属性"对话框随即打开,如图 3-35 所示。

5) 在"CPU 类型"下拉列表中选择已连接的 Modicon 可编程控制器。

6) 在"服务器"域中输入控制器的 IP 地址。

7) 在"端口"域中输入用于 TCP/IP 连接的端口号。Modbus TCP/IP 连接的默认端口号为 502。

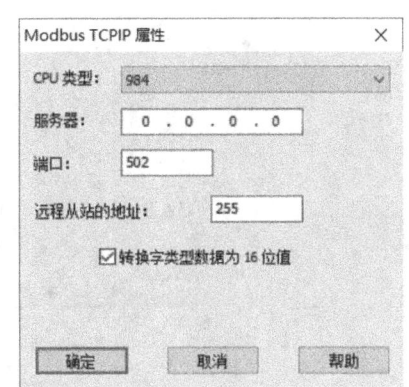

图 3-35 "Modbus TCPIP 属性"对话框

8) 如果使用桥接器,那么可在"远程从站的地址"文本框中输入远程控制器的从站地址。

9) 如果未使用桥接器,则必须使用默认值 255 或 0 作为地址。

10) 单击"确定"按钮关闭对话框。

3.6 通信诊断

通信诊断用于查明并消除 WinCC 与自动化系统之间的通信故障。

3.6.1 通信连接的状态

WinCC 系统在运行时，首先会自动检测并识别出在建立连接时发生的故障或错误。在一个项目中，WinCC 站上的通道单元可能会对应多个连接，一个连接可能会配置多个变量。

如果通道单元下的所有连接都有故障，那么首先应检查此通道单元对应通信卡的设置和物理连接。如果只是部分连接有问题，而通信卡和物理连接是好的，那么应检查所建立连接的设置，即检查连接属性中的站地址、网络段号、PLC 的 CPU 模块所在的机架号和槽号等是否正常。如果连接都正常，而故障表现在某个连接下的部分变量，则这些变量所设定的地址有错误。

在项目激活状态下，在 WinCC 项目管理器中选择"工具"→"驱动程序连接状态"命令（图 3-36），将打开"状态-逻辑连接"对话框。此对话框显示所有建立的逻辑连接状态，即正确连接或是断开连接，如图 3-37 所示。

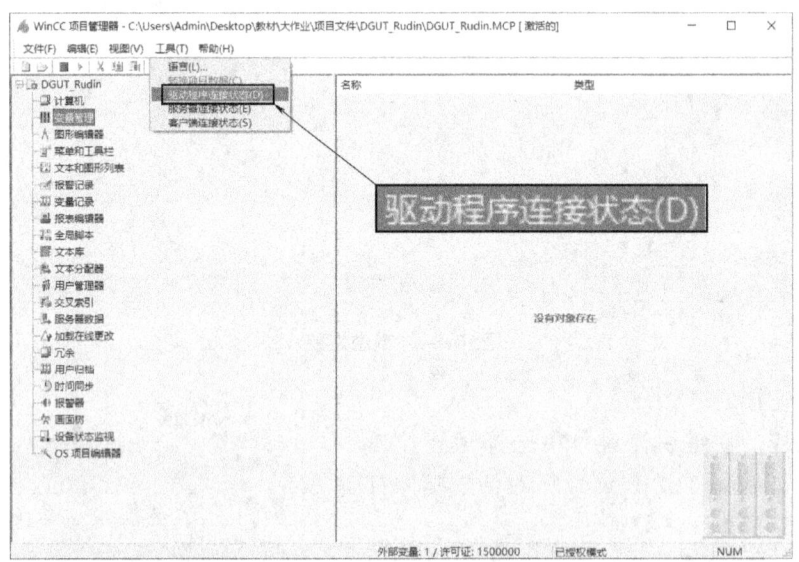

图 3-36 选择"工具"→"驱动程序连接状态"命令

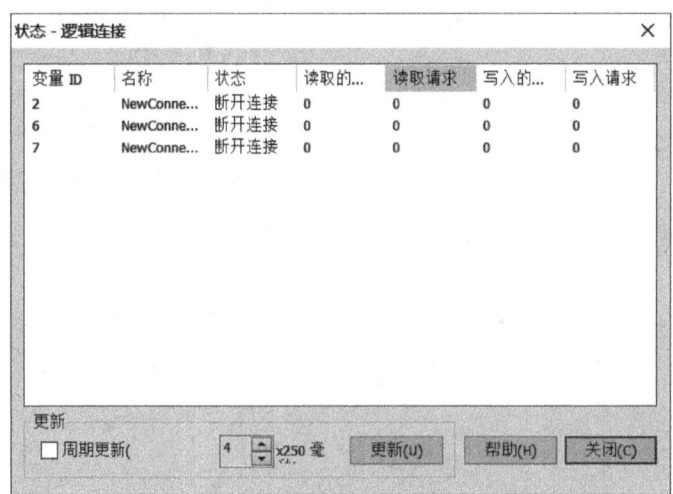

图 3-37 逻辑连接状态

3.6.2 通道诊断

WinCC 提供了"Channel Diagnosis（通道诊断）"工具。

在运行系统中，WinCC 通道诊断既可为用户提供激活连接状态的快速浏览，又可提供有关通道单元的状态和诊断信息。

有以下两种方法可以使用 WinCC 通道诊断应用程序。

方法 1：在 Windows 系统中选择"开始"→"SIMATIC"→"WinCC"→"Tools"→"Channel Diagnosis"选项，打开通道诊断应用程序，如图 3-38 所示。

方法 2：通道诊断程序也可以当作 ActiveX 控件插入 WinCC 画面或其他应用程序中。

在默认情况下，WinCC 图形编辑器的对象选项板不包含此控件，需要通过如下操作添加该控件。

在图形编辑器中选择对象选项板的"控件"选项卡，右击"对象选项板"的空白区域，从快捷菜单中选择"添加/删除"命令，打开"选择 OCX 控件"对话框，在"可用的 OCX 控件"列表框中选择"WinCC Channel Diagnosis Control"复选框，如图 3-39 所示。单击"确定"按钮，关闭对话框后，WinCC Channel Diagnosis Control 控件即可出现在"控件"选项卡上。

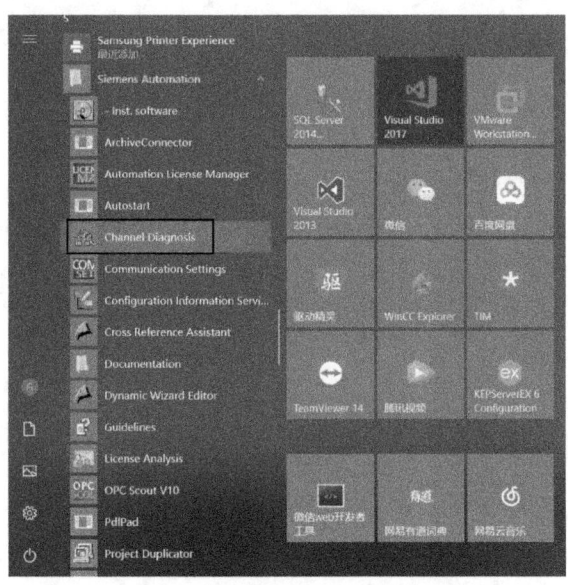

图 3-38 在 Windows 系统中选择 "Channel Diagnosis"选项

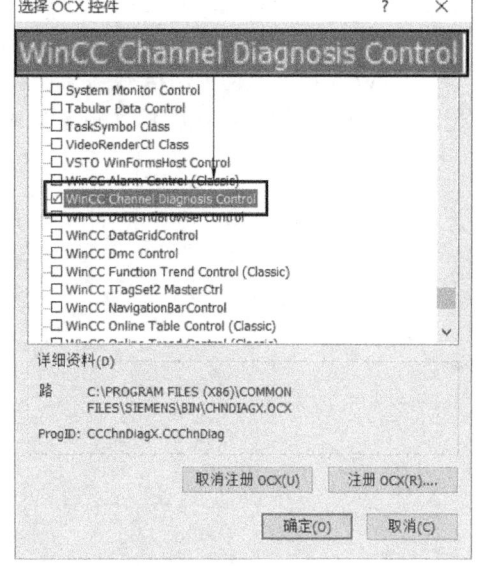

图 3-39 选择"WinCC Channel Diagnosis Control"复选框

3.6.3 变量的诊断

在运行系统的变量管理器中，可通过查询当前变量的质量代码和变量改变的最后时刻来进行变量的诊断。

在 WinCC 项目激活状态下，将鼠标指针指向要诊断的变量，出现的工具提示会显示该变量的当前值、质量代码以及变量最后一次改变的时间。通过质量代码可查出变量的状态信息。如果质量代码为 80，则表示变量连接正常；如果质量代码不为 80，则可通过质量代码表来查找原因。

本 章 小 结

WinCC 不仅支持西门子最新的控制器 S7-1200/1500，也支持早期的 SIMATIC S5 和 TI505 控制器。西门子的 WinCC 通信驱动程序除了支持和 PLC 之间进行基本的变量读/写通信外，还可以进行批量的数据传送。通过"SIMATIC S7 Protocol Suite"通道，WinCC 可以使用不同的接口去连接 SIMATIC S7-300 和 S7-400 系列的 PLC。

对于使用比较广泛的第三方厂家的 PLC 或其他智能设备，如施耐德 PLC（带 Modbus TCPIP 接口）、三菱 PLC（带以太网接口）和 AB 的 PLC（带以太网接口），WinCC 也提供了专门的通信驱动程序。Modbus TCPIP 通道用于 WinCC 与带 Modbus TCPIP 接口的施耐德 PLC 之间进行通信。OPC 是一个工业标准。经典 OPC 规范基于微软 Windows 系统的 COM/DCOM 技术，用于软件之间进行数据交换。

习　题

1. 参照 3.1 小节连接西门子 S7-400 PLC。
2. WinCC 集成 OPC DA 服务器，也可作为 OPC 客户端连接 OPC 服务器。通过 OPC DA 使两台计算机中的 WinCC 可以相互访问。

第 4 章

WinCC的集成

4.1 使用 C 语言脚本和 VBS 脚本进行系统间数据交互

WinCC 作为数据采集与监控系统,向下需要与多种设备利用通信协议进行数据交互,向上需要与上位信息系统(如 MES 制造执行系统、ERP 企业资源计划系统等)提供相应的预处理生产数据。WinCC 中集成了 OPC 数据访问和 OPC XML DA 服务器,可用于访问系统中所有在线值,并为访问 WinCC 历史数据提供开放式接口,还可以通过 C 语言脚本或 VBS 脚本操作中间文件(如 .xml 文件、.xlsx 文件、.csv 文件、数据库)的方式,实现与 IT 系统的数据交互,如图 4-1 所示。

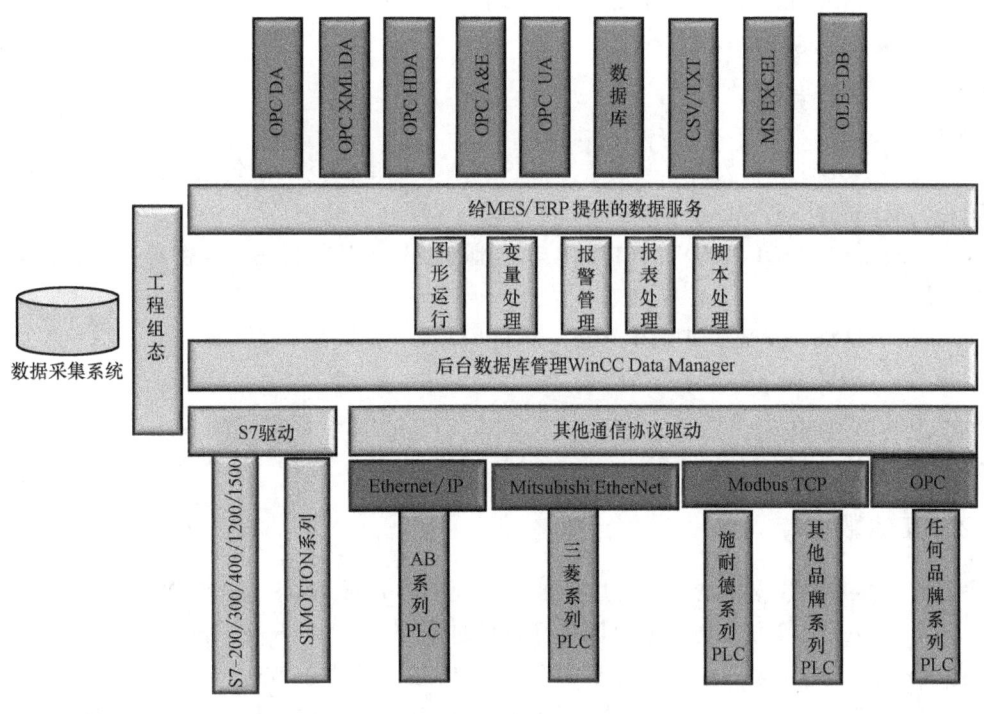

图 4-1 WinCC 与其他系统的数据交互

4.2 SQL 数据库集成

Microsoft SQL Server 及其实时响应功能、性能和工业标准,已经全部集成在 WinCC 的基本系统中。在个案中,WinCC 可以以压缩的方式每秒存储 10000 个过程值或者 100 条消息,然后用 WinCC 集成的工具分析并显示数据。通过多种开放接口(如 SQL、ODBC、OLE-DB 和 OPC HDA),可以用外部工具更进一步地分析数据库中的数据。

4.2.1 SQL Server

SQL Server 数据库是 WinCC 自带的数据库,项目运行过程中产生的归档信息存储在 SQL Server 中,也可以通过编写程序将一些需要存储的重要信息保存到 SQL Server 数据库中。因为 WinCC 使用 SQL Server 作为服务器,因此不论是连接本地 SQL Server 数据库还是其他服务器上的 SQL Server 数据库,都不需要进行任何系统配置,使用 IP 地址、用户名和密码即可登录。

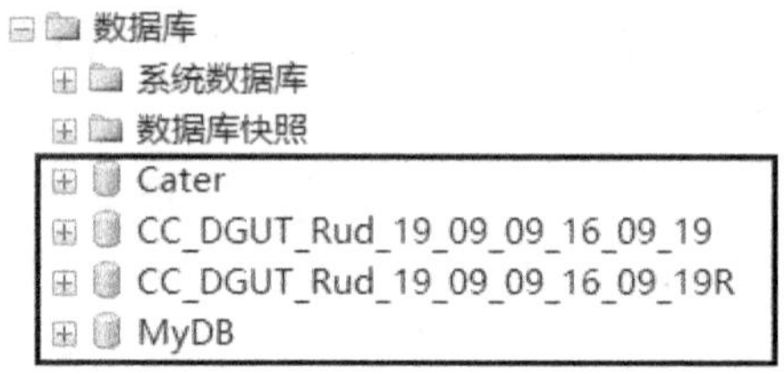

(1) 本地 SQL Server 数据库 本地 SQL Server 数据库如图 4-2 所示,登录语句如下。

图 4-2 本地 SQL Server 数据库

```
Dim Sql,oRs,Con,conn
Con = "Provider = SQLOLEDB.1;Integrated Security = SSPI;Persist Security Info = False;Initial Catalog = 表名;Data Source = 数据库名"
Set conn = CreateObject("ADODB.Connection")
conn.ConnectionString = Con
conn.CursorLocation = 3
conn.Open
```

(2) 远程 SQL Server 数据库 远程 SQL Server 数据库的登录语句如下。

```
Dim Con,conn,oRs,Sql
Con = "Provider = SQLOLEDB;SERVER = IP 地址;uid = 用户名;pwd = 密码;database = 数据库名"
Set conn = Createobject("ADODB.Connection")
conn.ConnectionString = Con
conn.CursorLocation = 3
conn.Open
```

4.2.2 其他数据库

除了 SQL Server 数据库之外,常用的数据库还有 Oracle、MySQL 等,WinCC 也可以通过在服务器建立 ODBC 等方式与其他数据库进行信息交互。

(1) Oracle 要使 WinCC 与 Oracle 进行信息交互,需要在 WinCC 服务器端安装 Oracle 数据库的客户端,并且组态 Oracle 数据库的监听程序(NET Manager)。具体程序代码如下。

Dim sSql,oRs,Con,conn

Con = "Provider = OraOLEDB. Oracle. 1;Data Source = 数据源;User ID = 用户名;Password = 密码;Persist Security Info = True;Unicode = true;"

Set conn = CreateObject("ADODB. Connection")

Set oRs = CreateObject("ADODB. Recordset")

conn. ConnectionString = Con

conn. CursorLocation = 3

conn. Open

（2）MySQL　要使 WinCC 与 MySQL 进行信息交互，需要在 WinCC 服务器端安装 MySQL 数据库的客户端，并配置 MySQL 的 ODBC。具体程序代码如下。

Dim sConnStr,oConn,oRecSet,sql

sConnStr = "DRIVER = {MySQL ODBC 5.3 Unicode Driver};Database = 数据库名;User = 用户名;Password = 密码;Server = localhost;Port = 3306;Option = 3;"

Set oConn = Createobject("ADODB. Connection")

oConn. ConnectionString = sConnStr

oConn. CursorLocation = 3

oConn. Open sConnStr

注意：Oracle 与 MySQL 最好使用 32 位客户端。

4.3　ActiveX 控件集成

ActiveX 是基于 COM（Compoment Object Model）的可视化控件结构的商标名称。它是一种封装技术，提供封装 COM 组件并将其置入其他应用程序（如 Web 浏览器）的一种方法。ActiveX 控件是 VBX 的后继产品。人们可认为曾称为 OLE Custom Control（或 OCX）的组件是 ActiveX 控件。在操作系统中注册的所有 ActiveX 控件均可用于 WinCC。

4.3.1　在 WinCC 中直接插入 ActiveX 控件

在图形编辑器的对象选项板中的"控件"选项卡中可进行控件选择。这些控件可以直接插入画面。借助"选择 OCX 控件"对话框，用户可根据需要改变选择，使用已在操作系统中注册的 ActiveX 控件可完善控件列表。

在"选择 OCX 控件"对话框的"可用的 OCX 控件"列表框中，显示已在操作系统中注册的所有 ActiveX 控件。在读入注册表信息之后，确切的数字显示在该列表框的标题中。选中复选框表示可在对象选项板的"控件"选项卡中获得控件。所选择 ActiveX 控件的路径和程序标识号均显示在"详细资料"区域中。要插入并使用控件，也可在"控件"面板中使用鼠标左键将控件拖放入画面中，如图 4-3 所示。

注意：使用来自第三方供应商的 ActiveX 控件可能导致错误以及性能降低，或者使系统阻塞，使用本软件的用户需要自己解决由于采用外部 ActiveX 控件而引起的问题，建议使用前进行全面的测试。

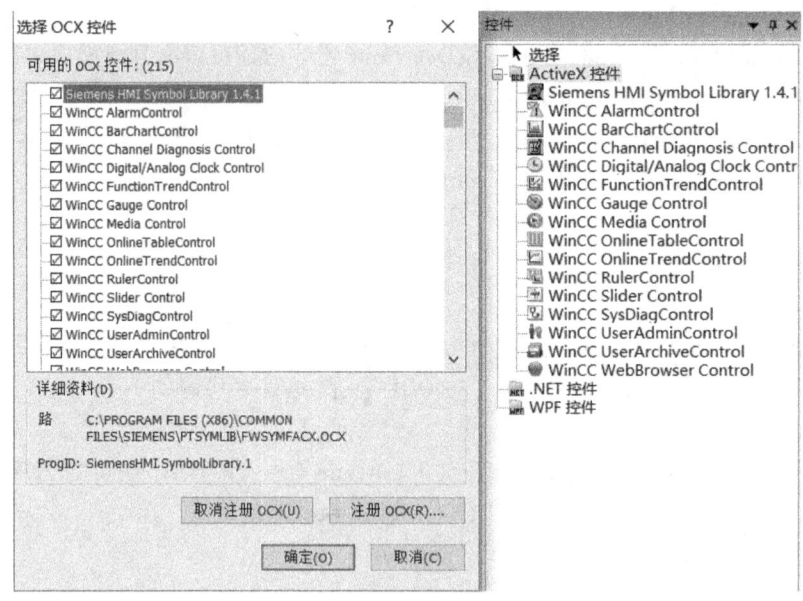

图 4-3 ActiveX 控件

4.3.2 用 VBS 访问 ActiveX 控件

用户可以用 VBS 中的 ScreenItems 对象来访问并修改 ActiveX 控件对象的属性。例如，在画面中插入了一个 ActiveX 控件，将其命名为 Control1，那么可以通过以下代码修改它的属性（如高度、宽度以及其他特殊属性等）。

Dim Control
Set Control = ScreenItems("Control1")
Control.Height = 5

一定要记住，VBS 是操作对象的运行属性，而 VBA 是操作对象的组态属性。

4.4 Excel 文档集成

在一些工程项目中会要求定期输出 Excel 报表，但是 WinCC 并没有能直接生成 Excel 的控件，这个时候就需要用到强大的 WinCC 脚本系统通过 VB 来输出。如果要输出 Excel 文档，那么计算机上必须安装 Excel 软件。

Office 是信息存储工具。基于 WinCC 通过 VB 脚本也可以访问或使用 Office 工具以进行数据交互。这里以最常用的 Excel 进行说明。

WinCC 通过 VB 脚本调用 Excel 进行编辑，与调用 ActiveX 控件的原理是一样的，访问与写入的具体程序如下。

(1) 访问程序

Dim objExcelSheet
Dim sheetname
Dim filepath

```
Dim filename
Dim fso
Dim objexcelapp
Dim excel_1
Set excel_1 = HMIRuntime.Tags("excel_1")
Dim excel_2
Set excel_2 = HMIRuntime.Tags("excel_2")
Dim excel_3
Set excel_3 = HMIRuntime.Tags("excel_3")
Dim excel_4
Set excel_4 = HMIRuntime.Tags("excel_4")
excel_1.Read
excel_2.Read
excel_3.Read
excel_4.Read
filename = "wincc_test"                                '生成文件名
filepath = HMIRuntime.ActiveProject.Path&"\"&filename&".xlsx"
sheetname = "sheet1"
Set fso = Createobject("Scripting.FileSystemObject")   '创建文件对象模型
If(fso.FileExists(filepath)) Then
    Set objexcelapp = Createobject("Excel.Application")    '创建表格对象模型
        objexcelapp.visible = False      '设置表格对象可见与否,不可见为 False
        objexcelapp.Workbooks.Open filepath     '如果表格存在则打开文件
        objexcelapp.Worksheets(sheetname).Activate    '激活工作表
        With objExcelApp.Worksheets(sheetname)    '读取表格数据
            HMIRuntime.Tags("excel_1").Write (.cells(4,4).value)
            HMIRuntime.Tags("excel_2").Write (.cells(4,5).value)
            HMIRuntime.Tags("excel_3").Write (.cells(5,4).value)
            HMIRuntime.Tags("excel_4").Write (.cells(5,5).value)
End With
If (fso.FileExists(filepath)) Then             '判断文件是否存在
        objExcelApp.ActiveWorkbook.Save        '如果存在说明文件已经打开
Else
objExcelApp.ActiveWorkboos.SaveAs filepath    '如果不存在说明是新文件,需要另存为
End If
objexcelapp.workbooks.close        '退出工作簿
objexcelapp.quit                   '退出表格模型退出
Set objexcelapp = Nothing          '释放资源
Else
```

```
Msgbox("表格不存在"&vbCrlf&"名称为:"&filepath&"的表格")
End If
Set fso = Nothing                                    '释放资源
```
（2）写入程序
```
Dim objExcelSheet
Dim sheetname
Dim filepath
Dim filename
Dim fso
Dim objexcelapp
filename = "wincc_test"                              '生成文件名
filepath = HMIRuntime.ActiveProject.Path&" "&filename&".xlsx"   '保存地址
sheetname = "sheet1"                                 '输入表格名
Set fso = Createobject("Scripting.FileSystemObject") '创建文件对象模型
If(fso.FileExists(filepath)) Then
    Set objexcelapp = Createobject("Excel.Application") '创建表格对象模型
        objexcelapp.visible = False                  '设置表格对象可见与否,不可见为False
        objexcelapp.Workbooks.Open filepath          '如果表格存在则打开文件
        objexcelapp.Worksheets(sheetname).Activate   '激活工作表
        With objExcelApp.Worksheets(sheetname)       '表格数据读取
            .cells(2,2).value = HMIRuntime.Tags("excel_1").Read
            .cells(2,3).value = HMIRuntime.Tags("excel_2").Read
            .cells(3,2).value = HMIRuntime.Tags("excel_3").Read
            .cells(3,3).value = HMIRuntime.Tags("excel_4").Read
        End With
        If (fso.FileExists(filepath)) Then           '判断文件是否存在
            objExcelApp.ActiveWorkbook.Save          '如果存在说明文件已经打开
        Else
            objExcelApp.ActiveWorkboos.SaveAs filepath  '如果不存在说明是新文件,需要另存为
        End If
        objexcelapp.workbooks.close                  '退出工作簿
        objexcelapp.quit                             '退出表格模型
        Set objexcelapp = Nothing                    '释放资源
Else
    Msgbox("表格不存在"&vbCrlf&"名称为:"&filepath&"的表格")
End If
Set fso = Nothing                                    '释放资源
```

4.5 应用实例

本例介绍 WinCC 通过 VBS 访问 SQL Server 数据库,并将数据表中的数据显示在 ActiveX 控件上,然后导出 Excel 表格的简单实例。首先,需要在 SQL Server 数据库中手动创建数据源,即数据表,然后在 WinCC 界面添加 ActiveX 控件,组态访问与导出程序。

4.5.1 组态 SQL Server 数据源

1)在 Windows 的"开始"菜单中选择"Microsoft SQL Server 2014"→"SQL Server 2014 Management Studio"选项,如图 4-4 所示,进入 SQL Server 数据库管理界面。

图 4-4 选择"SQL Server 2014 Management Studio"选项

2)在弹出的界面中选择"Windows 身份验证",单击"连接"按钮,如图 4-5 所示。

3)在"对象资源管理器"窗口中右击"数据库",在弹出的快捷菜单中选择"新建数据库"命令,如图 4-6 所示。

4)在"新建数据库"窗口中输入数据库名称(如 MyDB),单击"确定"按钮完成数据库的创建,如图 4-7 所示。

5)在"对象资源管理器"窗口中打开新建的 MyDB 数据库,右击"表",在弹出的快捷菜单中选择"新建"→"表"命令,如图 4-8 所示。

图 4-5　连接到服务器

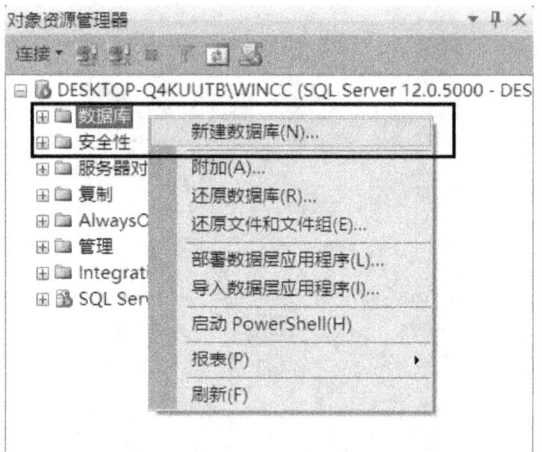

图 4-6　选择"新建数据库"命令

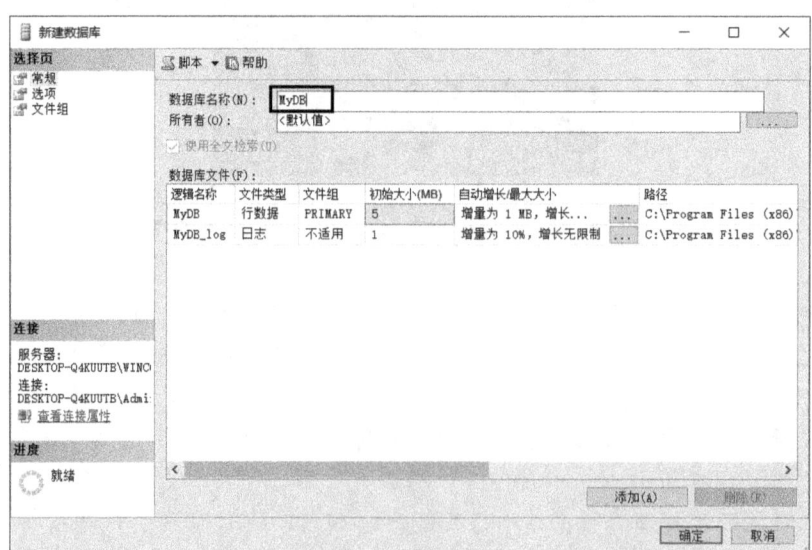

图 4-7　新建数据库

6）在新建窗口中输入表的所有"列名",进行保存并对表命名,如图 4-9 所示。

图 4-8 选择"新建"→"表"命令

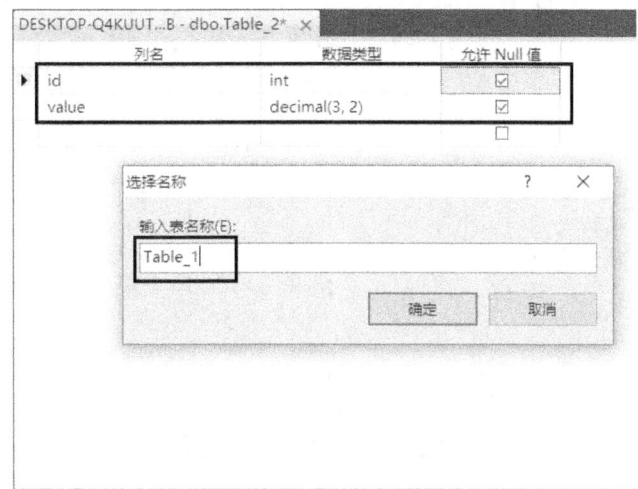

图 4-9 对表进行命名

7）在"对象资源管理器"窗口中选中 MyDB 的"表"文件夹,单击上方的"刷新"按钮即可看到新建的表格,如图 4-10 所示。

8）右击新建的表格"Table_1",在弹出的快捷菜单中选择"编辑前 200 行"命令,如图 4-11 所示。

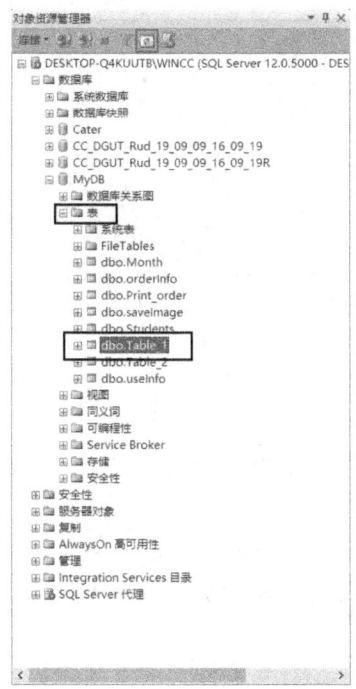

图 4-10 刷新表

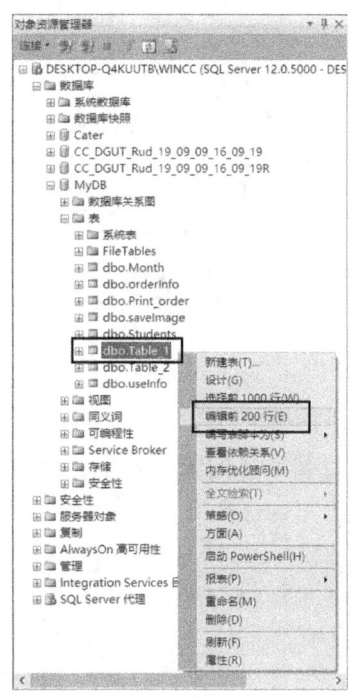

图 4-11 选择"编辑前 200 行"命令

9）在新建窗口中输入表中的数据，如图 4-12 所示。

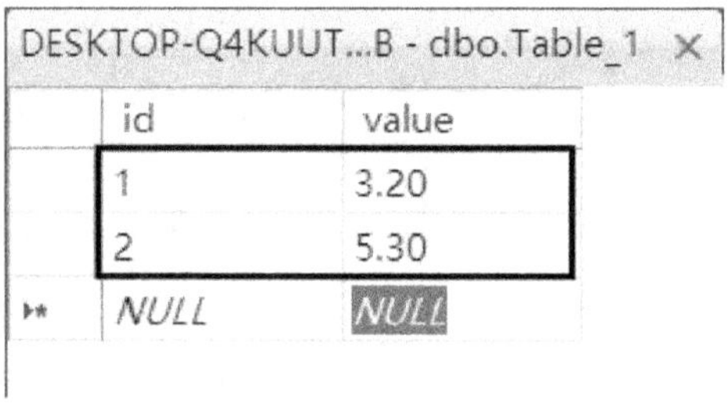

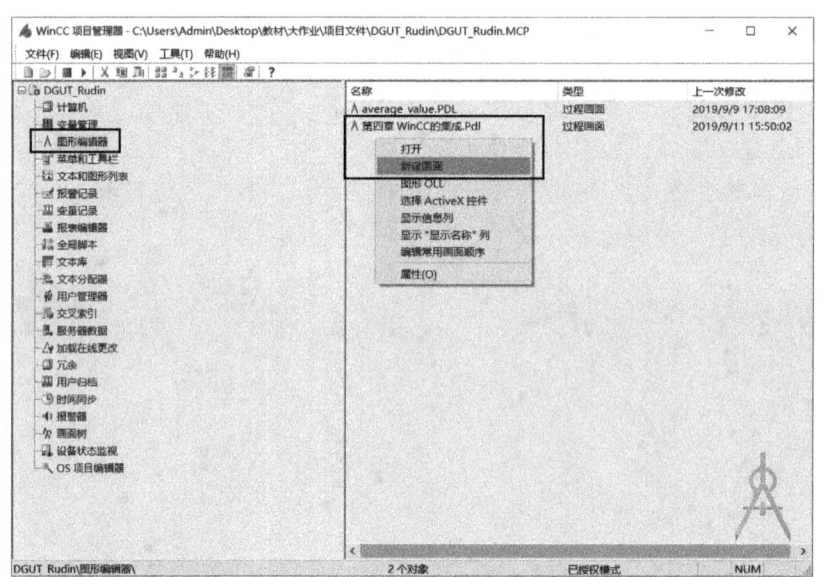

图 4-12　输入数据

4.5.2　组态 WinCC 界面

1）打开或创建 WinCC 项目，新建一个画面，如图 4-13 所示。

图 4-13　新建画面

2）打开新建画面，在图形编辑器右侧的"控件"面板中，在上方右击"ActiveX 控件"，在弹出的快捷菜单中选中"添加/删除"命令，如图 4-14 所示。

3）在弹出的"选择 OCX 控件"对话框中选中"Microsoft Hierarchical FlexGrid Control6.0（SP4）(OLEDB)"控件（即"MSHFlexGrid"控件），用于显示数据表中的数据，如图 4-15 所示。

4）在图形编辑器"控件"面板中，选中"MSHFlexGrid"控件，放置到编辑区域，适当拉伸大小并自定义控件名称，如图 4-16 所示。

第4章 WinCC的集成

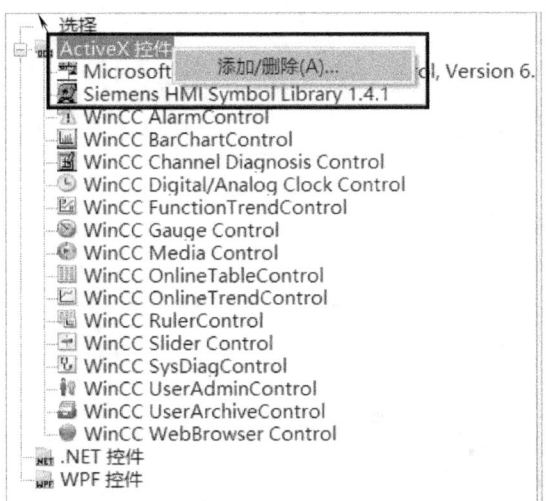

图 4-14 选择"添加/删除"命令

图 4-15 添加"MSHFlexGrid"控件

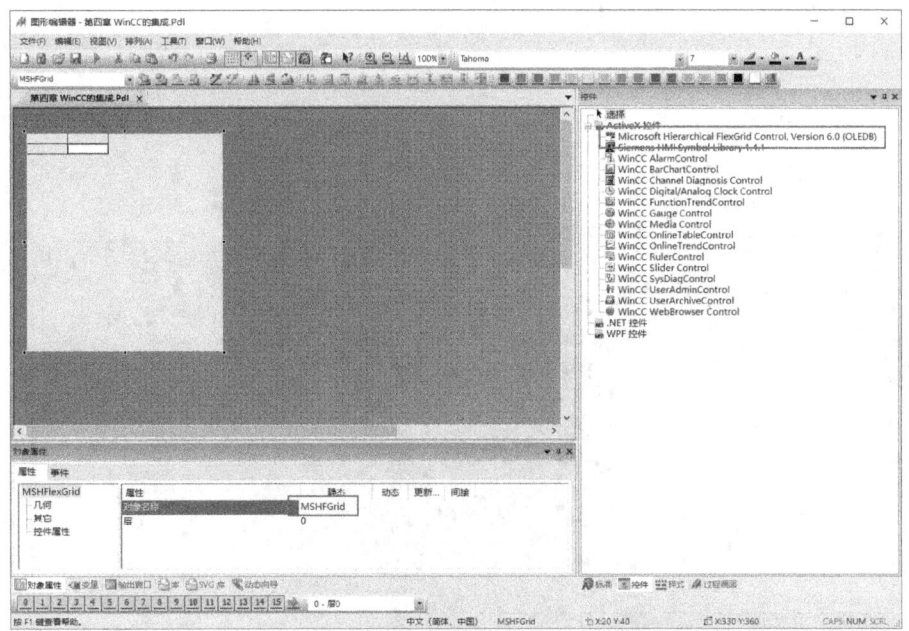

图 4-16 编辑"MSHFlexGrid"控件

5) 向编辑区域添加两个按钮，分别命名为"查询数据"与"导出数据"，如图 4-17 所示。

4.5.3 VBS 代码编写

1) 在图形编辑器中选中"查询数据"按钮，在"对象属性"面板的"事件"选项卡中为按钮添加"VBS 动作"，并添加查询数据代码，编译并无报错后，单击"确定"按钮返回图形编辑器，如图 4-18 所示。

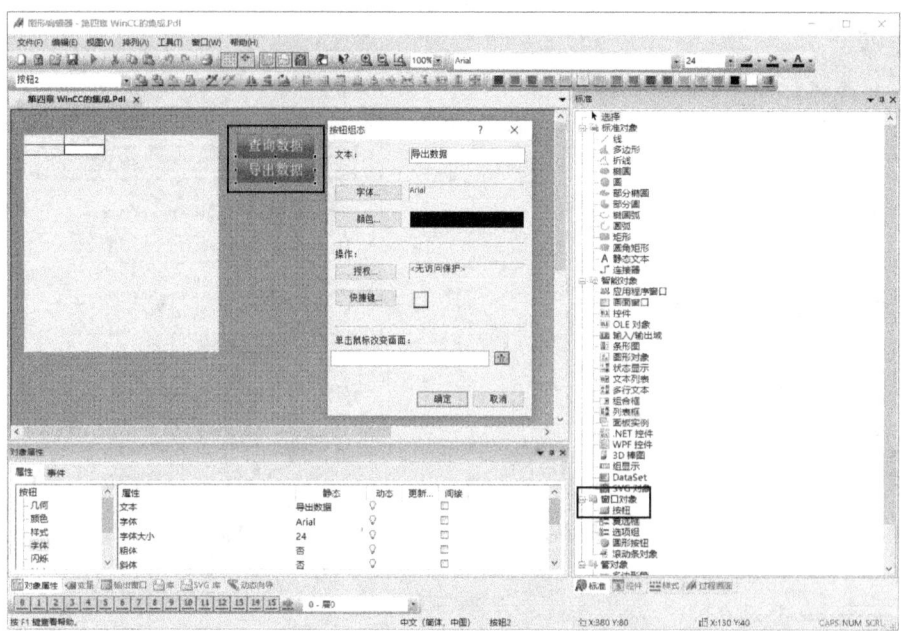

图 4-17 添加按钮

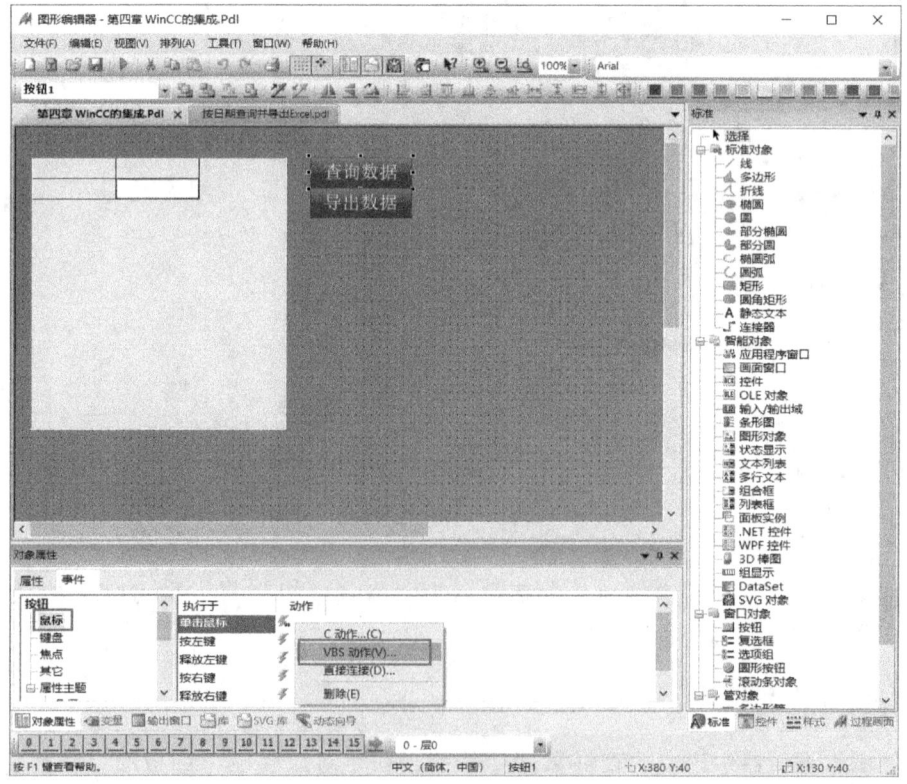

图 4-18 添加 VBS 动作

代码如下。

```
'声明连接参数
Dim Sql,oRs,Con,conn
'定义连接字符串
Con = "Provider=SQLOLEDB.1;Integrated Security=SSPI;Persist Security Info=False;"
Con = Con&"Initial Catalog=MyDB;Data Source=.\WINCC"
'创建并配置连接对象
Set conn = CreateObject("ADODB.Connection")
conn.ConnectionString = Con
conn.CursorLocation = 3
'打开连接
conn.Open
'定义查询语句
Sql = "SELECT * FROM Table_1"
'创建并打开数据集对象
Set oRs = CreateObject("ADODB.RecordSet")
oRs.open Sql,conn
'声明 MSHFGrid 控件
Dim MSHFGrid
Set MSHFGrid = ScreenItems("MSHFGrid")
'绑定数据源并刷新
Set MSHFGrid.DataSource = oRs
MSHFGrid.Refresh
'清空数据集并关闭连接
Set ors = Nothing
conn.close
```

2) 给"导出数据"按钮添加导出数据代码,编译并无报错后返回图形编辑器,代码如下。

```
'定义脚本变量
Dim i,j,k,filename
If ScreenItems("MSHFGrid").rows>1 Then
    '声明 Excel 应用程序接口
    Dim xlapp
    Set xlapp = CreateObject("Excel.Application")
    xlapp.visible = False
    '添加保存数据
    xlapp.workbooks.add
    For i = 0 To ScreenItems("MSHFGrid").rows-1
        For j = 1 To ScreenItems("MSHFGrid").cols-1
```

```
        xlapp.worksheets(1).cells(i+1,j) = ScreenItems("MSHFGrid").TextMatrix(i,j)
    Next
Next
filename = "C:\" & Hour(Now) & Minute(Now) & Second(Now) & ".xlsx"
xlapp.Activeworkbook.saveas(filename)
'关闭与退出
xlapp.workbooks.close
xlapp.quit
'提示窗口
Msgbox "成功导出到 C:\"
End If
```

3) 运行界面,单击"查询数据"按钮,在"MSHFGrid"控件显示 Table_1 表的数据,单击"导出数据"按钮,弹出提示界面后,可在 C 盘根目录找到导出的 Excel 表格,如图 4-19~图 4-21 所示。

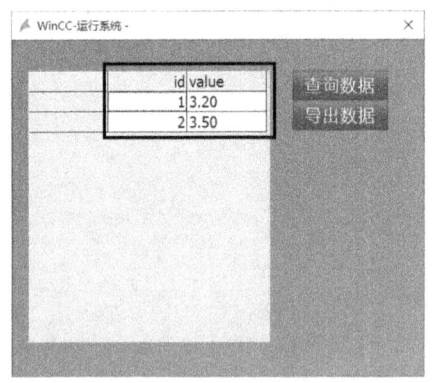

图 4-19 运行界面

图 4-20 提示窗口

图 4-21 导出表格

本章小结

WinCC 作为数据采集与监控系统,向下需要与多种设备利用通信协议进行数据交互,向上需要为上位信息系统(如 MES 制造执行系统)提供相应的预处理生产数据。

WinCC 中除了集成了 OPC 数据访问和 OPC XML DA 服务器外,还可用于访问系统中的所有在线值,并为 WinCC 历史数据的访问提供开放式接口,还可以通过 C 语言脚本或 VBS 脚本操作中间文件(如 XML 文件、Excel 文件、CSV 文件、数据库)的方式实现与 IT 系统的数据交互。

ActiveX 是基于 COM(Compoment Object Model)的可视化控件结构的商标名称。它是一种封装技术,提供封装 COM 组件并将其置入其他应用程序(如 Web 浏览器)的一种方法。

ActiveX 控件是 VBX 的后继产品，也可认为曾称作 OLE Custom Control（或 OCX）的组件是 ActiveX 控件。在操作系统中注册的所有 ActiveX 控件均可用于 WinCC。

Office 是常用的信息存储工具，基于 WinCC 通过 VB 脚本也可以访问或使用 Office 工具进行数据交互。

WinCC 通过 VB 脚本调用 Excel 进行编辑，与调用 ActiveX 控件的原理是一样的。

习 题

1. 使用 Windows 用户登录 SQL Server，在 MyDB 数据库中创建新表，表名称为"UserInfo"，字段配置见表 4-1。

表 4-1 字段配置

列名	类型	约束	说明
UId	Int	主键,自增长	编号
UName	Char(10)		用户名
UMoney	Decimal(6,2)		账户余额

2. 手动给 UserInfo 表添加数据。

3. 在 WinCC 中新建一个界面，放置一个"MSHFlexGrid"控件、一个按钮（显示数据按钮），在按钮中添加事件，将 UserInfo 表中的数据显示在"MSHFlexGrid"控件中。

4. 在 WinCC 界面中放置一个按钮（导出"MSHFlexGrid"控件中的数据），在按钮中添加事件，输出一个 Excel 表格，表格名称为当前时间加自己的姓名。

第5章

系统架构与授权

5.1 WinCC 的授权种类

WinCC 软件的产品种类繁多,按照不同方式区分如下。

按照产品的功能,WinCC 软件分为完全版、运行版和选件包。其中,完全版和运行版是 WinCC 的基础软件包,是运行 WinCC 项目必不可少的授权版本。选件包中有种类繁多的选件,是对 WinCC 基础软件包功能的进一步丰富,需要另外授权。

按照产品的语言,WinCC 软件分为亚洲版和欧洲版。其中,亚洲版主要包含简体中文、繁体中文、日语、韩语等语言包,欧洲版包含英语、德语、意大利语等语言包,必须选择对应的语言包才能正常显示监控画面的字符。

WinCC V7.4 的软件授权类型见表 5-1。

表 5-1 WinCC V7.4 软件授权类型

产品名称	产品描述	
WinCC 亚洲版基本运行系统	WinCC 系统软件运行版 V7.4 亚洲版	128 外部变量(RT 128)
		512 外部变量(RT 512)
		2048 外部变量(RT 2048)
		8192 外部变量(RT 8192)
		65536 外部变量(RT 65536)
		102400 外部变量(RT 102400)
		153600 外部变量(RT 153600)
		262144 外部变量(RT 262144)
WinCC 服务器及冗余	WinCC V7.4 服务器选件授权,需要与 WinCC RT 或 RC 组合使用以构成 WinCC 服务器	
	WinCC V7.4 冗余选件授权	
Web 服务器选件 WebNavigator	WinCC/WebNavigator V7.4	支持一个客户机(可累加)
		支持 3 个客户机(可累加)
		支持 10 个客户机(可累加)
		支持 30 个客户机(可累加)
		支持 100 个客户机(可累加)

（续）

产品名称		产品描述
Web 服务器及 Excel 报表扩展选件 DataMonitor	WinCC/DataMonitor V7.4	支持一个客户机(可累加)
		支持 3 个客户机(可累加)
		支持 10 个客户机(可累加)
		支持 30 个客户机(可累加)
移动 Web 终端选件 WebUX	WinCC/WebUX 移动监视	支持一个客户机(可累加)
		支持 3 个客户机(可累加)
		支持 10 个客户机(可累加)
		支持 30 个客户机(可累加)
		支持 100 个客户机(可累加)
	WinCC/WebUX 移动监视与控制	支持一个客户机(可累加)
		支持 3 个客户机(可累加)
		支持 10 个客户机(可累加)
		支持 30 个客户机(可累加)
		支持 100 个客户机(可累加)
变量归档授权	WinCC V7.4 归档	1500 个归档变量(可累加)
		5000 个归档变量(可累加)
		10000 个归档变量(可累加)
		30000 个归档变量(可累加)
其他选件	WinCC/WebNavigator V7.4	诊断客户机
	WinCC/Web Load Balancing V7.4 web	负载平衡(两个服务器授权)
	WinCC/User Archives V7.4	用户归档选件授权,用户归档用于诸如配方之类的功能
	WinCC/ODK V7.4	开放开发工具包
	WinCC/ConnectivityPack V7.4	连通包选件
	WinCC/ConnectivityStation V7.4	连通站选件
	WinCC/Industrial DatabridgeV7.4	工业数据桥基本系统 100 个变量
		工业数据桥 300 个变量(可累加)
		工业数据桥 1000 个变量(可累加)
		工业数据桥 3000 个变量(可累加)
	WinCC/Calendar Scheduler V7.4	日历调度
	WinCC/Event Notifier V7.4	事件提醒
	WinCC/ProAgent V7.4	过程诊断选件授权,与 S7-PDIAG/S7-Graph 配合使用
	WinCC/Audit RT V7.4	审计跟踪选件 运行版
	WinCC/Audit RC V7.4	审计跟踪选件 组态及运行版
	WinCC/ChangeControl V7.4	组态跟踪选件 组态及运行版

(续)

产品名称		产品描述
其他选件	WinCC/PerformanceMonitor V7.4 基本系统	包含 30 个归档变量授权
	WinCC/PerformanceMonitor	归档变量授权 30 个（可累加）
		归档变量授权 100 个（可累加）
		归档变量授权 300 个（可累加）
		归档变量授权 1000 个（可累加）
升级选件	WinCC V7.4 变量升级	从 RT 128 升级到 RT 512
		从 RT 512 升级到 RT 2048
		从 RT 2048 升级到 RT 8192
		从 RT 8192 升级到 RT 65536
		从 RT 65536 升级到 RT 102400
		从 RT 102400 升级到 RT 153600
		从 RT 153600 升级到 RT 262144
		从 RC 128 升级到 RC 512
		从 RC 512 升级到 RC 2048
		从 RC 2048 升级到 RC 8192
		从 RC 8192 升级到 RC 65536
		从 RC 65536 升级到 RC 102400
		从 RC 102400 升级到 RC 153600
		从 RC 153600 升级到 RC 262144
	WinCC RT 亚洲版升级包	从 V7.X 升级到 V7.4
		从 V7.X 升级到 V7.4
专用于欧洲版	WinCC 系统软件运行版 V7.4 欧洲版	128 外部变量（RT 128）
		512 外部变量（RT 512）
		2048 外部变量（RT 2048）
		8192 外部变量（RT 8192）
		65536 外部变量（RT 65536）
		102400 外部变量（RT 102400）
		153600 外部变量（RT 153600）
		262144 外部变量（RT 262144）
	WinCC 系统软件完全版 V7.4 欧洲版	128 外部变量（RC 128）
		512 外部变量（RC 512）
		2048 外部变量（RC 2048）
		8192 外部变量（RC 8192）
		65536 外部变量（RC 65536）
		102400 外部变量（RC 102400）
		153600 外部变量（RC 153600）
		262144 外部变量（RC 262144）
	WinCC RT 从 V7.X 升级到 V7.4	
	WinCC RC 从 V7.X 升级到 V7.4	

5.2 WinCC 常见架构和所需授权

本节中系统的授权选配均是按照亚洲版进行配置的。

5.2.1 单用户系统

单用户系统指的是该系统中只有一个用户端，不需要组成服务器/客户机架构。单用户系统架构简单，常用在数据采集设备数量较少的案例中，如图 5-1 所示。

1. 性能数据

1）过程变量：256KB（根据 Power Tags 的许可证）。

2）报警：报警 150 点。

3）记录：归档 >500 个（根据可用内存）。

4）数据点：最多为 80 个（根据 Archive Tags 的许可证）。

5）用户归档：系统限制（由所用硬件限制）。

6）画面和每个画面上的对象：系统限制（由所用硬件限制）。

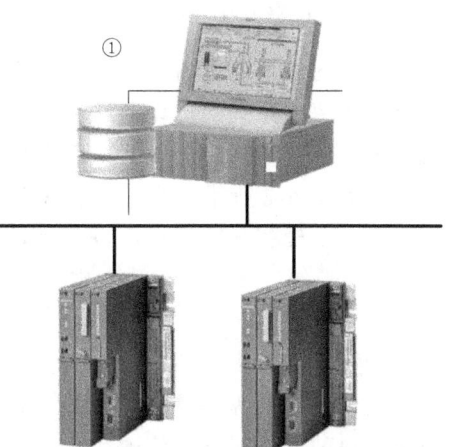

图 5-1 WinCC 单用户系统架构

2. 所需授权

单用户系统需要一个 WinCC 基础包授权，选择表 5-2 中所列授权的其中一个即可。要根据该系统所需的外部变量点数选择授权，购买的外部变量点数必须大于实际使用的变量点数（建议购买一个 WinCC 完全版，因为系统运行过程中不可避免地需要对项目进行修改）。

表 5-2 WinCC 单用户系统所需授权

图 5-1 中的编号	产品名称	订货号
①	WinCC V7.4 RC 128	6AV6381-2BM07-4AV0
	WinCC V7.4 RC 512	6AV6381-2BN07-4AV0
	WinCC V7.4 RC 2048	6AV6381-2BP07-4AV0
	WinCC V7.4 RC 8192	6AV6381-2BS07-4AV0
	WinCC V7.4 RC 65536	6AV6381-2BQ07-4AV0
	WinCC V7.4 RC 102400	6AV6381-2BT07-4AV0
	WinCC V7.4 RC 153600	6AV6381-2BU07-4AV0
	WinCC V7.4 RC 262144	6AV6381-2BV07-4AV0
	WinCC V7.4 RT 128	6AV6381-2BC07-4AV0
	WinCC V7.4 RT 512	6AV6381-2BD07-4AV0
	WinCC V7.4 RT 2048	6AV6381-2BE07-4AV0
	WinCC V7.4 RT 8192	6AV6381-2BH07-4AV0

(续)

图 5-1 中的编号	产品名称	订货号
①	WinCC V7.4 RT 65536	6AV6381-2BF07-4AV0
	WinCC V7.4 RT 102400	6AV6381-2BJ07-4AV0
	WinCC V7.4 RT 153600	6AV6381-2BK07-4AV0
	WinCC V7.4 RT 262144	6AV6381-2BL07-4AV0

5.2.2 冗余单用户系统

冗余单用户系统指的是使用两台 WinCC 用户端组成互为冗余的系统,其中一台 WinCC 用户端作为数据采集的主设备,另外一台同步运行,作为数据采集的备用设备,架构如图 5-2 所示。当主设备发生故障时,备用设备会转换成主设备进行数据采集工作,保证数据采集的连续性。

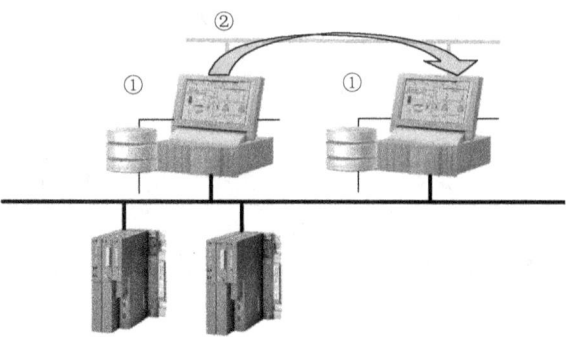

图 5-2 WinCC 冗余单用户系统架构

1. 更多信息

更多信息包括两个单用户系统的冗余监视和报警消息,过程值和用户归档的冗余。

用户归档的授权要单独订购。

2. 所需授权

冗余单用户系统至少需要两套 WinCC 基础包授权及一个冗余授权,见表 5-3。两台 WinCC 所需的授权必须一样,如果这个系统中还用到归档、SIMATIC NET 等选件授权,则需要购买两套这些授权(建议至少购买一个 WinCC 完全版,因为系统运行过程中不可避免地需要对项目进行修改)。

表 5-3 WinCC 冗余单用户系统所需授权

图 5-2 中的编号	产品名称	订货号
①	WinCC 运行版或完全版,详见表 5-2	—
②	WinCC V7.4 Redundancy	6AV6371-1CF07-4AX0

5.2.3 多用户系统

多用户系统指的是由一台 WinCC 服务器和若干台(不超过 64 台)WinCC 客户机组成的服务器/客户机架构,如图 5-3 所示。图 5-3 中,①~③表示设备的授权。

1. 更多信息

一个 WinCC 服务器可以连接最多 64 个 WinCC 标准客户机,客户机上的过程可视化并可监控。

服务器默认不具备可视化功能，如果添加可视化功能，则只能连接 4 个客户机。

2. 所需授权

WinCC 多用户系统需要至少一个完全版 WinCC 授权、若干个 RT 128 授权（作为客户机）、一个 WinCC 服务器授权，见表 5-4。选择完全版 WinCC 时，只需要选择表 5-4 所列授权的其中一个即可。要根据该系统所需的外部变量点数选择授权，购买的外部变量点数必须大于实际使用的变量点数。

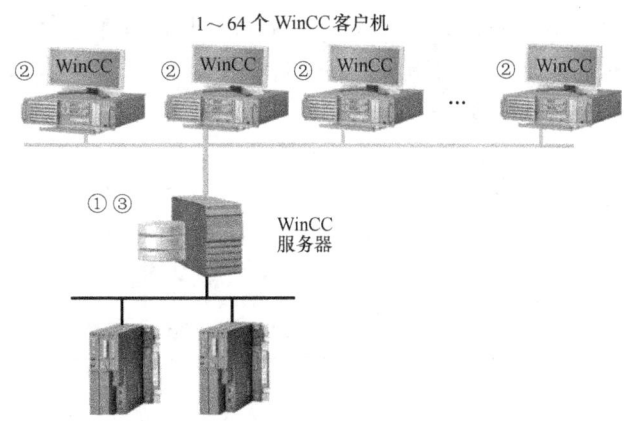

图 5-3 WinCC 多用户系统架构

表 5-4 WinCC 多用户系统所需授权

图 5-3 中的编号	授权对应的产品名称	订货号
①	WinCC 运行版或完全版，详见表 5-2	—
②	WinCC V7.4 RT 128	6AV6381-2BC07-4AV0
③	WinCC V7.4 Server	6AV6371-1CA07-4AX0

5.2.4 冗余多用户系统

冗余多用户系统指的是由互为备用的两台 WinCC 服务器和若干台（不超过 64 台）WinCC 客户机组成的服务器/客户机架构，如图 5-4 所示。图 5-4 中，①~④表示设备的授权。

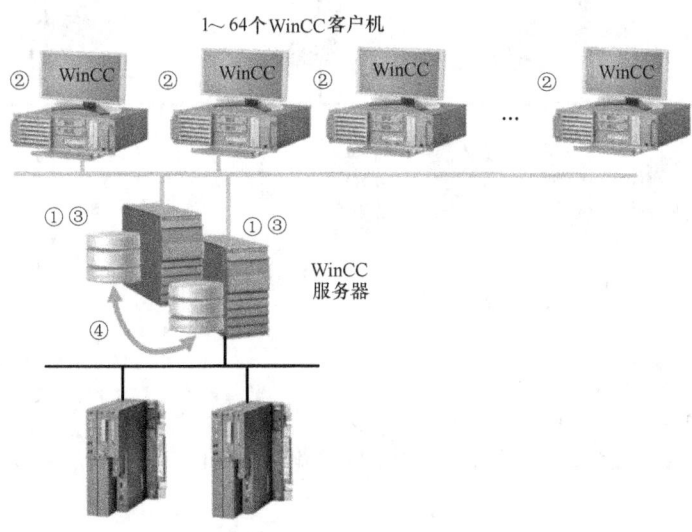

图 5-4 WinCC 冗余多用户系统架构

1. 更多信息

当任何一个 WinCC 服务器宕机时，另外一个 WinCC 服务器会继续归档消息、过程值和用户数据，以确保客户机继续运行。

2. 所需授权

WinCC 冗余多用户系统需要至少两个完全版 WinCC 授权、两个基础包 WinCC 授权、若干个 RT 128 授权（作为客户机）、两个 WinCC 服务器授权、一个 WinCC 冗余授权，见表 5-5。选择完全版和基础包 WinCC 时，只需要选择以下授权的其中一种即可。要根据该系统所需的外部变量点数选择授权，购买的外部变量点数必须大于实际使用的变量点数。

表 5-5 WinCC 冗余多用户系统所需授权

图 5-4 中的编号	授权对应的产品名称	订货号
①	WinCC 运行版或完全版，详见表 5-2	—
②	WinCC V7.4 RT 128	6AV6381-2BC07-4AV0
③	WinCC V7.4 Server	6AV6371-1CA07-4AX0
④	WinCC V7.4 Redundancy	6AV6371-1CF07-4AX0

5.2.5 分布式系统

分布式系统指的是系统中包含多台服务器的系统，架构如图 5-5 所示。图 5-5 中，①~④表示设备的授权。

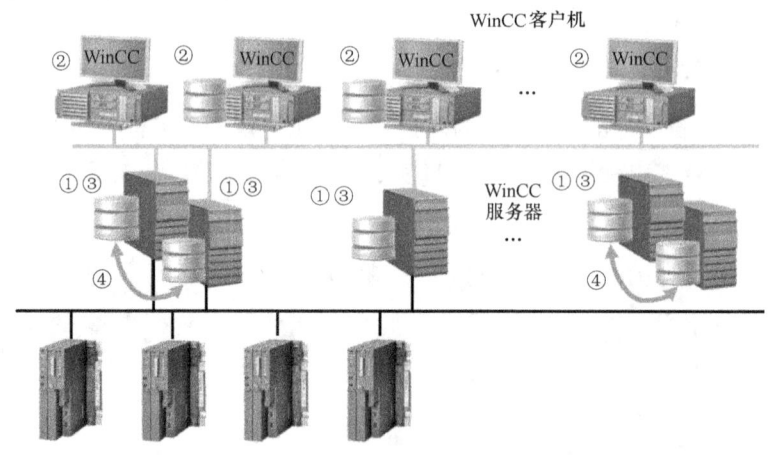

图 5-5 WinCC 分布式系统架构

1. 更多信息

使用多个服务器易于分配单独的任务。

标准客户机不具有自己的 WinCC 项目，并且只能从一个服务器上获取数据和画面。

分布式客户机具有自己的 WinCC 项目，除本地数据外，还可以从最多 18 个服务器上获取过程值和归档值。

2. 所需授权

在 WinCC 分布式系统中，需要若干个基础包 WinCC 授权（具体数量取决于服务器个数,每台服务器都需要一个基础包 WinCC 授权)、若干个 RT 128 授权(作为客户机)、若干个 WinCC 服务器授权(具体数量取决于客户机个数,每台服务器都需要一个 WinCC 服务器授权)、若干个 WinCC 冗余授权(每对冗余服务器都需要一个 WinCC 冗余授权),见表 5-6。选择基础包 WinCC 时,只需要选择表 5-6 所列授权的其中一种即可。要根据该系统所需的外部变量点数选择授权,购买的外部变量点数必须大于实际使用的变量点数。建议每对冗余服务器中至少配一个完全版的 WinCC 授权,便于项目的修改。

表 5-6　WinCC 分布式系统所需授权

图 5-5 中的编号	授权对应的产品名称	订货号
①	WinCC 运行版或完全版,详见表 5-2	—
②	WinCC V7.4 RT 128	6AV6381-2BC07-4AV0
③	WinCC V7.4 Server	6AV6371-1CA07-4AX0
④	WinCC V7.4 Redundancy	6AV6371-1CF07-4AX0

5.2.6　冗余数据服务器系统

冗余数据服务器系统指的是在服务器之外增加一对存储历史数据的冗余数据服务器,架构如图 5-6 所示。这样做的好处在于既可以实现数据的集中存储,又可以增加数据的安全性。图 5-6 中,①~⑥表示设备的授权。

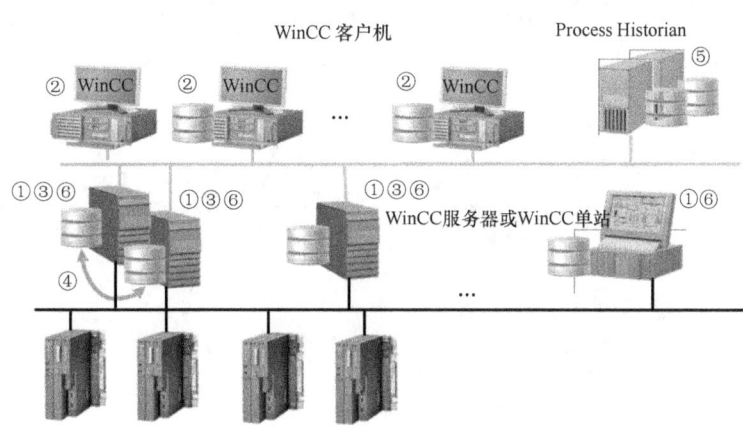

图 5-6　WinCC 冗余数据服务器系统架构

1. 更多信息

SIMATIC Process Historian 能归档的变量数取决于 WinCC 服务器或 WinCC 单站中变量归档授权数的总和。

2. 所需授权

在 WinCC 冗余数据服务器系统中,需要若干个基础包 WinCC 授权(具体数量取决于服务器个数,每台服务器都需要一个基础包 WinCC 授权)、若干个 RT 128 授权(作为客户机)、若干个 WinCC 服务器授权(具体数量取决于客户机个数,每台服务器都需要一个 WinCC 服务器授权)、若干个 WinCC 冗余授权(每对冗余服务器都需要一个 WinCC 冗余授权)、若干个归档授权(每台服务器都需要一个 WinCC 归档授权)、两个 Process Historian

Red 授权,见表 5-7。选择基础包 WinCC 时,只需要选择表 5-7 所列授权的其中一种即可。要根据该系统所需的外部变量点数选择授权,购买的外部变量点数必须大于实际使用的变量点数。建议每对冗余服务器中至少配一个完全版的 WinCC 授权,便于项目的修改。

表 5-7 WinCC 冗余数据服务器系统所需授权

图 5-6 中的编号	授权对应的产品名称	订货号
①	WinCC 运行版或完全版,详见表 5-2	—
②	WinCC V7.4 RT 128	6AV6381-2BC07-4AV0
③	WinCC V7.4 Server	6AV6371-1CA07-4AX0
④	WinCC V7.4 Redundancy	6AV6371-1CF07-4AX0
⑤	WinCC V7.4:1500 个归档变量	6AV6371-1DQ17-4AX0
⑤	WinCC V7.4:5000 个归档变量	6AV6371-1DQ17-4BX0
⑤	WinCC V7.4:10000 个归档变量	6AV6371-1DQ17-4CX0
⑤	WinCC V7.4:30000 个归档变量	6AV6371-1DQ17-4EX0
⑥	Process Historian Red	6AV6361-1BA01-4AA0

5.2.7 单用户系统的 Web 服务器系统

单用户系统的 Web 服务器系统指的是在单用户的基础上增加一个 Web 服务器,通过 Web 服务器把单用户系统的项目监控界面发布到网络中,其他用户可以通过 Web 浏览器访问该项目,架构如图 5-7 所示。图 5-7 中,①、②表示设备的授权。

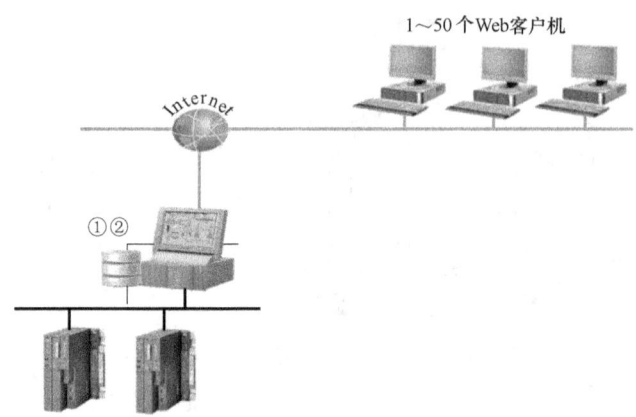

图 5-7 WinCC 单用户系统的 Web 服务器系统架构

1. 更多信息

WinCC/WebNavigator 通过 LAN 或 Web 发布 WinCC 的画面,最多 150 个 Web 客户机。

WinCC/DataMonitor 用于分析当前和历史的过程数据,并通过 LAN 或 Web 将其发布,同时最多 50 个 Web 客户机操作。

2. 所需授权

WinCC 单用户系统需要至少一个完全版 WinCC 授权、一个 WebNavigator 授权。WebNavigator 是 Web 服务器授权,按照支持同时在线访问的客户机数量授权,安装在服务器上,见表 5-8。Web 的客户机不需要授权，当 Web 的客户机向服务器发送请求连接的指令后，服务器会发送授权到客户机上，授权客户机进行连接。当访问的客户机数量超过授权数量时，多余的客户机将不会收到授权，无法进行访问，需要等到有客户机下线且服务器回收了授权之后，另外一台客户机才可以分配到授权，允许访问。WinCC 基础包包含了一个支持一个客户机的 WebNavigator 授权。选择 WebNavigator 时，只需要选择表 5-7 所列授权的其中一个即可。要根据该系统所需的外部变量点数选择授权，购买的外部变量点数必须大于实际使用的变量点数。

表 5-8 WinCC 单用户系统的 Web 服务器系统所需授权

图 5-7 中的编号	授权对应的产品名称	订货号
①	WinCC 运行版或完全版，详见表 5-2	—
②	WebNavigator V7.4 支持一个客户机	6AV6362-1AB00-0BB0
	WebNavigator V7.4 支持 3 个客户机	6AV6362-1AD00-0BB0
	WebNavigator V7.4 支持 10 个客户机	6AV6362-1AF00-0BB0
	WebNavigator V7.4 支持 30 个客户机	6AV6362-1AJ00-0BB0
	WebNavigator V7.4 支持 100 个客户机	6AV6362-1AM00-0BB0

5.2.8 分布式系统的 Web 服务器系统

分布式系统的 Web 服务器系统指的是在一台 WinCC 客户机上安装 Web 服务器，先通过客户机访问多台服务器的监控画面，再通过 Web 服务器发布出去。这个系统的优点在于只需要一个 Web 服务器就可以发布多台服务器上的画面，便于集中管理，架构如图 5-8 所示。图 5-8 中，①~⑤表示设备的授权。

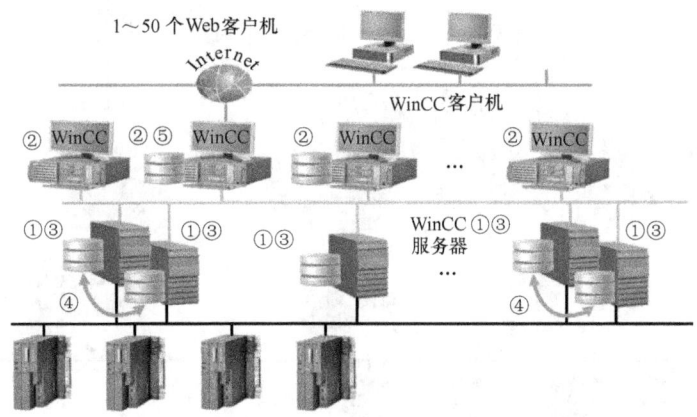

图 5-8 WinCC 分布式系统的 Web 服务器系统架构

1. 更多信息

一个分布式客户机可以从最多 18 个服务器上获取数据，并通过 WebNavigator 或 Data Monitor 提供给 Web 客户机。

2. 所需授权

WinCC 分布式系统的 Web 服务器系统需要的授权，除了 5.2.5 小节介绍的外，还需要一个客户机授权和一个 WebNavigator 授权,见表 5-9。WinCC 基础包包含了一个支持一个客户机的 WebNavigator 授权。选择 WebNavigator 时,只需要选择表 5-9 所列授权的其中一个即可。要根据该系统所需的外部变量点数选择授权,购买的外部变量点数必须大于实际使用的变量点数。

表 5-9 WinCC 分布式系统的 Web 服务器系统所需授权

图 5-8 中的编号	授权对应的产品名称	订货号
①	WinCC 运行版或完全版,详见表 5-2	—
②	WinCC V7.4 RT 128	6AV6381-2BC07-4AV0
③	WinCC V7.4 Server	6AV6371-1CA07-4AX0
④	WinCC V7.4 Redundancy	6AV6371-1CF07-4AX0
⑤	WebNavigator V7.4 支持一个客户机	6AV6362-1AB00-0BB0
	WebNavigator V7.4 支持 3 个客户机	6AV6362-1AD00-0BB0
	WebNavigator V7.4 支持 10 个客户机	6AV6362-1AF00-0BB0
	WebNavigator V7.4 支持 30 个客户机	6AV6362-1AJ00-0BB0
	WebNavigator V7.4 支持 100 个客户机	6AV6362-1AM00-0BB0

5.2.9 分布式负载均衡 Web 服务器系统

分布式负载均衡 Web 服务器系统指的是在多台 WinCC 客户机上安装 Web 服务器,组成 Web 服务器组,并安装负载均衡授权,可以均衡大量 Web 客户机访问时服务器的负载,架构如图 5-9 所示。图 5-9 中,①~⑥表示设备的授权。

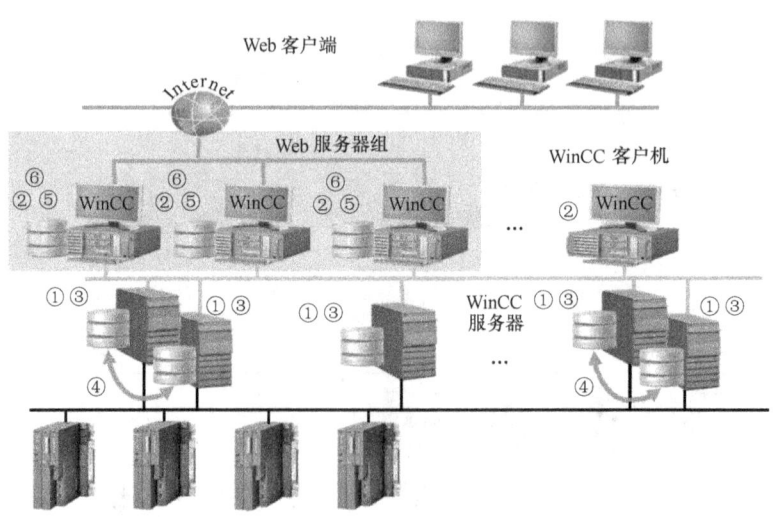

图 5-9 WinCC 分布式负载均衡 Web 服务器系统架构

1. 更多信息

通过 Web Server Farm 可以使超过 150 个的 Web 客户机连接到 WinCC 系统。负载平衡保证了最佳性能。

2. 所需授权

WinCC 分布式负载均衡 Web 服务器系统需要的授权，除了 5.2.5 小节介绍的外，还需要若干个客户机授权和若干个 WebNavigator 授权（数量取决于 Web 服务器组的服务器数量），见表 5-10。WinCC 基础包包含了一个支持一个客户机的 WebNavigator 授权。选择 WebNavigator 时，只需要选择表 5-10 所列授权的其中一个即可。要根据该系统所需的外部变量点数选择授权，购买的外部变量点数必须大于实际使用的变量点数。

表 5-10 WinCC 分布式负载均衡 Web 服务器系统所需授权

图 5-9 中的编号	授权对应的产品名称	订货号
①	WinCC 运行版或完全版，详见表 5-2	—
②	WinCC V7.4 RT 128	6AV6381-2BC07-4AV0
③	WinCC V7.4 Server	6AV6371-1CA07-4AX0
④	WinCC V7.4 Redundancy	6AV6371-1CF07-4AX0
⑤	WebNavigator V7.4 支持一个客户机	6AV6362-1AB00-0BB0
	WebNavigator V7.4 支持 3 个客户机	6AV6362-1AD00-0BB0
	WebNavigator V7.4 支持 10 个客户机	6AV6362-1AF00-0BB0
	WebNavigator V7.4 支持 30 个客户机	6AV6362-1AJ00-0BB0
	WebNavigator V7.4 支持 100 个客户机	6AV6362-1AM00-0BB0
⑥	Web Load Balancing	6AV6362-1FA00-0BB0

5.2.10 瘦客户机系统

瘦客户机系统指的是在移动终端上安装一个瘦客户机软件的计算机系统，用户可以在瘦客户机软件上实现对项目的监视和控制。这样的优点在于可以在移动终端上实现远程控制，同时不受操作系统的限制，可以跨平台使用。瘦客户机系统架构如图 5-10 所示。图 5-10 中，①~⑤表示设备的授权。

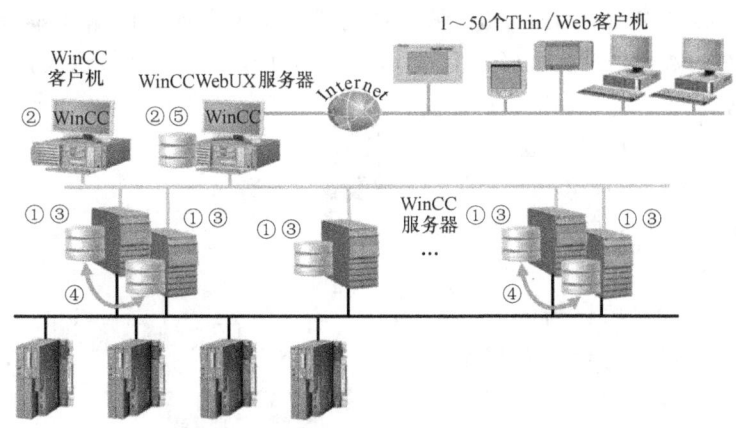

图 5-10 WinCC 瘦客户机系统架构

1. 更多信息

瘦客户机系统适用于所有网络浏览器支持 HTML5（SVG）的设备，如 PC、平板计算机、智能手机、移动设备等。

2. 所需授权

瘦客户机系统需要的授权，除了 5.2.5 小节所介绍的外，还需要一个 WebUX 授权，见表 5-11。选择 WebUX 时只需要选择表 5-11 所列授权的其中一个即可。要根据该系统所需的外部变量点数选择授权，购买的外部变量点数必须大于实际使用的变量点数。

表 5-11 WinCC 瘦客户机系统所需授权

图 5-10 中的编号	授权对应的产品名称	订货号
①	WinCC 运行版或完全版，详见表 5-2	—
②	WinCC V7.4 RT 128	6AV6381-2BC07-4AV0
③	WinCC V7.4 Server	6AV6371-1CA07-4AX0
④	WinCC V7.4 Redundancy	6AV6371-1CF07-4AX0
⑤	WebUX 支持一个监视客户机	6AV6362-2AB00-0BB0
	WebUX 支持 3 个监视客户机	6AV6362-2AD00-0BB0
	WebUX 支持 10 个监视客户机	6AV6362-2AF00-0BB0
	WebUX 支持 30 个监视客户机	6AV6362-2AJ00-0BB0
	WebUX 支持 100 个监视客户机	6AV6362-2AM00-0BB0
	WebUX 支持一个监视和控制客户机	6AV6362-2BB00-0BB0
	WebUX 支持 3 个监视和控制客户机	6AV6362-2BD00-0BB0
	WebUX 支持 10 个监视和控制客户机	6AV6362-2BF00-0BB0
	WebUX 支持 30 个监视和控制客户机	6AV6362-2BJ00-0BB0
	WebUX 支持 100 个监视和控制客户机	6AV6362-2BM00-0BB0

5.2.11 单用户 Connectivity Pack 系统

单用户 Connectivity Pack 系统指的是其他的 IT 系统可以通过 Connectivity Pack 授权使用 OPC 通信协议来访问 WinCC OLE DB。该系统的优点是无须烦琐地编程即可通过 OPC 协议快速访问 WinCC 的数据，架构如图 5-11 所示。图 5-11 中，①、②表示设备的授权。

1. 更多信息

Connectivity Pack 可以通过 OPC HDA 1.2、OPC A&E 1.1、OPC XML DA 1.0、OPC UA 和 WinCC OLE DB 访问 WinCC 数据。

Connectivity Pack 安装在需要访问 WinCC 数据的客户机上，每个客户机都需要一个授权。

2. 所需授权

单用户 Connectivity Pack 系统需要的授权，除了 5.2.1 小节所介绍的外，还需要一个 WinCC/Connectivity Pack 授

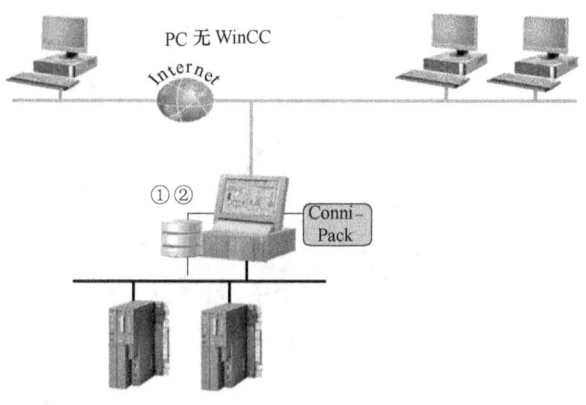

图 5-11 WinCC 单用户 Connectivity Pack 系统架构

权,见表 5-12。

表 5-12 WinCC 单用户 Connectivity Pack 系统所需授权

图 5-11 中的编号	授权对应的产品名称	订货号
①	WinCC 运行版或完全版,详见表 5-2	—
②	WinCC/Connectivity Pack	6AV6371-1DR07-4AX0

5.2.12 分布式 Connectivity Pack 系统

分布式 Connectivity Pack 系统指的是其他的 IT 系统可以通过 Connectivity Pack 授权使用 OPC 通信协议访问多服务器的 WinCC OLE DB,架构如图 5-12 所示。图 5-12 中,①~④表示设备的授权。

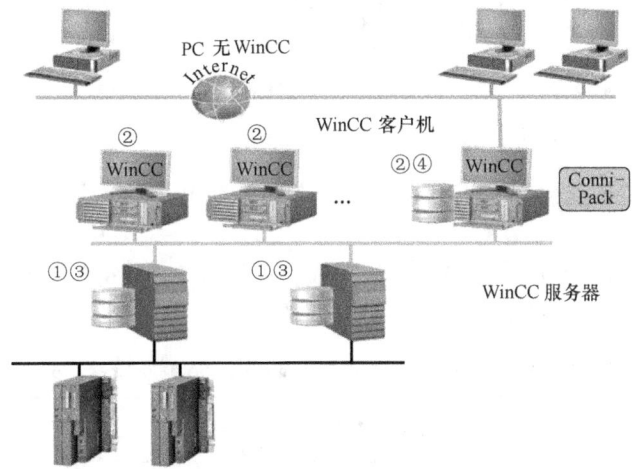

图 5-12 WinCC 分布式 Connectivity Pack 系统架构

1. 更多信息

在分布式客户机上应用 Connectivity Pack 可以访问多个二级服务器的数据。

2. 所需授权

分布式 Connectivity Pack 系统需要的授权,除了 5.2.5 小节所介绍的外,还需要一个 WinCC/Connectivity Pack 授权,部分授权见表 5-13。

表 5-13 WinCC 分布式 Connectivity Pack 系统所需部分授权

图 5-12 中的编号	授权对应的产品名称	订货号
①	WinCC 运行版或完全版,详见表 5-2	—
②	WinCC/Connectivity Pack	6AV6371-1DR07-4AX0

5.2.13 分布式 Connectivity Station 系统

分布式 Connectivity Station 系统指的是其他的 IT 系统可以通过 Connectivity Station 授权使用 OPC 通信协议访问多服务器的 WinCC OLE DB,功能与 Connectivity Pack 相同。另外,只

需要一个 Connectivity Station 授权即可支持多个系统的访问，架构如图 5-13 所示。图 5-13 中，①~⑥表示设备的授权。

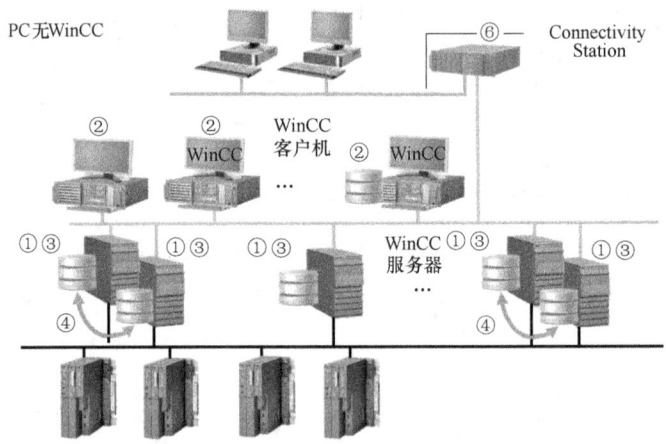

图 5-13 WinCC 分布式 Connectivity Station 系统架构

1. 更多信息

Connectivity Station 具有集中的数据接口，例如，WinCC 不需要安装到 PC 上。

2. 所需授权

分布式 Connectivity Station 系统需要的授权，除了 5.2.5 小节所介绍的外，还需要一个 WinCC/Connectivity Station 授权，部分授权见表 5-14。

表 5-14 WinCC 分布式 Connectivity Station 系统所需部分授权

图 5-13 中的编号	授权对应的产品名称	订货号
①	WinCC 运行版或完全版，详见表 5-2	—
②	WinCC/Connectivity Station	6AV6371-1DR17-4AX0

5.2.14 单用户 Industrial Data Bridge 系统

单用户 Industrial Data Bridge 系统指的是其他的 IT 系统可以通过 Industrial Data Bridge 授权访问 WinCC 数据库。WinCC 的归档数据库是一个压缩归档数据库，不同于普通的数据库，其他系统访问 WinCC 数据库时，需要拥有 Industrial Data Bridge 授权。单用户 Industrial Data Bridge 系统架构，如图 5-14 所示。图 5-14 中，①、②表示设备的授权。

单用户 Industrial Data Bridge 系统需要的授权，除了 5.2.1 所介绍的外，还需要一个 Industrial Data Bridge 授权，见

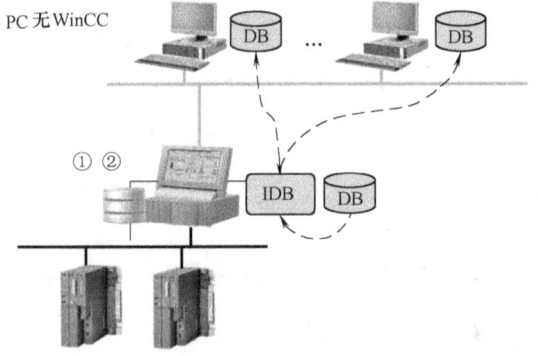

图 5-14 WinCC 单用户 Industrial Data Bridge 系统架构

表 5-15。

表 5-15　WinCC 单用户 Industrial Data Bridge 系统所需授权

图 5-14 中的编号	授权对应的产品名称	订货号
①	WinCC 运行版或完全版,详见表 5-2	—
②	Industrial Data Bridge 支持 100 个变量	6AV6362-4AA07-4AA0
	Industrial Data Bridge 支持 300 个变量	6AV6362-4AD00-0BB0
	Industrial Data Bridge 支持 1000 个变量	6AV6362-4AF00-0BB0
	Industrial Data Bridge 支持 3000 个变量	6AV6362-4AH00-0BB0

5.3　应用实例

作为 SCADA 系统软件，WinCC 可以通过不同的系统架构来满足实际应用中的不同需求。合理地选择 WinCC 架构，能够经济且合理地实现小型、中型及大型的监控系统。WinCC 既可以实现最小的单站监控系统，也可以实现复杂的客户机/服务器（C/S）架构与浏览器/服务器（B/S）架构的监控系统。本节将针对多用户系统进行详细介绍。

WinCC 客户机/服务器架构可以在同一网络中将系统操作和监控的功能分配给多个客户机和服务器。在一个多用户系统架构中，只能有一台服务器或一对冗余服务器。

1. 多用户系统架构的特点

1）服务器负责实现监控系统中的所有功能（包括数据采集、画面存储和管理等）。
2）服务器负责所有客户机（操作员站）的管理。
3）客户机上无项目。
4）客户机只能访问一台服务器或一对冗余服务器。

2. 应用场景

根据多用户系统架构的特点，在设计方案时可以考虑的应用场景如下。

场景 1：在不同的客户机（操作员站）上显示工艺的不同信息。例如，第一台客户机显示所有工艺的过程画面，第二台客户机显示和确认报警消息，第三台客户机显示历史数据。

场景 2：在不同的客户机上显示不同工艺的所有信息。例如，第一台客户机显示工艺 A 的所有过程画面、报警消息和历史数据，第二台客户机显示工艺 B 的所有过程画面、报警消息和历史数据。

3. 所需授权

无论采用何种设计方案来实施多用户系统，所需 WinCC 软件的授权都如下。

1）服务器：WinCC RC 或 RT xxx PowerTags x 1；WinCC Server x 1（xxx 为外部变量数，根据实际项目选择相应点数授权即可）。
2）每台客户机：WinCC RT 128 PowerTag x 1（客户端选择最小点数授权即可）。

4. 服务器组态步骤

步骤 1：在服务器创建一个与客户机的 Windows 登录用户名和密码一致的新用户，并分配用户组，如图 5-15 所示。

步骤 2：在服务器上组态多用户项目，如图 5-16 所示。

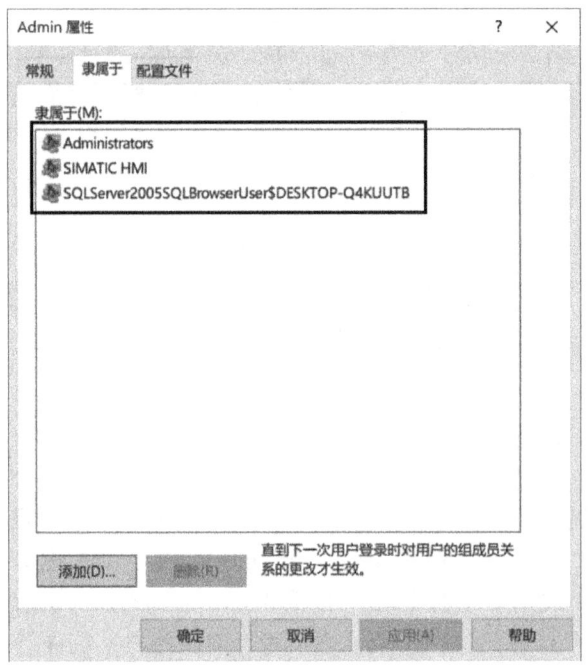

图 5-15 添加用户并分配用户组

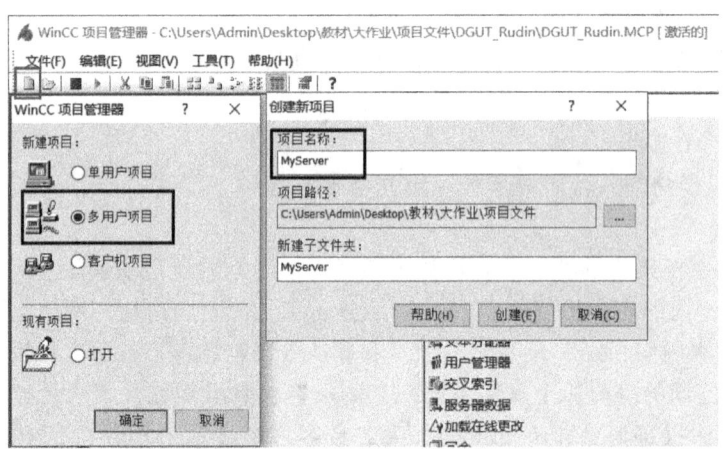

图 5-16 组态多用户项目

步骤 3：组态项目数据（包括变量通信、画面、报警、归档等），下面只介绍部分组态。

1) 内部变量组态：创建两个内部组"TagLocalUpdate"和"TagProjectUpdate"，在两个组内分别创建变量"TagLocalUpdate01"和"TagProjectUpdate01"。勾选"TagLocalUpdate01"变量的属性"本地计算机"复选框，如图 5-17 所示。

2) 全局 C 动作组态：打开全局脚本 C 编辑器（图 5-18），分别创建全局动作"Global-Action.pas"（图 5-19）、服务器动作"ServerAction.pas"、客户机动作"ClientAction.pas"。为所有动作设置相同的触发器为当变量"TagProjectUpdate01"有变化时（图 5-20），并分别编写代码（图 5-21~图 5-23）。

第5章 系统架构与授权

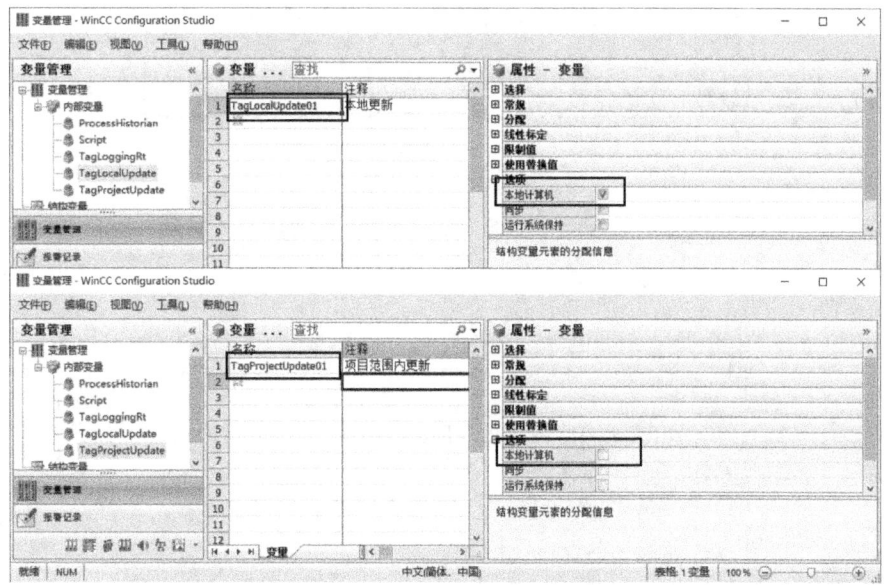

图 5-17 添加内部组及变量

图 5-18 通过选择命令打开全局脚本 C 编辑器

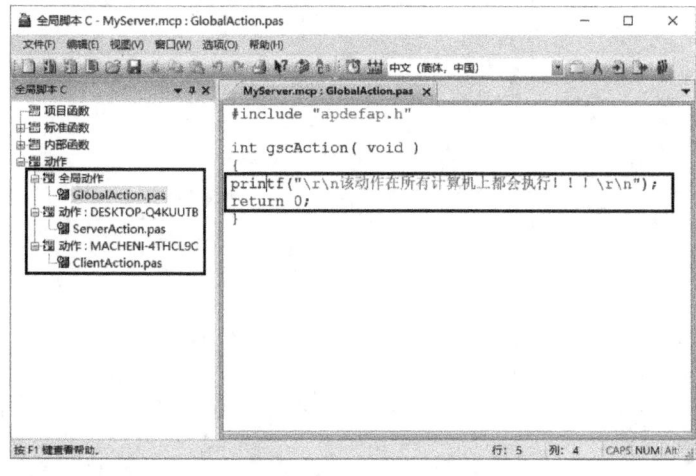

图 5-19 创建全局动作

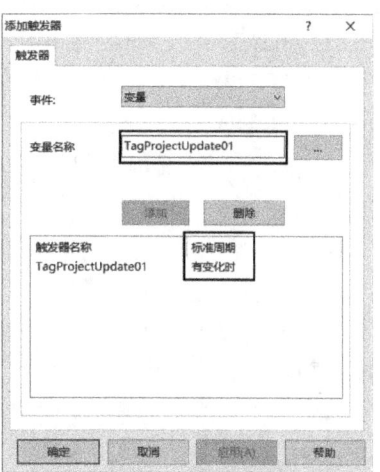

图 5-20 添加触发器

```
#include "apdefap.h"
int gscAction( void )
{
printf("\r\n该动作在客户机计算机上会执行！！！\r\n");
return 0;
}
```

图 5-21 客户机脚本

```
#include "apdefap.h"
int gscAction( void )
{
printf("\r\n该动作在服务器计算机上会执行！！！\r\n");
return 0;
}
```

图 5-22 服务器脚本

```
#include "apdefap.h"
int gscAction( void )
{
printf("\r\n该动作在所有计算机上都会执行！！！\r\n");
return 0;
}
```

图 5-23 全局动作脚本

步骤 4：添加需要访问服务器数据的客户机，组态一台可用于访问服务器的客户机。重复该步骤，添加更多需要访问该服务器项目的客户机，如图 5-24～图 5-26 所示。

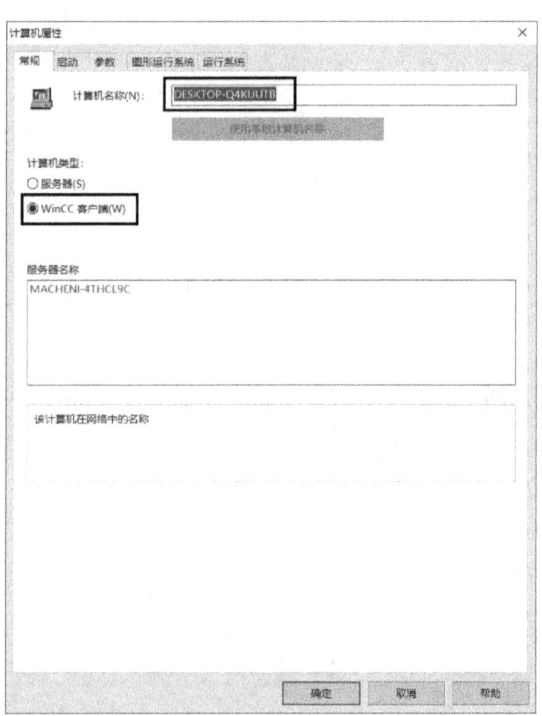

图 5-24 添加客户机（1）　　　　图 5-25 添加客户机（2）

步骤5：为客户机分配操作权限。打开"用户管理器"，添加用户并分配"远程激活"和"远程组态"权限。可为不同的客户机添加多个用户，C/S多用户系统架构中的用户管理完全在服务器项目中进行组态，如图5-27所示。

图 5-26 添加客户机（3）

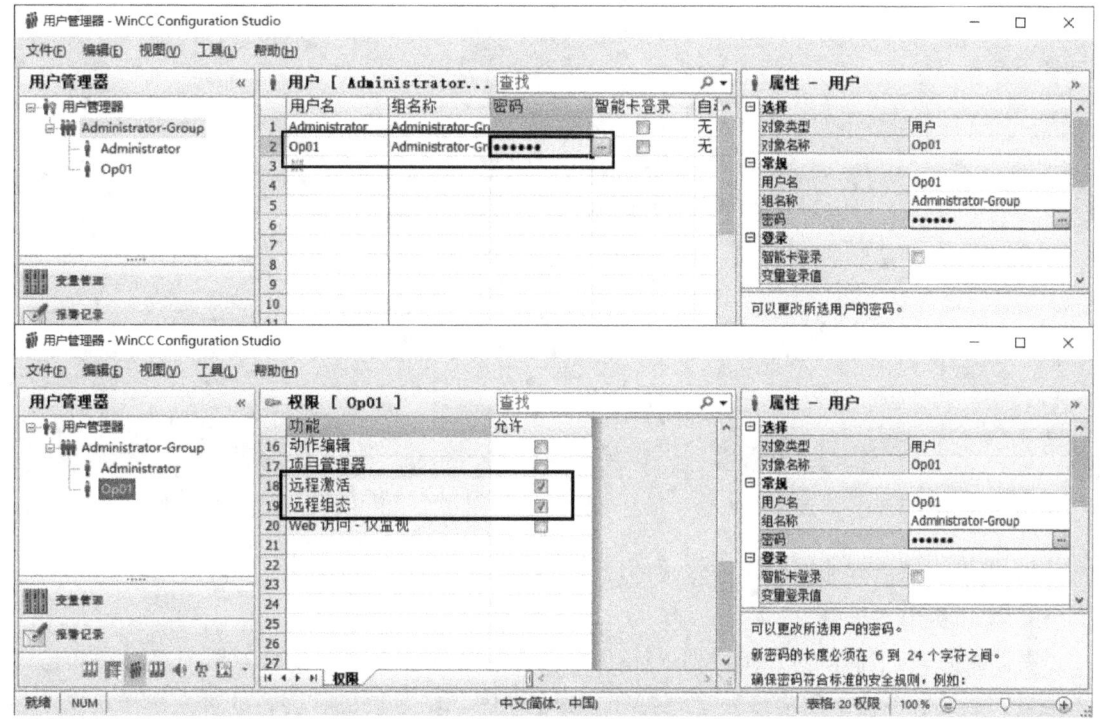

图 5-27 为客户机分配操作权限

步骤6：创建服务器数据包。该项目在服务器上进行创建和组态，因此生成服务器数据包的是"物理计算机"，"符号计算机名称"可自动获取服务器的计算机名，保持默认即可。但是如果是在工程师站上进行创建和组态，那么建议手动更改为实际运行该项目的服务器计算机名称，如图5-28所示。

步骤7：在服务器项目中组态客户机属性。

1）在"计算机属性"对话框的"启动"选项卡中，勾选"全局脚本运行系统"和"图形运行系统"复选框，如图5-29所示。

2）在"图形运行系统"选项卡中，为服务器与客户机选择的起始画面分别为"Server_

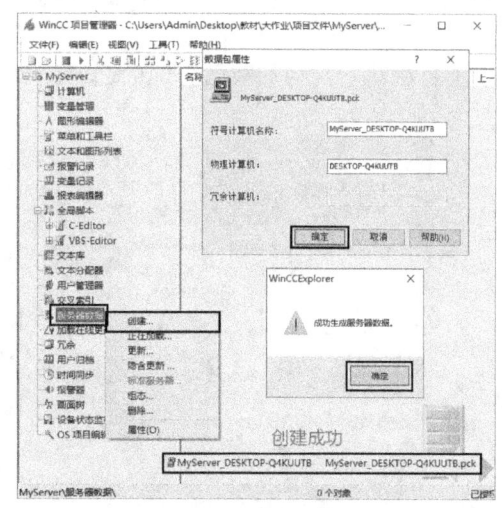

图 5-28 创建服务器数据包

Start.Pdl"和"Client_Start.Pdl"。窗口属性根据需要进行设置即可,如图 5-30 所示。

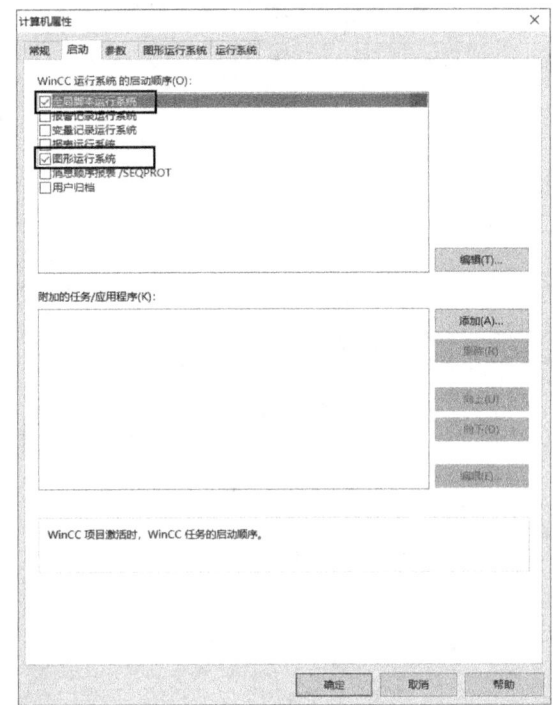

图 5-29 勾选启动项

图 5-30 设置起始画面

3）组态完成后在服务器上激活项目。

5. 客户机组态步骤

在调试阶段,选择通过 SIMATIC Shell 与服务器项目进行互联。服务器项目必须为已打开状态。如果服务器上的项目处于已打开且激活状态,则客户机将会自动进入激活状态;如果服务器上的项目处于已打开未激活状态,则客户机只会在 WinCC 项目管理器中打开项目,当在客户机上单击"激活"按钮后,服务器的项目会自动进入激活状态,随后客户机项目进入激活状态。

项目激活后自动加载已分配的起始画面,如图 5-31、图 5-32 所示。

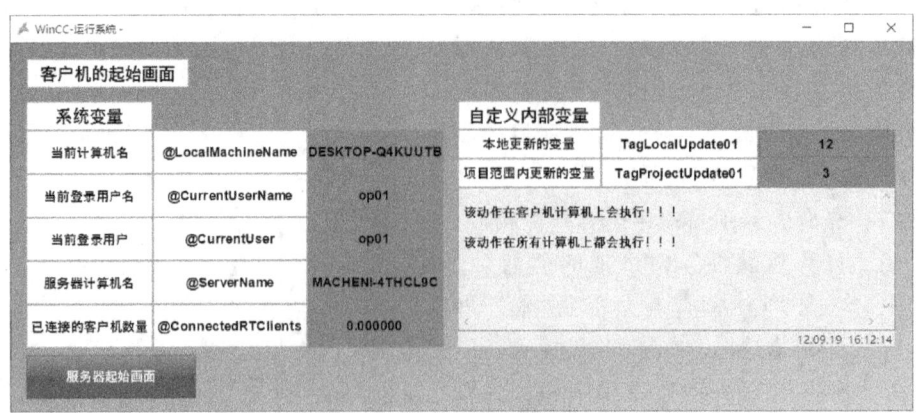

图 5-31 客户机起始画面

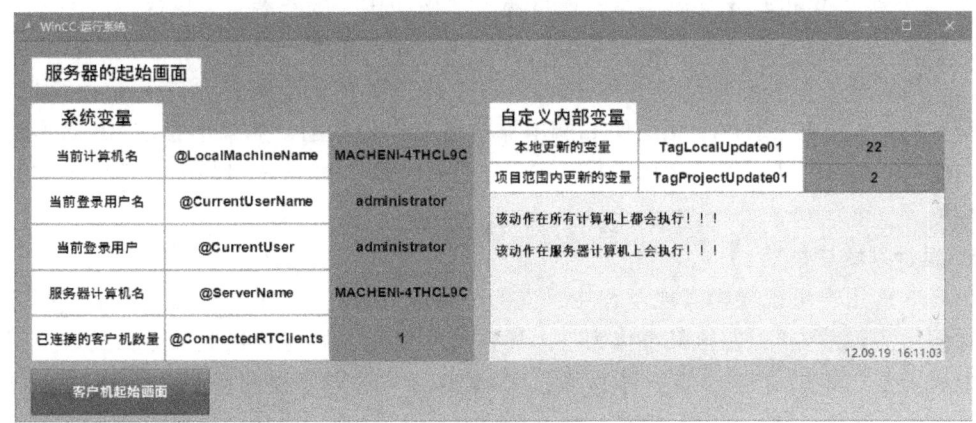

图 5-32　服务器起始画面

1）系统变量：@ 开头的系统变量在 WinCC 运行系统激活后可提供一些有用信息，如本地计算机名称、当前登录用户名等。在 C/S 多用户系统架构中，也可通过系统变量获取相关的有用信息。这里系统变量的当前值如表 5-16 所示。

表 5-16　系统变量当前值

系统变量	服务器	客户机	说明
@ LocalMachineName	MACHENI-4THCL9C	DESKTOP-Q4KUUTB	本地计算机名称
@ CurrentUserName	administrator	op01	当前登录的用户名
@ CurrentUser	administrator	op01	当前登录的用户 ID
@ ServerName	MACHENI-4THCL9C	MACHENI-4THCL9C	服务器计算机名
@ ConnectedRTClients	1	0	已连接的客户机数量

从表中可看到：

① @ LocalMachineName 的当前值分别为两台计算机的计算机名称。

② @ CurrentUserName 和 @ CurrentUser 的当前值分别为在两台 WinCC 上登录的 WinCC 中管理的用户名。如果启用了 SIMATIC Logon，那么这两个变量会分别显示 Windows 用户管理中设置的用户名和用户全名。

③ @ ServerName 的当前值为所连接的服务器计算机名称，如果启动了冗余，则当客户机所连接的是备用服务器时，该变量值为备用服务器计算机名称。

④ @ ConnectedRTClients 仅对服务器有效，该值反映了当前已连接到该服务器的客户机数量。

2）自定义内部变量："TagLocalUpdate01" 的当前值在两台计算机上相互独立，无论在哪台计算机上修改这个变量值，都不会影响其他计算机上的这个变量值；而变量 "TagProjectUpdate01" 的当前值在两台计算机上一致，无论在哪台计算机上修改这个变量值，其他计算机上都会显示相同的值。

3）全局脚本 C 动作：当触发变量 "TagProjectUpdate01" 发生变化时，分别在两台计算机的 WinCC 全局脚本诊断窗口中的打印输出如下。

① 所有 WinCC 全局脚本诊断窗口均输出 "该动作在所有服务器和计算机上都会执行"。

② 服务器上 WinCC 全局脚本诊断窗口输出"该动作在服务器上会执行"。

③ 客户机上 WinCC 全局脚本诊断窗口输出"该动作在客户机上会执行"。

这个结果是由于组态时已经为 C 动作指定了执行范围是全局还是在某台计算机本地。而对于 VB 脚本的全局动作，无法像 C 脚本那样指定执行范围，如果不希望 VB 脚本的全局动作在使用 C/S 多用户系统架构中的 WinCC 上执行，那么可以采用判断计算机名称的方法加以避免。

6. 运行系统中的特性

在 C/S 多用户系统架构实现过程中，共有一台服务器、一台客户机。其中，服务器激活了"图形运行系统"，使得其可作为一个操作员站使用，则能连接此服务器的客户机数量会减少到 4 个。如果此服务器不作为操作员站使用，则能连接此服务器的客户机数量为 64 个。

当客户机在运行系统中调用画面时，图形运行系统最初将搜索本地存储的画面。如果本地没有发现具有相应名称的任何画面，则将在服务器项目文件夹中进行搜索并加载，因此将服务器上的画面文件复制到客户机上后，客户机上的画面加载将更快。但如果在服务器项目中修改了画面，则必须通过将所修改的画面手动复制到客户机本地目录来更新数据。

本 章 小 结

完全版和运行版是 WinCC 的基础软件包，是运行 WinCC 项目必不可少的授权；选件包中包含了种类繁多的选件，是对 WinCC 基础软件包功能的进一步丰富，需要另外授权；WinCC 还分亚洲版和欧洲版，必须选择对应的语言包才能正常显示监控画面的字符。

单用户系统指的是该系统中只有一个用户端，不需要组成服务器和客户机架构。单用户系统架构简单，常常用在数据采集设备数量较少的应用场景中。2 个单用户系统可实现冗余监视和报警消息，具有过程值和用户归档的冗余。多用户系统由 1 台 WinCC 服务器和若干台（不超过 64 台）WinCC 客户机组成服务器和客户机架构。冗余多用户系统由互为备用的 2 台 WinCC 服务器和若干台（不超过 64 台）WinCC 客户机组成服务器和客户机架构。

习 题

1. 参考上册的 10.1 节完成两台 WinCC 服务器之间的冗余配置。

2. 多人一组，完成多用户系统配置。

第 6 章

实 战 演 练

6.1　离散行业数据采集与监控系统开发案例

6.1.1　离散行业简述

离散行业指的是制造企业中的一类企业。其主要特征是生产过程中基本上没有发生物质改变，只是物料的形状和组合发生改变，即最终产品是由各种物料装配而成的，并且产品与所需物料之间有确定的数量比例。它主要包括机械加工、机床制造等行业以及组装性行业等，典型产品有汽车、计算机、日用器具等。在工业企业中，离散型企业占据超过一半的份额，是非常典型的一种生产方式。

离散行业所需要的设备通常包括材料加工设备（如机床、磨床、车床等）、材料搬运设备（如传送带、上下料机器人、AGV 小车等）、材料组装设备（如汽车焊接设备、汽车装配设备等）。这些设备的特点是：相互之间没有必然的联系，每台设备都有单独的控制系统，可以单独进行工作，也可以通过总成系统与所有自动化设备集成，作为一个完整的生产线进行生产作业。

本案例基于一个电视生产线的数据采集与监控系统，该系统主要分为分流（SHUNT）、偏光片制造（POL）、粘接（Bonding）和组装 4 个步骤，每个步骤对应一个生产车间，每个生产车间下都包括几条生产线。本案例主要介绍 Bonding 车间的 Bonding2 生产线的数据采集与监控。

6.1.2　需求分析

Bonding2 生产线为全新的自动化生产线，设备的控制系统都为三菱 Q 系列的 PLC，需采集的数据量约 80000 点数，PLC 密码等保护信息与采集参数的寄存器地址等信息都可提供，授权见表 6-1。

表 6-1　授权列表

名称	服务器授权	WinCC RC 8192	Web 服务器授权
数量	1	1	1

由现场设备情况并结合授权信息得到如下方案：采用 WinCC 自带的 Mitsubishi Ethernet 通信通道连接设备 PLC 进行数据采集，主要采集现场设备的设备信息、生产信息、故障报警等数据，实时性高，最小通信周期可达到 500ms；由于无变量记录授权，因此需手动将 PLC 主要归档参数写入数据库中。WinCC 自带的三菱通信通道如图 6-1 所示。

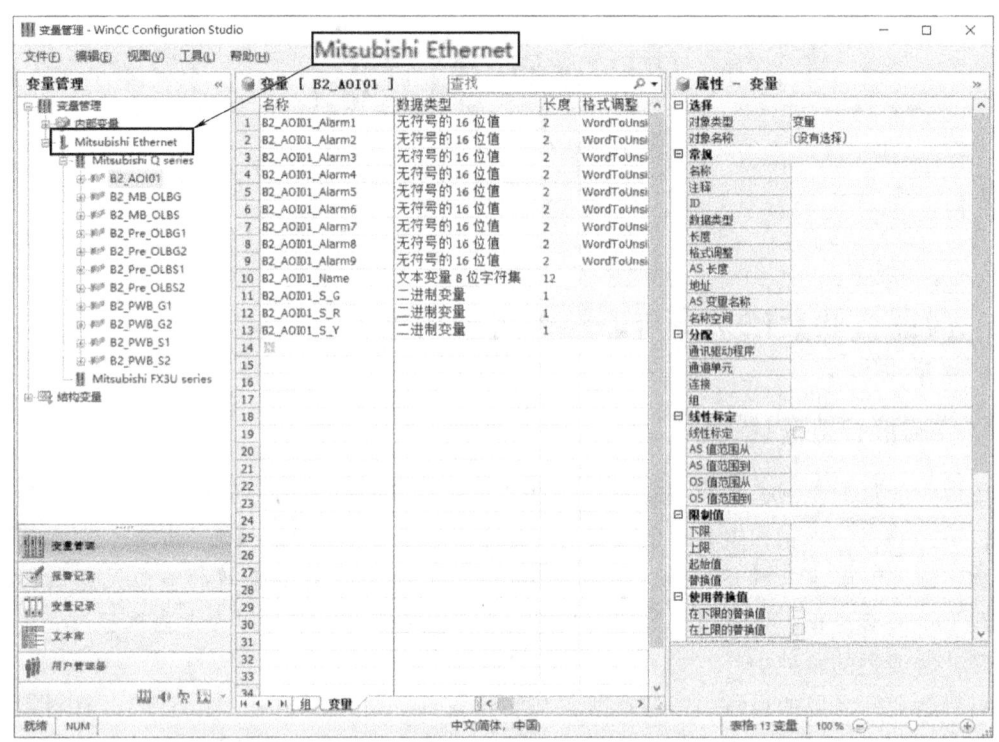

图 6-1　WinCC 自带的三菱通信通道

6.1.3　建立通信

步骤 1：配置三菱 PLC 的通信协议和端口号。

本项目的 Q 系列 PLC，以自带网口的 Q06UDV PLC 为主，可采用 TCP 与 UDP 两种协议进行通信。具体通信方式可在三菱 PLC 的编程软件 GX Work2 中查看，也可在该软件中配置 PLC 的通信信息。首先打开三菱的编程软件 GX Work2，双击"PLC 参数"，打开 PLC 参数设置界面。在"FX 参数设置"对话框中打开"以太网端口设置"选项卡，从中查看或编辑 PLC 的 IP 地址，选择"使用 CH"的值为"CH1"，单击"打开设置"按钮，如图 6-2 所示。

在打开的"以太网端口 打开设置"对话框中，选择"协议"为"TCP"或"UDP"，选择"打开方式"为"MC 协议"（注：WinCC 对于三菱 PLC 只支持 MC 协议），设置"本站端口号"，如"2000"，参数设置如图 6-3 所示。如果需下载通信设置到 PLC 中，那么可在设备停止运行的情况下操作。

步骤 2：添加驱动程序并设置系统参数。

打开 WinCC 的变量管理器，添加一个"Mitsubishi Ethernet"通信通道，如图 6-4 所示。

第6章 实战演练

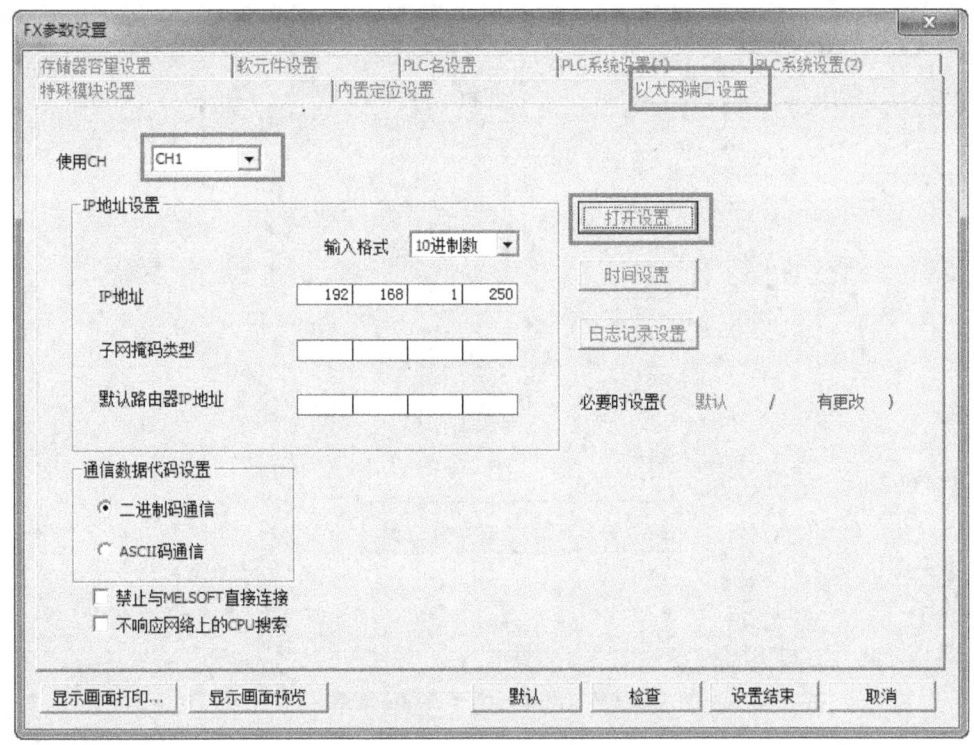

图 6-2 设置和查看 PLC 的 IP 地址

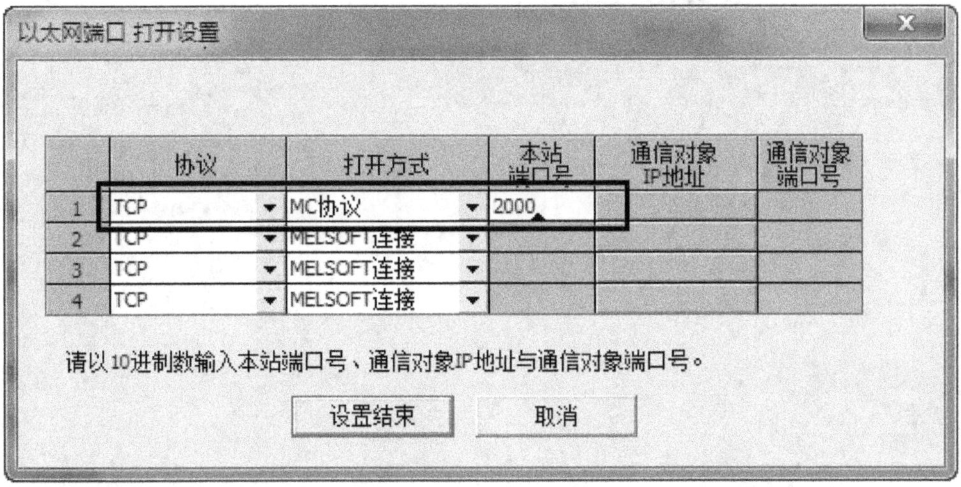

图 6-3 设置和查看 PLC 的协议和端口号

选择"Mitsubishi Q series"变量,右击,选择"新建连接"命令,为设备建立一个连接通道并重命名,如图6-5所示。名称需通俗易懂,可用"车间+下画线'_'+目标具体名称"的形式,如"B2_AOI01"。

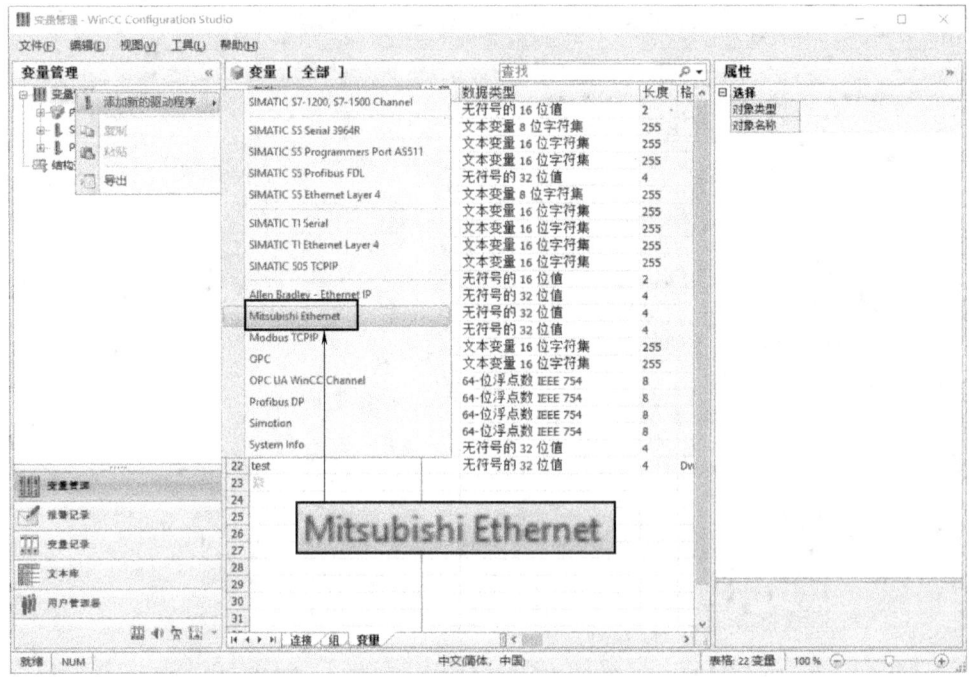

图 6-4 新建一个三菱通信通道

图 6-5 新建一个 Q 系列 PLC 连接

选中"B2_AOI01",右击,选择"连接参数"命令,进入参数设置界面,设置连接参数,如图 6-6 所示。

第6章 实战演练

图 6-6 打开"连接参数"并设置

将在三菱 PLC 编程软件中查询到的通信信息输入"连接属性"对话框中，如 IP 地址为"192.168.1.250"，端口号为"20000"，协议是"TCP"，单击"确定"按钮并激活 WinCC 即可查看该设备的通信状态，如图 6-7 所示。

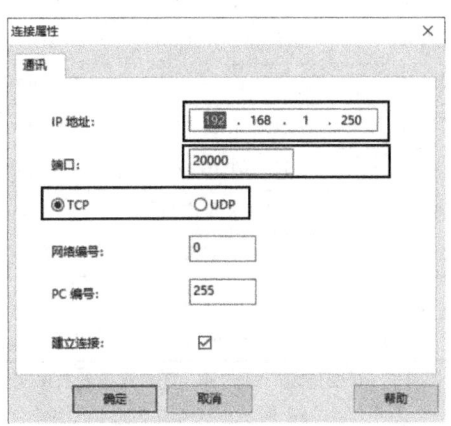

图 6-7 设置连接参数

步骤 3：读取 PLC 变量到 WinCC 变量管理器。

为"B2_AOI01"创建两个变量组，分别命名为"AOI01_Alarm"和"AOI01_CanShu"，主要用于数据量比较大的情况下对变量进行分类管理。AOI01_Alarm 组主要放置该设备的报警变量，AOI01_CanShu 组放置该设备的状态参数与生产信息等数据，如图 6-8 所示。

在对应变量组下设置变量属性，主要包括 WinCC 变量名称、PLC 寄存器地址、参数数据类型等，如图 6-9 所示。

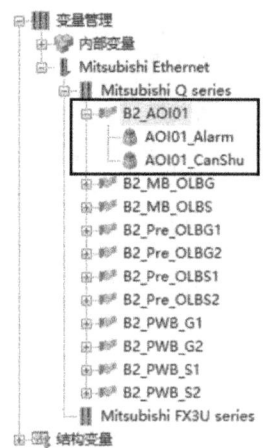

图 6-8　创建的变量组

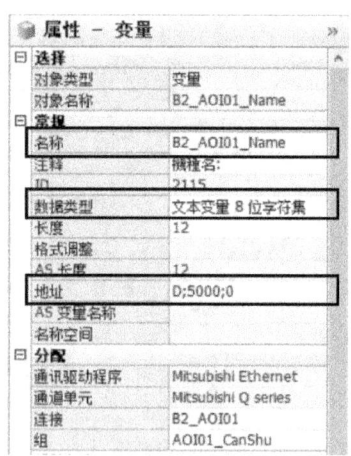

图 6-9　设置变量属性

AOI01 设备变量主要属性见表 6-2。

表 6-2　AOI01 设备变量主要属性

名称	注释	数据类型	组	地址
B2_AOI01_Alarm1	位报警 1	无符号的 16 位值	AOI01_Alarm	D;1421;0
B2_AOI01_Alarm2	位报警 2	无符号的 16 位值	AOI01_Alarm	D;1422;0
B2_AOI01_Alarm3	位报警 3	无符号的 16 位值	AOI01_Alarm	D;1423;0
B2_AOI01_Alarm4	位报警 4	无符号的 16 位值	AOI01_Alarm	D;1424;0
B2_AOI01_Alarm5	位报警 5	无符号的 16 位值	AOI01_Alarm	D;1425;0
B2_AOI01_Alarm6	位报警 6	无符号的 16 位值	AOI01_Alarm	D;1426;0
B2_AOI01_Alarm7	位报警 7	无符号的 16 位值	AOI01_Alarm	D;1427;0
B2_AOI01_Alarm8	位报警 8	无符号的 16 位值	AOI01_Alarm	D;1428;0
B2_AOI01_Alarm9	限值报警	无符号的 16 位值	AOI01_Alarm	D;1418;0
B2_AOI01_Name	机种名	文本变量 8 位字符集	AOI01_CanShu	D;5000;0
B2_AOI01_S_G	三色灯　绿灯	二进制变量	AOI01_CanShu	Y;526;0
B2_AOI01_S_R	三色灯　红灯	二进制变量	AOI01_CanShu	Y;524;0
B2_AOI01_S_Y	三色灯　黄灯	二进制变量	AOI01_CanShu	Y;525;0

注：整个项目的变量较多，此处只列举一台变量较少的设备，更多设备的数据变量可参考配套项目"Unit_6_Discrete_Demo_1"。

6.1.4　组态报警记录

报警记录用于记录设备在运行过程中产生的报警信息，在组态时，需定义显示何种报警、报警的内容等信息，以便以期望的形式显示在运行系统中。具体组态步骤如下。

步骤 1：打开"报警记录"窗口，确认报警消息的"消息等级"，创建"消息类型"，并设置该类型的属性，如图 6-10 所示。

步骤 2：在类型下组态报警消息的内容（项目中的报警消息数量过多，此处不一一列

第6章 实战演练

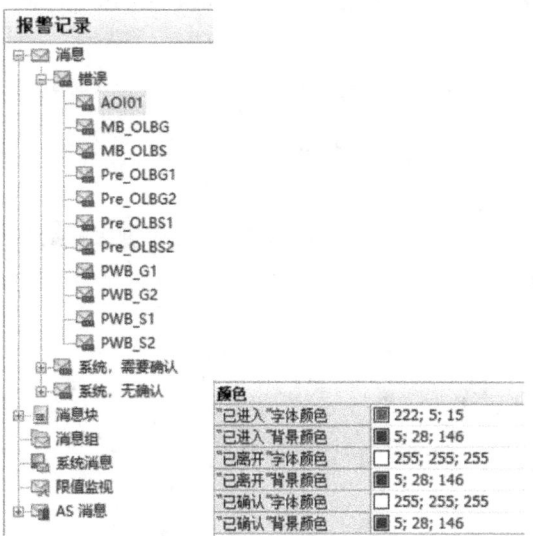

图 6-10 创建"消息类型"

举,详情请参考配套项目"Unit_6_Discrete_Demo_1"的"报警记录"),如图 6-11 所示。

编号	消息变量	消息位	工站信息	异常明细	报警值	设备编号	设备名称
1	1	B2_7_Alarm1	0	BONDING2_AOI01	排出移载-X轴 原点复归 要求	1	7	AOI01
2	2	B2_7_Alarm1	1	BONDING2_AOI01	TABLE-X轴 原点复归 要求	1	7	AOI01
3	3	B2_7_Alarm1	2	BONDING2_AOI01	TABLE-Y轴 原点复归 要求	1	7	AOI01
4	4	B2_7_Alarm1	3	BONDING2_AOI01	TABLE-θ轴 原点复归 要求	1	7	AOI01
5	5	B2_7_Alarm1	4	BONDING2_AOI01	TABLE-Z轴 原点复归 要求	1	7	AOI01
6	6	B2_7_Alarm1	5	BONDING2_AOI01	CAMERA(1)-X轴 原点复归 要求	1	7	AOI01
7	7	B2_7_Alarm1	6	BONDING2_AOI01	CAMERA(2)-X轴 原点复归 要求	1	7	AOI01
8	8	B2_7_Alarm2	0	BONDING2_AOI01	压痕检查 排出移载, HEAD 真空异常	1	7	AOI01
9	9	B2_7_Alarm2	4	BONDING2_AOI01	BACK-UP PRESS, 上/下 电子边异常	1	7	AOI01
10	10	B2_7_Alarm2	5	BONDING2_AOI01	非常停止 - 压痕检查前面	1	7	AOI01
11	11	B2_7_Alarm2	6	BONDING2_AOI01	非常停止 - 压痕检查后面	1	7	AOI01
12	12	B2_7_Alarm2	7	BONDING2_AOI01	DOOR打开 - 压痕检查前面1	1	7	AOI01
13	13	B2_7_Alarm2	8	BONDING2_AOI01	DOOR打开 - 压痕检查前面2	1	7	AOI01
14	14	B2_7_Alarm2	9	BONDING2_AOI01	DOOR打开 - 压痕检查前面3	1	7	AOI01
15	15	B2_7_Alarm2	10	BONDING2_AOI01	DOOR打开 - 压痕检查前面4	1	7	AOI01
16	16	B2_7_Alarm2	11	BONDING2_AOI01	DOOR打开 - 压痕检查后面1	1	7	AOI01
17	17	B2_7_Alarm2	12	BONDING2_AOI01	DOOR打开 - 压痕检查后面2	1	7	AOI01
18	18	B2_7_Alarm2	13	BONDING2_AOI01	DOOR打开 - 压痕检查后面3	1	7	AOI01
19	19	B2_7_Alarm2	14	BONDING2_AOI01	DOOR打开 - 压痕检查后面4	1	7	AOI01
20	20	B2_7_Alarm3	0	BONDING2_AOI01	压痕检查 搬入移载, X轴 SERVO异常	1	7	AOI01
21	21	B2_7_Alarm3	10	BONDING2_AOI01	DOOR打开 - 前工程	1	7	AOI01
22	22	B2_7_Alarm3	11	BONDING2_AOI01	DOOR打开 - 后工程	1	7	AOI01
23	23	B2_7_Alarm4	0	BONDING2_AOI01	压痕检查 TABLE, STAGE 真空异常	1	7	AOI01
24	24	B2_7_Alarm4	1	BONDING2_AOI01	压痕检查 BACK UP, 真空异常	1	7	AOI01
25	25	B2_7_Alarm4	2	BONDING2_AOI01	TABLE, PANEL情报异常 - (手动)吸着要求	1	7	AOI01
26	26	B2_7_Alarm4	3	BONDING2_AOI01	压痕检查 TABLE, PANEL感知 SENSOR异常	1	7	AOI01
27	27	B2_7_Alarm4	6	BONDING2_AOI01	压痕检查 TABLE, VISION OFFLINE状况	1	7	AOI01
28	28	B2_7_Alarm4	7	BONDING2_AOI01	压痕检查 TABLE, CAMERA通信异常	1	7	AOI01
29	29	B2_7_Alarm4	8	BONDING2_AOI01	压痕检查 TABLE, CAMERA测定范围外	1	7	AOI01
30	30	B2_7_Alarm4	12	BONDING2_AOI01	压痕检查 TABLE, PREALIGN NG(CAM1)	1	7	AOI01
31	31	B2_7_Alarm4	13	BONDING2_AOI01	压痕检查 TABLE, PREALIGN NG(CAM2)	1	7	AOI01
32	32	B2_7_Alarm4	14	BONDING2_AOI01	压痕检查 TABLE, 压痕检查 不良 NG	1	7	AOI01
33	33	B2_7_Alarm5	0	BONDING2_AOI01	压痕检查 TABLE, X轴 SERVO异常	1	7	AOI01
34	34	B2_7_Alarm5	1	BONDING2_AOI01	压痕检查 TABLE, X轴 OVERRUN	1	7	AOI01
35	35	B2_7_Alarm5	2	BONDING2_AOI01	压痕检查 TABLE, Y轴 SERVO异常	1	7	AOI01
36	36	B2_7_Alarm5	3	BONDING2_AOI01	压痕检查 TABLE, Y轴 OVERRUN	1	7	AOI01

图 6-11 组态报警消息

步骤 3:组态报警消息后,在"计算机属性"对话框"启动"选项卡中勾选系统"报警记录运行系统"复选框,可使用报警控件(WinCC Alarm Control)显示已发生的报警消息,如图 6-12 所示。

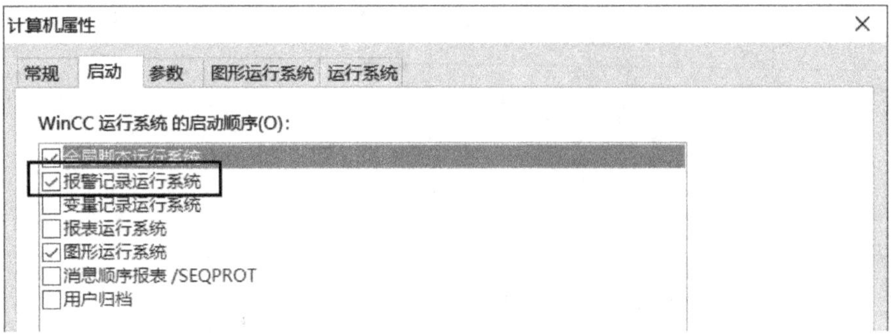

图 6-12 启动"报警记录运行系统"

6.1.5 全局脚本

WinCC 的脚本系统主要由 C 脚本、VBS 脚本和 VBA 脚本组成;用户借助 C 脚本可通过 Win32 API 访问 Windows 操作系统及平台上的各种应用;VBS 脚本则在易用性和开发的快速性上具有优势;VBA 可以使组态自动化,在一定程度上简化了用户的组态。全局脚本相当于脚本的后台执行系统与模块存放处,在项目中主要使用动作与项目模块。

1. 动作

(1)设备信息归档(Archive_EqInfo.bac)

```
'脚本用于归档 Bonding2 线重要参数
'定义脚本变量
Dim Par(10),EqId,Sql
'使用 For 语句构造 SQL 语句
For EqId = 1 To 11
    Par(0)= EqId
    Par(1)= HMIRuntime.Tags("B2_"& EqId &".ZongTouRuTime").Read
    Par(2)= HMIRuntime.Tags("B2_"& EqId &".FuHeTime").Read
    Par(3)= HMIRuntime.Tags("B2_"& EqId &".TingJiTime").Read
    Par(4)= HMIRuntime.Tags("B2_"& EqId &".GuZhangTime").Read
    Par(5)= HMIRuntime.Tags("B2_"& EqId &".ZuoYeTime").Read
    Par(6)= HMIRuntime.Tags("B2_"& EqId &".DangQianChanLiang").Read
    Par(7)= HMIRuntime.Tags("B2_"& EqId &".LiangPinShu").Read
    Par(8)= HMIRuntime.Tags("B2_"& EqId &".ShiJianJiaDongLv").Read
    Par(9)= HMIRuntime.Tags("B2_"& EqId &".LiangLv").Read
    '构造插入语句
    Sql = Sql&vbCRLF&" INSERT INTO Unit_6_Discrete_Demo.dbo.TB_EQINFO VALUES
("&Par(0)&","&Par(1)&","&Par(2)&","&Par(3)&","&Par(4)&","&Par(5)&","
&Par(6)&","&Par(7)&","&Par(8)&","&Par(9)&",GETDATE());"
```

Next
'调用模块执行操作
FC_ExecuteNonquery ".\WINCC","sa","123456",Sql
（2）设备参数归档（Archive_Par.bac）
'脚本用于存储 Bonding2 线 MB_OLBG、MB_OLBS 的数据
'定义脚本变量
Dim PRE(22),MB(16),PWB(29),EqId,Sql
'使用 For 语句构造 SQL 语句：PRE
For EqId = 1 To 4
　　PRE(0)= EqId
　　PRE(1)= HMIRuntime.Tags("B2_"& EqId &"_Name").Read
　　PRE(2)= HMIRuntime.Tags("B2_"& EqId &"_M1_ID").Read
　　PRE(3)= HMIRuntime.Tags("B2_"& EqId &"_M1_C_Count").Read
　　PRE(4)= HMIRuntime.Tags("B2_"& EqId &"_M1_C_SV").Read
　　PRE(5)= HMIRuntime.Tags("B2_"& EqId &"_M1_M_Count").Read
　　PRE(6)= HMIRuntime.Tags("B2_"& EqId &"_M1_M_SV").Read
　　PRE(7)= HMIRuntime.Tags("B2_"& EqId &"_M1_W_Count").Read
　　PRE(8)= HMIRuntime.Tags("B2_"& EqId &"_M1_W_SV").Read
　　PRE(9)= HMIRuntime.Tags("B2_"& EqId &"_M2_ID").Read
　　PRE(10)= HMIRuntime.Tags("B2_"& EqId &"_M2_C_Count").Read
　　PRE(11)= HMIRuntime.Tags("B2_"& EqId &"_M2_C_SV").Read
　　PRE(12)= HMIRuntime.Tags("B2_"& EqId &"_M2_M_Count").Read
　　PRE(13)= HMIRuntime.Tags("B2_"& EqId &"_M2_M_SV").Read
　　PRE(14)= HMIRuntime.Tags("B2_"& EqId &"_M2_W_Count").Read
　　PRE(15)= HMIRuntime.Tags("B2_"& EqId &"_M2_W_SV").Read
　　PRE(16)= HMIRuntime.Tags("B2_"& EqId &"_H1_DT").Read
　　PRE(17)= HMIRuntime.Tags("B2_"& EqId &"_H2_DT").Read
　　PRE(18)= HMIRuntime.Tags("B2_"& EqId &"_ACF_FT1").Read
　　PRE(19)= HMIRuntime.Tags("B2_"& EqId &"_ACF_FT2").Read
　　PRE(20)= HMIRuntime.Tags("B2_"& EqId &"_COF_Z_H").Read
　　PRE(21)= HMIRuntime.Tags("B2_"& EqId &".LiangLv").Read
　　'构造插入语句
　　Sql = Sql&vbCRLF&" INSERT INTO Unit_6_Discrete_Demo.dbo.ACTUALVALUE_PRE VALUES("&PRE(0)&",'"&PRE(1)&"','"&PRE(2)&"',"&PRE(3)&","&PRE(4)&","&PRE(5)&","&PRE(6)&","&PRE(7)&","&PRE(8)&",'"&PRE(9)&"',"
　　Sql = Sql&" "&PRE(10)&","&PRE(11)&","&PRE(12)&","&PRE(13)&","&PRE(14)&","&PRE(15)&","&PRE(16)&","&PRE(17)&","&PRE(18)&","&PRE(19)&","&PRE(20)&","&PRE(21)&",GETDATE());"
Next

```
'使用 For 语句构造 SQL 语句：MB
For EqId = 5 To 6
    MB(0)= EqId
    MB(1)= HMIRuntime. Tags("B2_"& EqId &"_Name"). Read
    MB(2)= HMIRuntime. Tags("B2_"& EqId &"_ST_H"). Read
    MB(3)= HMIRuntime. Tags("B2_"& EqId &"_ST_B"). Read
    MB(4)= HMIRuntime. Tags("B2_"& EqId &"_UT_H"). Read
    MB(5)= HMIRuntime. Tags("B2_"& EqId &"_Xu_B"). Read
    MB(6)= HMIRuntime. Tags("B2_"& EqId &"_YL_B"). Read
    MB(7)= HMIRuntime. Tags("B2_"& EqId &"_Yr_B"). Read
    MB(8)= HMIRuntime. Tags("B2_"& EqId &"_Time"). Read
    MB(9)= HMIRuntime. Tags("B2_"& EqId &"_H_H"). Read
    MB(10)= HMIRuntime. Tags("B2_"& EqId &"_H_V"). Read
    MB(11)= HMIRuntime. Tags("B2_"& EqId &"_S_PV"). Read
    MB(12)= HMIRuntime. Tags("B2_"& EqId &"_S_SV"). Read
    MB(13)= HMIRuntime. Tags("B2_"& EqId &"_F_S1"). Read
    VMB(14)= HMIRuntime. Tags("B2_"& EqId &"_F_S2"). Read
    MB(15)= HMIRuntime. Tags("B2_"& EqId &". LiangLv"). Read
    '构造插入语句
    Sql = Sql&vbCRLF&" INSERT INTO Unit_6_Discrete_Demo. dbo. ACTUALVALUE_MB VALUES("&MB(0)&",'"&MB(1)&"','"&MB(2)&","&MB(3)&","&MB(4)&","&MB(5)&","&MB(6)&","&MB(7)&","&MB(8)&","&MB(9)&","
    Sql = Sql&" "&MB(10)&","&MB(11)&","&MB(12)&","&MB(13)&","&MB(14)&","&MB(15)&",GETDATE());"
Next
'使用 For 语句构造 SQL 语句：PWB
For EqId = 8 To 11
    PWB(0)= EqId
    PWB(1)= HMIRuntime. Tags("B2_"& EqId &"_Name"). Read
    PWB(2)= HMIRuntime. Tags("B2_"& EqId &"_T1_P"). Read
    PWB(3)= HMIRuntime. Tags("B2_"& EqId &"_T1_T"). Read
    PWB(4)= HMIRuntime. Tags("B2_"& EqId &"_AB1_T"). Read
    PWB(5)= HMIRuntime. Tags("B2_"& EqId &"_T2_P"). Read
    PWB(6)= HMIRuntime. Tags("B2_"& EqId &"_T2_T"). Read
    PWB(7)= HMIRuntime. Tags("B2_"& EqId &"_AB2_T"). Read
    PWB(8)= HMIRuntime. Tags("B2_"& EqId &"_R1_C"). Read
    PWB(9)= HMIRuntime. Tags("B2_"& EqId &"_R2_C"). Read
    PWB(10)= HMIRuntime. Tags("B2_"& EqId &"_A1_1_P"). Read
    PWB(11)= HMIRuntime. Tags("B2_"& EqId &"_A1_1_T"). Read
```

```
PWB(12)= HMIRuntime.Tags("B2_"& EqId &"_A1_2_P").Read
PWB(13)= HMIRuntime.Tags("B2_"& EqId &"_A1_2_T").Read
PWB(14)= HMIRuntime.Tags("B2_"& EqId &"_A2_1_P").Read
PWB(15)= HMIRuntime.Tags("B2_"& EqId &"_A2_1_T").Read
PWB(16)= HMIRuntime.Tags("B2_"& EqId &"_A2_2_P").Read
PWB(17)= HMIRuntime.Tags("B2_"& EqId &"_A2_2_T").Read
PWB(18)= HMIRuntime.Tags("B2_"& EqId &"_T1_1_T1").Read
PWB(19)= HMIRuntime.Tags("B2_"& EqId &"_T1_1_T2").Read
PWB(20)= HMIRuntime.Tags("B2_"& EqId &"_T1_T").Read
PWB(21)= HMIRuntime.Tags("B2_"& EqId &"_T2_1_T1").Read
PWB(22)= HMIRuntime.Tags("B2_"& EqId &"_T2_1_T2").Read
PWB(23)= HMIRuntime.Tags("B2_"& EqId &"_T2_T").Read
PWB(24)= HMIRuntime.Tags("B2_"& EqId &"_APB1_T1").Read
PWB(25)= HMIRuntime.Tags("B2_"& EqId &"_APB1_T2").Read
PWB(26)= HMIRuntime.Tags("B2_"& EqId &"_APB2_T1").Read
PWB(27)= HMIRuntime.Tags("B2_"& EqId &"_APB2_T2").Read
PWB(28)= HMIRuntime.Tags("B2_"& EqId &".LiangLv").Read
'构造插入语句
Sql=Sql&vbCRLF&"INSERT INTO Unit_6_Discrete_Demo.dbo.ACTUALVALUE_PWB VALUES("&PWB(0)&",'"&PWB(1)&"',"&PWB(2)&","&PWB(3)&","&PWB(4)&","&PWB(5)&","&PWB(6)&","&PWB(7)&","&PWB(8)&","&PWB(9)&","
Sql=Sql&""&PWB(10)&","&PWB(11)&","&PWB(12)&","&PWB(13)&","&PWB(14)&","&PWB(15)&","&PWB(16)&","&PWB(17)&","&PWB(18)&","&PWB(19)&","
Sql=Sql&""&PWB(20)&","&PWB(21)&","&PWB(22)&","&PWB(23)&","&PWB(24)&","&PWB(25)&","&PWB(26)&","&PWB(27)&","&PWB(28)&",GETDATE());"
Next
'调用模块执行操作
FC_ExecuteNonquery ".\WINCC","sa","123456",Sql
```

（3）计算设备信息（EqInfoCal.bac）

```
'调用模块计算设备信息
Dim EqId
For EqId = 1 To 11
    FC_EqInfo_B2(EqId)
Next
```

（4）计算设备数量（EqNum.bac）

```
'脚本用于计算产线各类状态的设备数量
```

```
'声明脚本变量
Dim EqState_G,EqState_Y,EqState_R,EqId
Dim LiXianNum,ShengChanNum,DaiMingNum,YiChangNum
'遍历B2线的所有设备
For EqId = 1 To 11
    Set EqState_G = HMIRuntime.Tags("B2_" & EqId &"_S_G")
    Set EqState_Y = HMIRuntime.Tags("B2_" & EqId &"_S_Y")
    Set EqState_R = HMIRuntime.Tags("B2_" & EqId &"_S_R")
    EqState_G.Read
    EqState_Y.Read
    EqState_R.Read
    '设备状态判断：离线>异常>运行>待命
    If EqState_R.QualityCode <> &H80 Then
        '离线
        LiXianNum = LiXianNum + 1
    Else
        If EqState_R.Value = 1 Then
            '异常
            YiChangNum = YiChangNum + 1
        Else
            '运行
            If EqState_G.Value = 1 Then
                ShengChanNum = ShengChanNum + 1
            Else
                '待命
                DaiMingNum = DaiMingNum + 1
            End If
        End If
    End If
Next
'赋值内部变量
HMIRuntime.Tags("B2_TotalNum").Write LiXianNum+YiChangNum+ShengChanNum+DaiMingNum,1
HMIRuntime.Tags("B2_LiXianNum").Write LiXianNum,1
HMIRuntime.Tags("B2_ZaiXianNum").Write YiChangNum+ShengChanNum+DaiMingNum,1
HMIRuntime.Tags("B2_ShengChanNum").Write ShengChanNum,1
HMIRuntime.Tags("B2_YiChangNum").Write YiChangNum,1
HMIRuntime.Tags("B2_DaiMingNum").Write DaiMingNum,1
```

2. 项目模块

（1）数据库模块（SQLHelper.bmo）

```
Function FC_SQLConnect(IP, User, Pwd)
'连接数据库
    '定义连接字符串
    Dim Con
    Con = "Provider=SQLOLEDB;SERVER="&IP&";uid="&User&";pwd="&Pwd
    '建立连接
    Dim conn
    Set conn = CreateObject("ADODB.Connection")
    conn.ConnectionString = Con
    conn.CursorLocation = 3
    conn.Open
    '返回连接过程
    Set FC_SQLConnect = conn
End Function

Function FC_SQLClose(sConn)
'关闭数据库连接，释放资源
    ' Connection 状态
    ' 0 adStateClosed 指示对象已关闭
    ' 1 adStateOpen 指示对象已打开
    ' 2 adStateConnecting 指示对象正在连接
    ' 4 adStateExecuting 指示对象正在执行命令
    ' 8 adStateFetching 指示正在检索对象的行
    '获取状态
    Dim conn
    Set conn = sConn
    Select Case conn.State       ' Connection 状态
        Case 0
            HMIRuntime.Trace(Now & "FC_SQLConnectClose:指示对象已关闭" & vbCrLf)
        Case 1
            HMIRuntime.Trace(Now & "FC_SQLConnectClose:指示对象已打开,即将关闭" & vbCrLf)
            conn.Close
        Case 2
            HMIRuntime.Trace(Now & "FC_SQLConnectClose:指示对象正在连接" & vbCrLf)
        Case 4
            HMIRuntime.Trace(Now & "FC_SQLConnectClose:指示对象正在执行命令" & vbCrLf)
```

```
            Case 8
                HMIRuntime.Trace(Now &" FC_SQLConnectClose：指示正在检索对象的行"
& vbCrLf)
            Case Else
                HMIRuntime.Trace(Now &" FC_SQLConnectClose：未知连接状态"& vbCrLf)
        End Select
        Set conn = Nothing
    End Function
    Function FC_ExecuteNonquery(IP,User,Pwd,sSQL)
    '执行数据库的增、删、改命令
        '建立与SQL数据库的连接
        Dim conn
        Set conn = FC_SQLConnect(IP,User,Pwd)
        '判断连接状态
        If conn.state = 1 Then
            '执行SQL语句
            conn.execute(sSQL)
        End If
        '关闭连接
        FC_SQLClose(conn)
        '错误代码
        If err.number <> 0 Then
            err.clear
        End If
    End Function
    Function FC_GetDataTable(sConn,sSQL)
    '用于查询语句，获取集合
        '建立连接
        Dim oRs,oCom,conn
        Set conn = sConn
        '创建查询的命令文本
        Set oRs = CreateObject("ADODB.Recordset")
        Set oCom = CreateObject("ADODB.Command")
        oCom.CommandType = 1
        Set oCom.ActiveConnection = conn
        oCom.CommandText = sSQL
        '执行查询
        Set oRs = oCom.Execute
```

```
'返回结果
    Set FC_GetDataTable = oRs
'错误代码
    If err.number <> 0 Then
        err.clear
    End If
End Function
```

（2）基本功能块（FC.bmo）

```
Function FC_IntervalTimeFromTime(NowTime,StartTime,StopTime,Remain)
'返回并计算当前班组的间隔时间(s)
    'NowTime 的格式为"2018-03-08 07:00:00"；StartTime 和 StopTime 的格式为"07:00:00"
    Dim myNow
    myNow = CDate(NowTime)
    Dim myDate,myTime
    myDate = Year(myNow) & "-" & Right("0" & Month(myNow),2) & "-" & Right("0" & Day(myNow),2)
    myTime = Right("0" & Hour(myNow),2) & ":" & Right("0" & Minute(myNow),2) & ":" & Right("0" & Second(myNow),2)
    Dim myStartTime,myStopTime
    myStartTime = CDate(myDate & " " & StartTime)
    myStopTime = CDate(myDate & " " & StopTime)
    '若 StopTime < StartTime，则为夜班，反之为白班
    If StopTime < StartTime Then
        If myTime >= StartTime And myTime <= "23:59:59" Then
            myStartTime = myStartTime
            myStopTime = Dateadd("d",1,myStopTime)
        Else
            myStartTime = Dateadd("d",-1,myStartTime)
            myStopTime = myStopTime
        End If
    End If
    '若当前时间介于 StartTime 和 StopTime 之间，则开始计算投入时间；若 Remain=1，则保持 StartTime~StopTime 的时间间隔；其余为0
    Dim myValue
    If myNow >= myStartTime And myNow <= myStopTime Then
        myValue = Datediff("s",myStartTime,myNow)
    Else
        If Remain = 1 Then
```

```
                myValue = Datediff("s",myStartTime,myStopTime)
            Else
                myValue = 0
            End If
        End If
        '反馈结果
        FC_IntervalTimeFromTime = myValue
    End Function
    Function FC_isBetweenTime(NowTime,StartTime,StopTime)
    '返回并判断当前时间是否在 StartTime 和 StopTime 之间
        'NowTime 的格式为"2018-03-08 07:00:00"; StartTime 和 StopTime 的格式为"07:00:00"
        Dim myNow
        myNow = CDate(NowTime)
        Dim myTime
        myTime = Right("0" & Hour(myNow),2) & ":" & Right("0" & Minute(myNow),2) &":" & Right("0" & Second(myNow),2)
        '若当前时间介于 StartTime 和 StopTime 之间,则函数返回1
        Dim myValue
        If StopTime >= StartTime Then            '若 StopTime >= StartTime
            If myTime >= StartTime And myTime <= StopTime Then
                myValue = 1
            Else
                myValue = 0
            End If
        Else                                     '若 StopTime < StartTime,则为跨"23:59:59"时间点
            If (myTime >= StartTime And myTime <= "23:59:59") Or (myTime >= "00:00:00" And myTime <= StopTime) Then
                myValue = 1
            Else
                myValue = 0
            End If
        End If
        '反馈结果
        FC_isBetweenTime = myValue
    End Function
    Function FC_ShijianJiadonglv(ZuoYeTime,ZongTouRuTime)
    '计算时间稼动率:时间稼动率(%)= 作业时间/总投入时间
        Dim myValue
```

```
        Dim myDivisor
        myDivisor = CSng(ZongTouRuTime)
        If myDivisor <>0.0 Then
            myValue = CSng(ZuoYeTime)/myDivisor * 100.0
        Else
            myValue = 0.0
        End If
        '时间稼动率范围
        If myValue <0.0  Then
            myValue = 0.0
        Else
          If myValue >100.0 Then
            myValue = 100.0
          End If
        End If
        '反馈结果
        FC_ShijianJiadonglv = myValue
End Function
Function FC_XingnengJiadonglv(DangQianChanLiang,TT,ShiJianJiaDongLv,ZuoYeShiJian)
'计算性能稼动率:性能稼动率(%)=(当前产量×TT)/[作业时间(s)×时间稼动率(%)]
        Dim myValue
        Dim myDivisor
        myDivisor = CSng(ZuoYeShiJian)
        If myDivisor <>0.0 Then
            myValue =(DangQianChanLiang * TT)/(myDivisor * ShiJianJiaDongLv/100) * 100
        Else
            myValue = 0.0
        End If
        '时间稼动率范围
        If myValue <0.0  Then
            myValue = 0.0
        Else
            If myValue >100.0 Then
                myValue = 100.0
            End If
        End If
        '反馈结果
        FC_XingnengJiadonglv = myValue
```

```
End Function
Function FC_OEE(ShijianJiadonglv, XingnengJiadonglv, Lianglv)
'计算 OEE:OEE(%)= 时间稼动率(%)×性能稼动率(%)×良率(%)
    Dim myValue
    myValue = CSng(ShijianJiadonglv) * CSng(XingnengJiadonglv) * CSng(Lianglv)/10000
    'OEE 范围
    If myValue <0.0  Then
        myValue = 0.0
    Else
      If myValue >100.0 Then
        myValue = 100.0
      End If
    End If
    '反馈结果
    FC_OEE = myValue
End Function
Function FC_Lianglv(Liangpinshu, DangQianChanLiang)
'计算良率:良率(%)= 良品数/当前产量
    Dim myValue
    Dim myDivisor
    myDivisor = CSng(DangQianChanLiang)
    If myDivisor <>0.0 Then
        myValue = CSng(Liangpinshu) / myDivisor * 100.0
    Else
        myValue = 0.0
    End If
    '范围
    If myValue <0.0  Then
        myValue = 0.0
    Else
      If myValue >100.0 Then
        myValue = 100.0
      End If
    End If
    '反馈结果
    FC_Lianglv = myValue
End Function
Function
FC_FaultTimeCal(iFaultTimeCal, iTagEqState, ValueFaultEqState1, ValueFaultEqState2, ioTag-
```

FaultTime,ioTagFaultStartDT,ioTagFaultPulse,iClr)
'计算故障时间：故障时间(s) = FaultTimeValue + (Now − 计算故障时间条件上升沿时的FaultStartDT)
      'iFaultTimeCal：计算故障时间条件
      'iTagEqState：设备状态变量
      'ioTagFaultTime：故障时间变量(s)
      'ioTagFaultStartDT：故障起始日期时间变量
      'ioTagFaultPulse：计算故障时间条件上升沿标志变量
      Dim myiTagEqState,myioTagFaultTime,myioTagFaultStartDT,myioTagFaultPulse
      Dim ValueEqState,ValueFaultTime,ValueFaultStartDT,ValueFaultPulse
      Dim myValue
      '设备状态值
      Set myiTagEqState = HMIRuntime. Tags(iTagEqState)
      myiTagEqState. Read
      ValueEqState = myiTagEqState. Value
      '故障时间(s)
      Set myioTagFaultTime = HMIRuntime. Tags(ioTagFaultTime)
      myioTagFaultTime. Read
      ValueFaultTime = myioTagFaultTime. Value
      '故障起始日期时间
      Set myioTagFaultStartDT = HMIRuntime. Tags(ioTagFaultStartDT)
      myioTagFaultStartDT. Read
      ValueFaultStartDT = myioTagFaultStartDT. Value
      '计算故障时间的上升沿
      Set myioTagFaultPulse = HMIRuntime. Tags(ioTagFaultPulse)
      myioTagFaultPulse. Read
      ValueFaultPulse = myioTagFaultPulse. Value
      '计算故障时间条件
      Dim myCalEnable
      myCalEnable = (iFaultTimeCal = 1) And ((ValueEqState = ValueFaultEqState1) Or (ValueEqState = ValueFaultEqState2))
      '检测到计算故障时间条件的上升沿
      If (myCalEnable = True) And (ValueFaultPulse = 0) Then
          ValueFaultStartDT = Now   '更新故障日期时间
          ValueFaultPulse = 1   '更新边沿标志位
      Else
          If (myCalEnable = False) Then
              ValueFaultPulse = 0   '更新边沿标志位
          End If

```
                End If
            '若故障时间条件=1，且 EqStateValue = ValueFaultEqState1 或 ValueFaultEqState2，则
计算故障时间，否者故障时间不计算
                If（myCalEnable = True）Then
                    '计算时间间隔的启停时间段
                    Dim myStopDT
                    Dim myStartTime,myStopTime
                    myStopDT = Dateadd("h",23,ValueFaultStartDT)
                    myStartTime = Right("0" & Hour(ValueFaultStartDT),2) &":"& Right("0" & Mi-
nute(ValueFaultStartDT),2) &":"& Right("0" & Second(ValueFaultStartDT),2)
                    myStopTime = Right("0" & Hour(myStopDT),2) &":"& Right("0" & Minute
(myStopDT),2) &":"& Right("0" & Second(myStopDT),2)
                    myValue = ValueFaultTime+
FC_IntervalTimeFromTime(Now,myStartTime,myStopTime,0)
                    '更新故障日期时间
                    ValueFaultStartDT = Now
                Else
                    myValue = ValueFaultTime
                End If
                '范围/清零
                If myValue <0 Or（iClr = 1）Then
                    myValue = 0
                End If
                '更新变量
                myioTagFaultTime.Write myValue,1
                myioTagFaultStartDT.Write ValueFaultStartDT,1
                myioTagFaultPulse.Write ValueFaultPulse,1
                '反馈结果
                FC_FaultTimeCal = myValue
        End Function
        Function FC_EqInfo_B2(EqId)
        '计算设备信息
            '声明脚本变量
            Dim StartTime(1),StopTime(1),Cal,iClr,index
            '作息时间段
            StartTime(0) = "00:00:00"
            StopTime(0) = "23:59:00"
            '判断当前时间是否在计算时间内
            For index = 0 To 0
```

```
            Cal = FC_isBetweenTime(Now,StartTime(index),StopTime(index))
    Next
    '清零时间段
    If (FC_isBetweenTime(Now,"00:00:00","23:59:00") = 1) Then
        iClr = 1
    Else
        iClr = 0
    End If
    '计算总投入时间(s)
        Dim ValueZongTouRu,ZongTouRuTime
        Set ZongTouRuTime = HMIRuntime.Tags("B2_" & EqId &".ZongTouRuTime")
        ZongTouRuTime.Read
        ValueZongTouRu = 0
        For index = 0 To 0
            ValueZongTouRu =
ValueZongTouRu+FC_IntervalTimeFromTime(NoW,StartTime(index),StopTime(index),Cal)
        Next
        ZongTouRuTime.Write ValueZongTouRu
    '计算机器故障时间(s)
        Dim iTagFaultEqState,ValueFaultState1,ValueFaultState2,ValueFaultTime
        Dim ioTagFaultTime,ioTagFaultStartDT,ioTagFaultPulse
        iTagFaultEqState = "B2_" & EqId &"_S_R"
        ioTagFaultTime = "B2_" & EqId &".GuZhangTime"
        ioTagFaultStartDT = "B2_" & EqId &".GuZhangStartTime"
        ioTagFaultPulse = "B2_" & EqId &".GuZhangPulse"
        '在 FC_FaultTimeCal 中更新机器故障时间(s)
        ValueFaultState1 = 1
        ValueFaultState2 = 1
        ValueFaultTime =
FC_FaultTimeCal(Cal,iTagFaultEqState,ValueFaultState1,ValueFaultState2,ioTagFaultTime,io-
TagFaultStartDT,ioTagFaultPulse,iClr)
        '计算作业时间(s)
        Dim iTagZuoYeEqState,ValueZuoYeState1,ValueZuoYeState2,ValueZuoYeTime
        Dim ioTagZuoYeTime,ioTagZuoYeStartDT,ioTagZuoYePulse
        iTagZuoYeEqState = "B2_" & EqId &"_S_G_T"
        ioTagZuoYeTime = "B2_" & EqId &".ZuoYeTime"
        ioTagZuoYeStartDT = "B2_" & EqId &".ZuoYeStartTime"
        ioTagZuoYePulse = "B2_" & EqId &".ZuoYePulse"
        '在 FC_ZuoYeTimeCal 中更新作业时间(s)
```

```
                ValueZuoYeState1 = 1
                ValueZuoYeState2 = 1
                ValueZuoYeTime =
FC_FaultTimeCal(Cal,iTagZuoYeEqState,ValueZuoYeState1,ValueZuoYeState2,ioTagZuoYeTime,
ioTagZuoYeStartDT,ioTagZuoYePulse,iClr)
                '计算负荷时间(s)
                Dim FuHeTime
                Set FuHeTime = HMIRuntime.Tags("B2_" & EqId &".FuHeTime")
                FuHeTime.Read
                FuHeTime.Write ValueFaultTime+ValueTingJiTime+ValueZuoYeTime
                '计算停机时间(s)
                Dim TingJiTime
                Set TingJiTime = HMIRuntime.Tags("B2_" & EqId &".TingJiTime")
                TingJiTime.Read
                TingJiTime.Write ValueZongTouRu-ValueFaultTime-ValueTingJiTime-ValueZuoYeTime
        '计算时间稼动率(%)
        Dim ShiJianJiaDongLv
        Set ShiJianJiaDongLv = HMIRuntime.Tags("B2_" & EqId &".ShiJianJiaDongLv")
        ShiJianJiaDongLv.Read
        ShiJianJiaDongLv.Write FC_ShijianJiadonglv(ValueZuoYeTime,ZongTouRuTime.Value)
        '计算良率(%)
        Dim DangQianChanLiang,Liangpinshu,LiangLv
        Set DangQianChanLiang = HMIRuntime.Tags("B2_" & EqId &".DangQianChanLiang")
        Set Liangpinshu = HMIRuntime.Tags("B2_" & EqId &".LiangPinShu")
        Set LiangLv = HMIRuntime.Tags("B2_" & EqId &".LiangLv")
        LiangLv.Read
        'Msgbox Liangpinshu.Read
        LiangLv.Write FC_Lianglv(Liangpinshu.Read,DangQianChanLiang.Read)
    End Function
    (3)趋势模块(Chart.bmo)
    Sub OnDay(EqName,ChartName)
    '用于获取并呈现当天趋势
        '定义脚本变量
        Dim i,ShiJianJiaDongLv(24),LiangLv(24),MT(24),strDT
        '获取当班开始时间
        strDT = Year(Now)&"-"&Right("0"&Month(Now),2)&"-"&Right("0"&Day(Now),
2)&"00:00:00.000"
        '拼接SQL语句
        Dim Sql
```

```
Sql = "SELECT A.HH,ISNULL(TIME_RATE,0)TIME_RATE,ISNULL(YIEID,0) YIE-
ID FROM"
Sql = Sql&"(SELECT RIGHT('0'+CAST(NUMBER AS VARCHAR(5)),2) HH FROM master.dbo.spt_values"
Sql = Sql&" WHERE type = 'p' AND number BETWEEN 0 AND 23)A"
Sql = Sql&" LEFT JOIN"
Sql = Sql&"(SELECT AVG(TIME_RATE) TIME_RATE,AVG(YIEID) YIEID,FORMAT(UPDATEDATE,'HH') HH FROM Unit_6_Discrete_Demo.dbo.TB_EQINFO"
Sql = Sql&" WHERE UPDATEDATE> = '"&strDT&"' AND EQID = (SELECT TOP 1 EQID FROM Unit_6_Discrete_Demo.dbo.TB_STANDARD WHERE EQNAME = '"&EqName&"')"
Sql = Sql&" GROUP BY FORMAT(UPDATEDATE,'HH'))B ON A.HH = B.HH ORDER BY A.HH ASC"
'执行语句,获取数据集
Dim Conn,oRs,Count,oRsRow
Set Conn = FC_SQLConnect(".\WINCC","sa","123456")
Set oRs = FC_GetDataTable(Conn,Sql)
Count = Hour(Now)+1
oRsRow = oRs.RecordCount
'赋值变量
For i = 1 To oRsRow
    MT(i) = oRs.Fields(0).value
    ShiJianJiaDongLv(i) = oRs.Fields(1).value
    LiangLv(i) = oRs.Fields(2).value
    oRs.movenext
Next
'关闭连接,释放资源
Set oRs = Nothing
FC_SQLClose(Conn)
'绘制趋势图
'声明控件
Dim QuShiNew
Set QuShiNew = ScreenItems(ChartName&"_New")
Dim QuShiOld
Set QuShiOld = ScreenItems(ChartName&"_Old")
QuShiOld.Visible = True
'设置属性
With QuShiNew
    .DataGrid.RowCount = False
    .TitleText = ""
```

.Column = 2

.ColumnLabel = " "

.ColumnCount = 2

.RandomFill = False

'设置图线的外观

'设置 xy 轴

.Plot.Axis(0).ValueScale.Auto = 0

.Plot.Axis(1).ValueScale.Auto = 0

'设置最大值

.Plot.Axis(1).ValueScale.Maximum = 100 '设置纵轴标注的最大值

'设置最小值

.Plot.Axis(0).ValueScale.Minimum = 0

.Plot.Axis(1).ValueScale.Minimum = 0

.RowCount = oRsRow

.Plot.Axis(0).AxisGrid.MajorPen.Style = 0

.Plot.Axis(1).AxisGrid.MajorPen.Style = 0

.Plot.AutoLayout = 0

.Plot.UniformAxis = 0

.chartType = 3

.ShowLegend = 3   '显示图例

'计算时间稼动率

.ShowLegend = 0

.Column = 1

.ColumnLabel = " "

.RandomFill = False

For i = 1 To Count

    .Row = i

    .data = ShiJianJiaDongLv(i)

Next

'计算良率

.ShowLegend = 0

.Column = 2

.ColumnLabel = " "

.RandomFill = False

For i = 1 To Count

    .Row = i

    .data = LiangLv(i)

Next

'设置 x 轴

```
        For i = 1 To oRsRow
            . Row = i
            . RowLabel = MT( i )
        Next
    End With
    QuShiOld. Visible = False
    QuShiOld. AllowSelections = False
    QuShiNew. AllowSelections = False
End Sub
Sub OnMonth( EqName, ChartName )
'用于获取并呈现当月趋势
    '定义脚本变量
    Dim i, ShiJianJiaDongLv(31), LiangLv(31), MT(31), strDT
    '获取当班开始时间
    strDT = Year( Now ) &" - "&Right( "0" &Month( Now ), 2 )
    '拼接 SQL 语句
    Dim Sql
    Sql = " SELECT A. dd, ISNULL( TIME_RATE, 0) TIME_RATE, ISNULL( YIEID, 0) YIE-
ID FROM"
    Sql = Sql&" ( SELECT FORMAT( DATEADD( D, number, '" &strDT& " - 01' ), 'dd') dd
FROM master. dbo. spt_values"
    Sql = Sql&" WHERE type = 'p' AND DATEADD( d, number, '" &strDT&"-01' ) < = '"
&strDT&"'+'-'+CONVERT( char, DAY( DATEADD( MONTH, 1,'" &strDT&"'+ '-01 ')-1)))A"
    Sql = Sql&" LEFT JOIN"
    Sql = Sql&" ( SELECT AVG( TIME_RATE) TIME_RATE, AVG( YIEID)
YIEID, FORMAT( UPDATEDATE, 'dd') dd FROM Unit_6_Discrete_Demo. dbo. TB_EQINFO"
    Sql = Sql&" WHERE UPDATEDATE > = '" &strDT&"-01 00:00:00' AND EQID = ( SE-
LECT TOP 1 EQID FROM Unit_6_Discrete_Demo. dbo. TB_STANDARD WHERE EQNAME =
'" &EqName&"') "
    Sql = Sql&" GROUP BY FORMAT( UPDATEDATE, 'dd')) B ON A. dd = B. dd ORDER BY
A. dd ASC"
    '执行语句,获取数据集
    Dim Conn, oRs, Count, oRsRow
    Set Conn = FC_SQLConnect( ". \WINCC" ," sa" ," 123456" )
    Set oRs = FC_GetDataTable( Conn, Sql)
    Count = Day( Now )
    oRsRow = oRs. RecordCount
    For i = 1 To oRsRow
        MT( i) = oRs. Fields( 0). value
```

```
            ShiJianJiaDongLv(i) = oRs.Fields(1).value
            LiangLv(i) = oRs.Fields(2).value
            oRs.movenext
        Next
        '关闭连接，释放资源
        Set oRs = Nothing
        FC_SQLClose(Conn)
        '绘制趋势图
        '声明控件
        Dim QuShiNew
        Set QuShiNew = ScreenItems(ChartName&"_New")
        Dim QuShiOld
        Set QuShiOld = ScreenItems(ChartName&"_Old")
        QuShiOld.Visible = True
        '背景颜色
        With QuShiNew
            .DataGrid.RowCount = False
            .TitleText = ""
            .Column = 2
            .ColumnLabel = ""
            .ColumnCount = 2
            .RandomFill = False
            '设置图线的外观
            '设置 xy 轴
            .Plot.Axis(0).ValueScale.Auto = 0
            .Plot.Axis(1).ValueScale.Auto = 0
            '设置最大值
            .Plot.Axis(1).ValueScale.Maximum = 100
            '设置最小值
            .Plot.Axis(0).ValueScale.Minimum = 0
            .Plot.Axis(1).ValueScale.Minimum = 0
            .RowCount = oRsRow
            .Plot.Axis(0).AxisGrid.MajorPen.Style = 0
            .Plot.Axis(1).AxisGrid.MajorPen.Style = 0
            .Plot.AutoLayout = 0
            .Plot.UniformAxis = 0
            .chartType = 3
            .ShowLegend = 3      '显示图例
            '计算时间稼动率
```

```
            .ShowLegend = 0
            .Column = 1
            .ColumnLabel = " "
            .RandomFill = False
            For i = 1 To Count
                .Row = i
                .data = ShiJianJiaDongLv(i)
            Next
            '计算良率
            .ShowLegend = 0
            .Column = 2
            .ColumnLabel = " "
            .RandomFill = False
            For i = 1 To Count
                .Row = i
                .data = LiangLv(i)
            Next
            '设置 x 轴
            For i = 1 To oRsRow
                .Row = i
                .RowLabel = MT(i)
            Next
        End With
        QuShiOld.Visible = False
        QuShiOld.AllowSelections = False
        QuShiNew.AllowSelections = False
    End Sub
```

6.1.6 建立监控画面

整个案例系统画面分为 4 个小画面：线体总览画面、设备信息画面、报警记录追溯画面与归档参数追溯画面。其中，线体总览画面用于实时监控设备的状态、报警信息，以及查看设备的实时参数；设备信息画面用于查看当前设备的详细资料、实时参数信息与报警；报警记录追溯画面用于追溯已产生的设备报警记录；归档参数追溯画面用于追溯已归档的设备参数信息。

1. 线体总览画面

线体总览画面如图 6-13 所示。

线体总览画面主要分成 6 个区域，包括标题区、导航区、设备区、图表区、报警记录区、报警频率 TOP10 区。

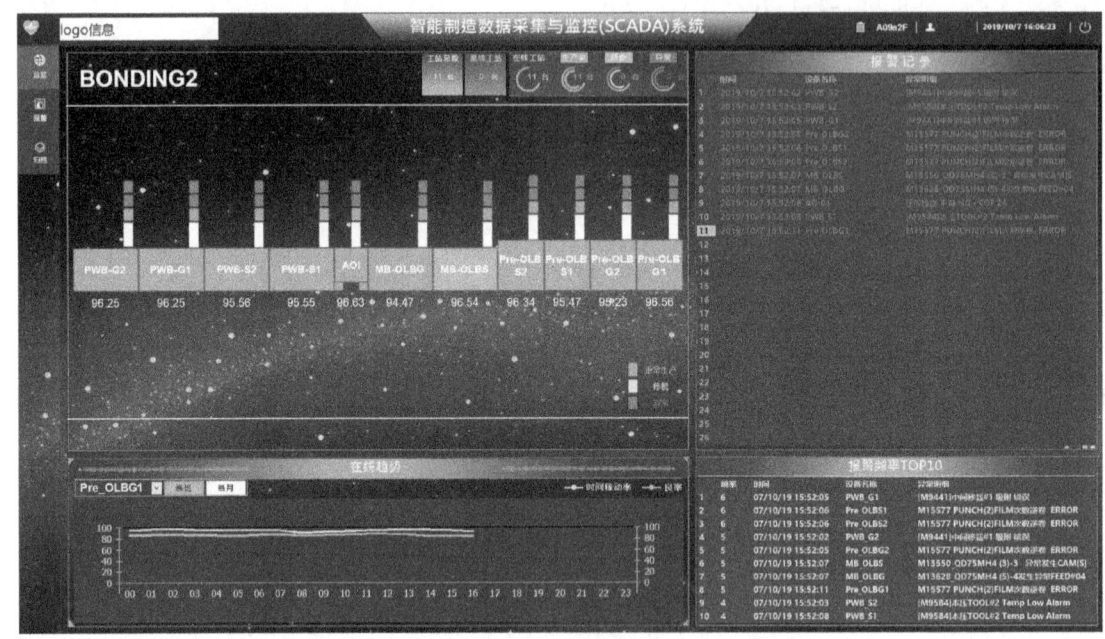

图 6-13 线体总览画面

(1) 标题区　标题区如图 6-14 所示。

图 6-14 标题区

标题区分成 7 个部分，包含服务器状态、logo 信息、项目标题、车间信息、登录用户、系统时间与退出监控画面按钮。

1) 服务器状态，如图 6-15 所示。服务器状态用于检测与归档服务器数据库的通信情况，项目中使用"通信成功（SQLOpen.png）"与"通信失败（SQLClose.png）"图片的切换来显示服务器通信状态（可使用标准对象元素显示通信状态）。具体代码如图 6-16 所示。

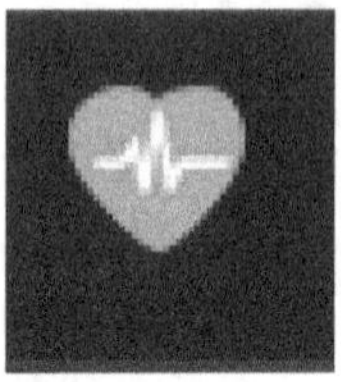

2) logo 信息。logo 是一个公司的徽标，有识别和推广的作用。项目使用的 logo 需根据实际实施项目公司而决定，在项目中添加 logo 常见的方法有：在 logo 区域添加"图形对象"，然后将对象与指定的 logo 图片绑定；可针对整个项目编辑一个背景图片，在图片的指定位置将 logo 图片添加上去。

图 6-15 服务器状态

3) 项目标题，如图 6-17 所示。标题是对整个项目的一个简明概括。在工业数据采集项目中，常见的项目标题格式为"XXX 数据采集与监控（SCADA）系统"。项目标题实现的常见方法：使用静态文本，输入实际系统名称，字体与背景等属性根据实际情况调整即可。

4) 车间信息，如图 6-18 所示。车间属于线体的上一个层级，此处仅起到提示作用，使用静态文本添加即可。

5) 登录用户，如图 6-19 所示。登录用户显示当前登录系统的用户名称。用户关联操作

第6章 实战演练

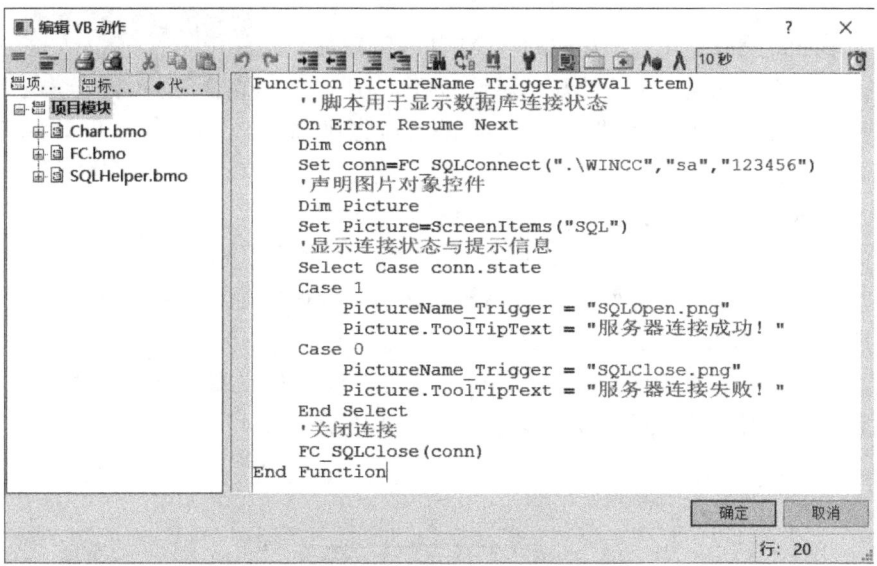

图 6-16 服务器通信代码

智能制造数据采集与监控(SCADA)系统

图 6-17 项目标题

图 6-18 车间信息

图 6-19 登录用户

权限，通过当前登录用户名称可以判断当前登录者的操作等级。显示用户名称常见的方法：在画面添加一个"输入/输出域"，绑定内部变量"@CurrentUser"或"@CurrentUserName"即可。系统用户区别于 Windows 系统用户，需在软件的"用户管理器"中添加，并设置权限。用户登录常见的实现方式有两种：一种是在"项目属性"对话框的"快捷键"选项卡中为"登录"分配快捷键，如图 6-20 所示；还有一种是通过 C 代码方式，具体代码如图 6-21 所示。

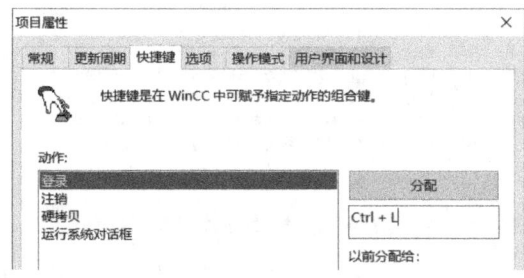

图 6-20 快捷键分配

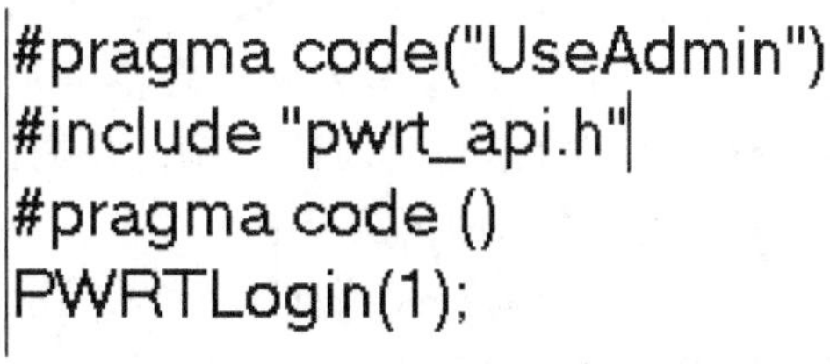

```
#pragma code("UseAdmin")
#include "pwrt_api.h"
#pragma code ()
PWRTLogin(1);
```

图 6-21 用户登录代码

6）系统时间与退出监控画面按钮，如图 6-22 所示。系统时间显示的是本地计算机时间，常见的实现方式：在 ActiveX 控件列表中选中时钟控件"WinCC Digital/Analog Clock Control"，将其放置到页面指定位置，然后修改常规与字体等显示属性即可。

用户单击退出监控画面按钮后可直接退出监控画面（只退出监控画面，而不退出数据采集系统）。

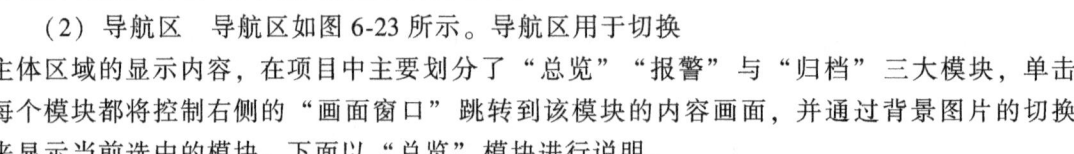

图 6-22 系统时间与退出监控画面按钮

（2）导航区 导航区如图 6-23 所示。导航区用于切换主体区域的显示内容，在项目中主要划分了"总览""报警"与"归档"三大模块，单击每个模块都将控制右侧的"画面窗口"跳转到该模块的内容画面，并通过背景图片的切换来显示当前选中的模块。下面以"总览"模块进行说明。

右击"总览"模块对象的"属性"，在"单击鼠标"处设置切换画面功能，在"直接连接"对话框中进行参数设置，具体步骤如图 6-24 所示。

图 6-23 导航区

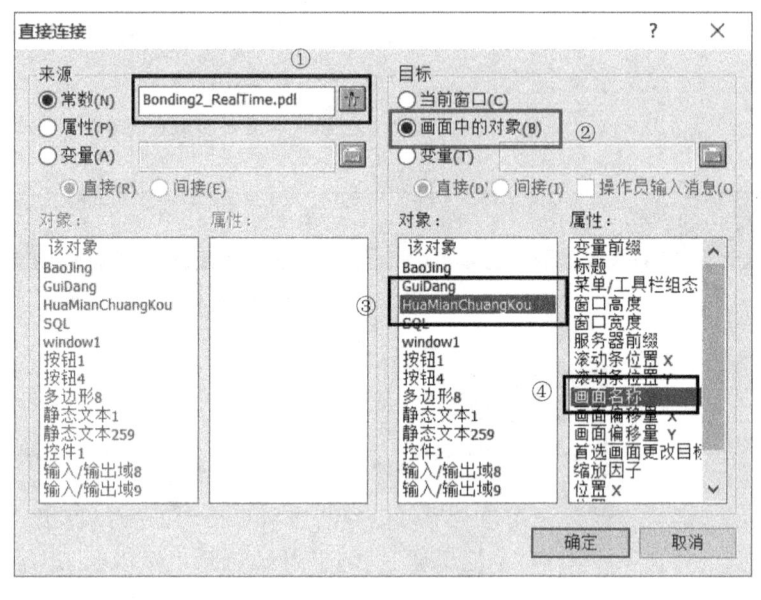

图 6-24 赋值画面窗口

在按钮属性中的"按左键"处输入 VB 代码，用于设置图片切换，代码如图 6-25 所示。

（3）设备区 设备区如图 6-26 所示。设备区显示了当前线体名称、设备数量、各个设备当前状态与时间稼动率，并提供显示设备信息画面的按钮程序。

```
Sub OnLButtonDown(ByVal Item, ByVal Flags,
'改变显示图片
    Dim ZongLan,BaoJing,GuiDang
    Set ZongLan = ScreenItems("ZongLan")
    Set BaoJing = ScreenItems("BaoJing")
    Set GuiDang = ScreenItems("GuiDang")
    ZongLan.PictureName = "ZongLanOff.png"
    BaoJing.PictureName = "BaoJingOn.png"
    GuiDang.PictureName = "GuiDang.png"
End Sub
```

图 6-25 切换图片代码

1）当前线体名称，如图 6-27 所示。当前线体名称为当前所处线体的名称，仅起到提示作用，使用静态文本添加即可。

2）设备数量，如图 6-28 所示。设备数量显示了当前线体各种状态的设备数量之和。当

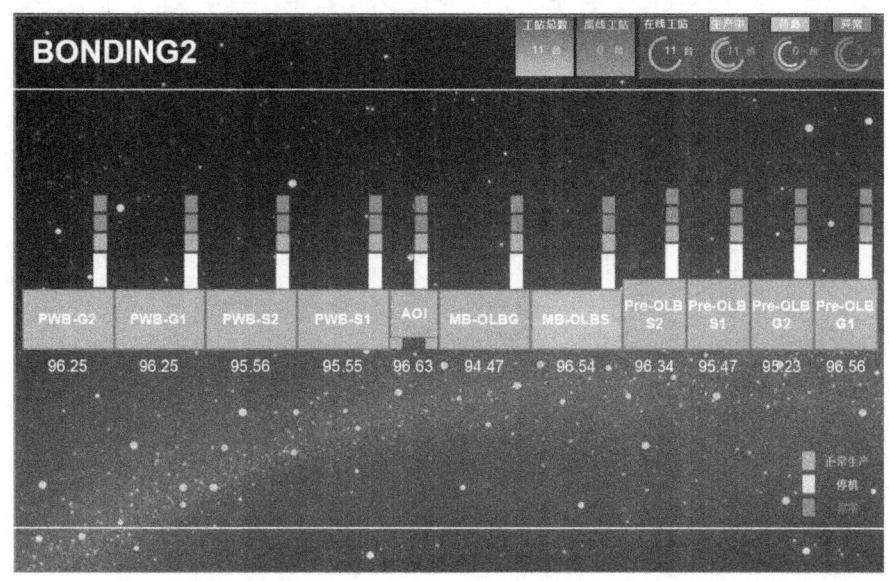

图 6-26 设备区

前实现方式为全局脚本+内部变量,即在全局脚本中通过代码在线统计各类状态的设备数量总和,然后赋值定义好的内部变量,最后在显示区域使用"输入/输出域"绑定对应的内部变量。

图 6-27 当前线体名称

图 6-28 设备数量

3)设备状态与时间稼动率,如图 6-29 所示。设备状态实时反映了产线的状态,上方指示灯根据现场设备的状态而发生改变。实现方式:使用"标准对象"中的"矩形""圆角矩形"与静态文本等对象,根据现场设备 layout 图模拟组态产线看板中的 layout 图,然后在上方三色灯对象的"背景颜色"属性处,通过"动态对话框"与"内部变量"实现状态的模拟显示,状态显示设置如图 6-30 所示。

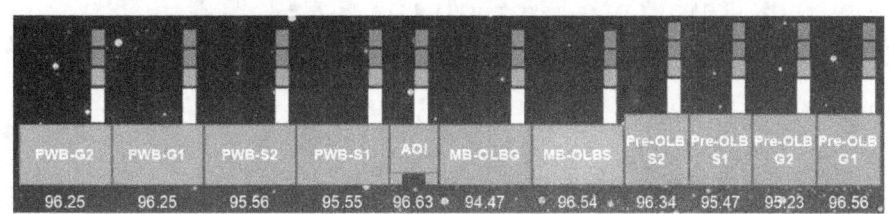

图 6-29 设备状态与时间稼动率

对于时间稼动率,通过在全局脚本中添加计算代码,在画面处绑定内部变量即可。

(4) 图表区 图表区如图 6-31 所示。

图表区展示了各个设备的历史时间稼动率与良率折线图，可单击"当班"按钮来查看当前班次各个小时的时间稼动率与良率平均值趋势，单击"当月"按钮来查看当前月份每一天的时间稼动率与良率平均值趋势。具体实现方式：上方使用"组合框"对象与两个"按钮"对象来分别组态筛选与搜索功能，组合框中需设置"索引"，并将"文本"设置为线体中对应的设备名称；下方展示趋势的控件为 MSChart 控件，该控件需在 ActiveX 控件列表中进行添加（若自身 Windows 系统无该控件，则需下载并注册才能使用）。"当班"趋势代码如图 6-32 所示，"当月"趋势代码如图 6-33 所示。

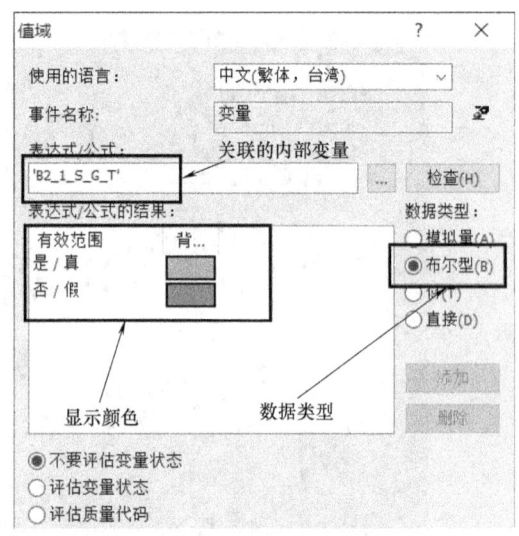

图 6-30 状态显示设置

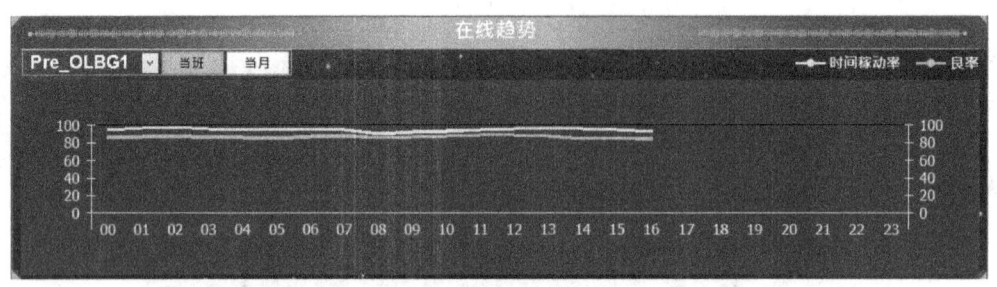

图 6-31 图表区

```
Sub OnClick(ByVal Item)
    '调用模块获取当天趋势
    OnDay "Pre_OLBG1","Bonding2"
    '改变按钮背景颜色
    Dim Bonding2_ThisDay
    Set Bonding2_ThisDay=ScreenItems("Bonding2_ThisDay")
    Dim Bonding2_ThisMonth
    Set Bonding2_ThisMonth=ScreenItems("Bonding2_ThisMonth")
    Bonding2_ThisDay.BackColor = RGB(0,255,250)
    Bonding2_ThisMonth.BackColor = RGB(255,255,255)
End Sub
```

图 6-32 "当班"趋势代码

(5) 报警记录区 报警记录区如图 6-34 所示。

报警记录区显示了当前线体实时发生且尚未解决的报警信息。当报警解决后，该条报警信息会自动消除。具体实现方式：使用报警控件（WinCC AlarmControl）直接连接 WinCC 内部数据库来显示报警信息，但需在"WinCC AlarmControl 属性"对话框的"消息列表"选项

```
Sub OnClick(ByVal Item)
    '调用模块获取当月趋势
    OnMonth "Pre_OLBG1","Bonding2"
    '改变按钮背景颜色
    Dim Bonding2_ThisDay
    Set Bonding2_ThisDay=ScreenItems("Bonding2_ThisDay")
    Dim Bonding2_ThisMonth
    Set Bonding2_ThisMonth=ScreenItems("Bonding2_ThisMonth")
    Bonding2_ThisDay.BackColor = RGB(255,255,255)
    Bonding2_ThisMonth.BackColor = RGB(0,255,250)
End Sub
```

图 6-33 “当月”趋势代码

卡的“固定选择”区域中设置当前控件的显示内容为 BONDING2 线体，如图 6-35 所示。

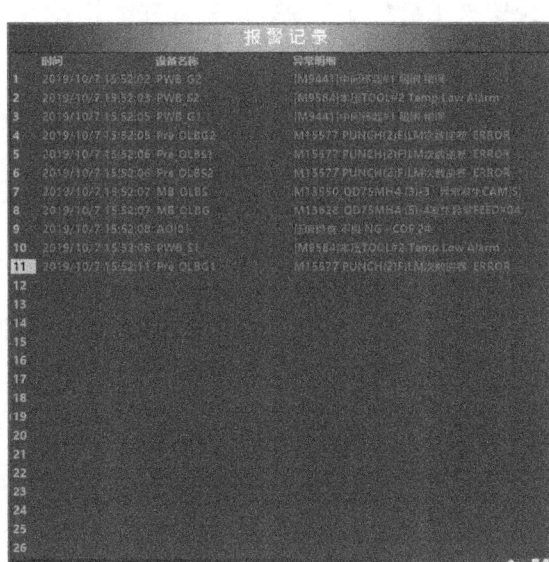

图 6-34 报警记录区

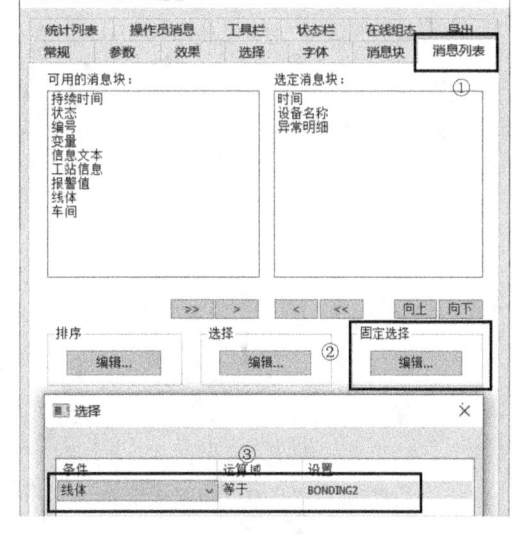

图 6-35 “固定选择”设置

（6）报警频率 TOP10 区 报警频率 TOP10 区如图 6-36 所示。

报警频率TOP10

	频率	时间	设备名称	异常明细
1	6	07/10/19 15:52:05	PWB_G1	[M9441]中间移栽#1 吸附 错误
2	6	07/10/19 15:52:06	Pre_OLBS1	M15577 PUNCH(2)FILM次数逆卷 ERROR
3	6	07/10/19 15:52:06	Pre_OLBS2	M15577 PUNCH(2)FILM次数逆卷 ERROR
4	5	07/10/19 15:52:02	PWB_G2	[M9441]中间移栽#1 吸附 错误
5	5	07/10/19 15:52:05	Pre_OLBG2	M15577 PUNCH(2)FILM次数逆卷 ERROR
6	5	07/10/19 15:52:07	MB_OLBS	M13550_QD75MH4 (3)-3 异常发生CAM[S]
7	5	07/10/19 15:52:07	MB_OLBG	M13628_QD75MH4 (5)-4发生异常FEED#04
8	5	07/10/19 15:52:11	Pre_OLBG1	M15577 PUNCH(2)FILM次数逆卷 ERROR
9	4	07/10/19 15:52:03	PWB_S2	[M9584]本压TOOL#2 Temp Low Alarm
10	4	07/10/19 15:52:08	PWB_S1	[M9584]本压TOOL#2 Temp Low Alarm

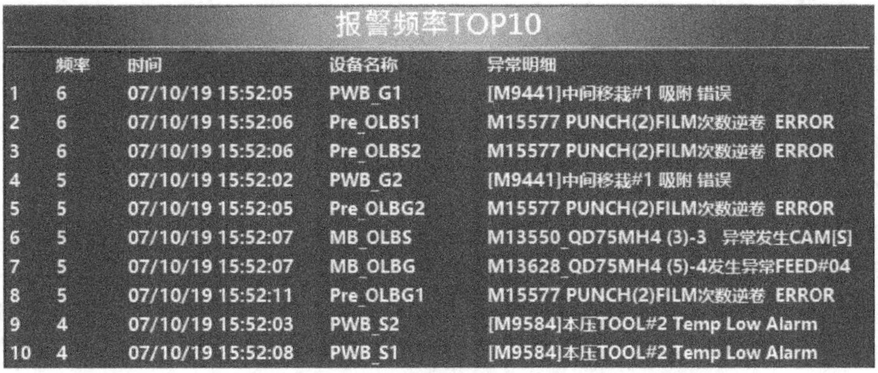

图 6-36 报警频率 TOP10

报警频率 TOP10 区可对当月发生的报警信息按照发生频率进行排序，发生频率最高的 10 种报警会显示在该区域。具体实现方式：通过报警控件（WinCC AlarmControl）直接连接 WinCC 内部数据库来显示报警信息，并进行如下筛选处理。

1) 在"常规"选项卡中将显示列表修改为"统计列表"，将"每页的消息数"修改为"10"，并取消勾选"启用翻页"复选项，如图 6-37 所示。

2) 在"统计列表"选项卡中的"固定选择"区域，将选择条件设置为"线体等于 BONDING2"，如图 6-38 所示。

3) 在报警控件的"MsgFilterSQL"属性处，设置"当月"条件的判断与更新参数，代码如图 6-39 所示。

图 6-37 "常规"选项卡设置

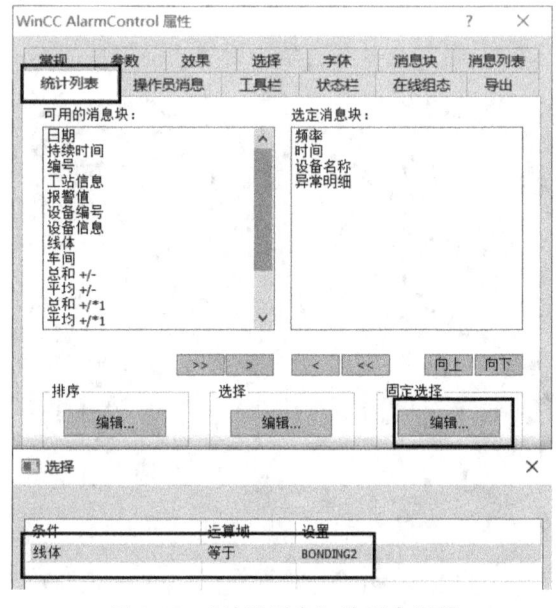

图 6-38 "统计列表"选项卡设置

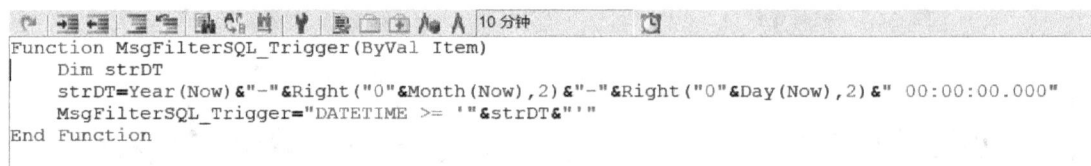

图 6-39 "当月"条件代码

2. 设备信息画面

设备信息画面如图 6-40 所示。

设备信息画面通过在总览画面设备区单击某设备而显示，该画面展示了每台设备的详细信息与实际数据，主要分为设备信息区、报警记录区、时间饼图区和制程参数区。

(1) 打开画面　设备信息画面精确显示了设备详细参数。该画面的打开方式如下。

1) 在总览画面放置一个"画面窗口"，并在"对象属性"面板中将该"画面窗口"的"画面名称"设置为"Bonding2_EqInfo.pdl"，如图 6-41 所示。

第6章　实战演练

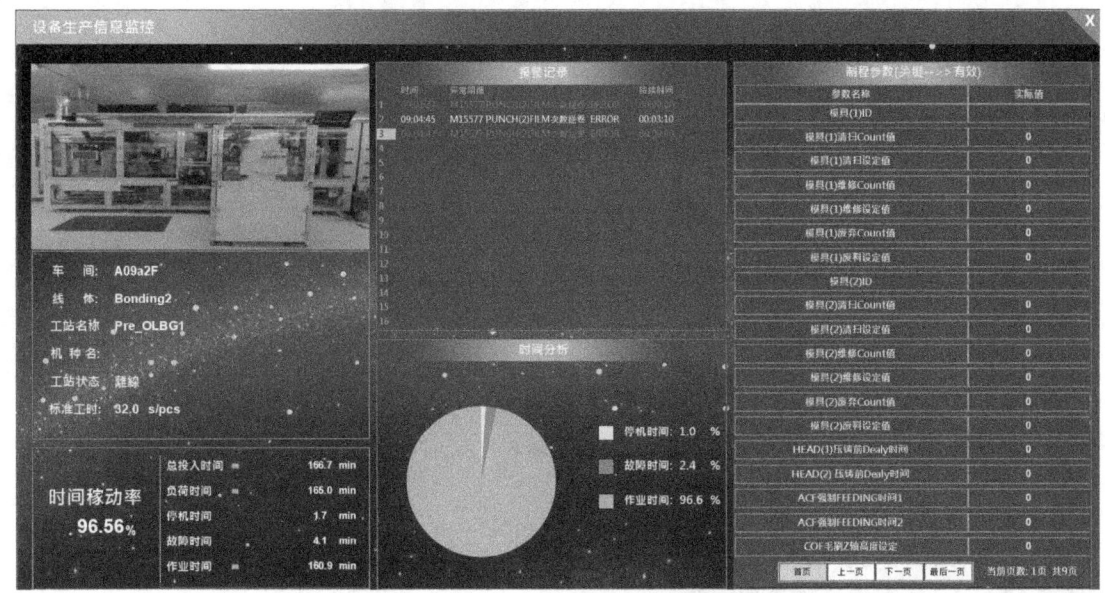

图 6-40　设备信息画面

2）在每台设备的"事件"项编写"单击鼠标"的 VB 代码，该代码用于显示画面窗口与赋值变量前缀，如图 6-42 所示。

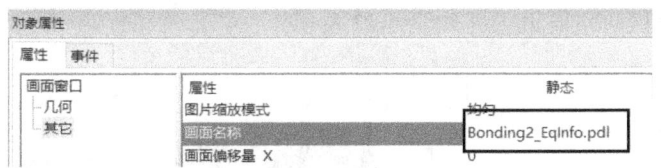

图 6-41　设置"画面名称"

```
Sub OnClick(Byval Item)
    '显示设备信息窗口并赋值变量前缀
    Dim SheBeiXinXi
    Set SheBeiXinXi=ScreenItems("SheBeiXinXi")
    SheBeiXinXi.Visible = False
    SheBeiXinXi.TagPrefix = "B2_1"
    SheBeiXinXi.Visible = True
End Sub
```

图 6-42　显示画面窗口与赋值变量前缀代码

（2）设备信息区　设备信息区如图 6-43 所示。

设备信息区显示了设备固定的资料与实时计算的时间信息。具体实现方式如下。

1）在"变量管理器"中将固定的设备资料输入"内部变量"，内部变量起始值如图 6-44 所示。

2）将内部变量绑定显示对象（为图片绑定"图形对象"的"画面"属性，如图 6-45 所示，要将时间转换为分钟格式，需进行时间转换，如图 6-46 所示）。

119

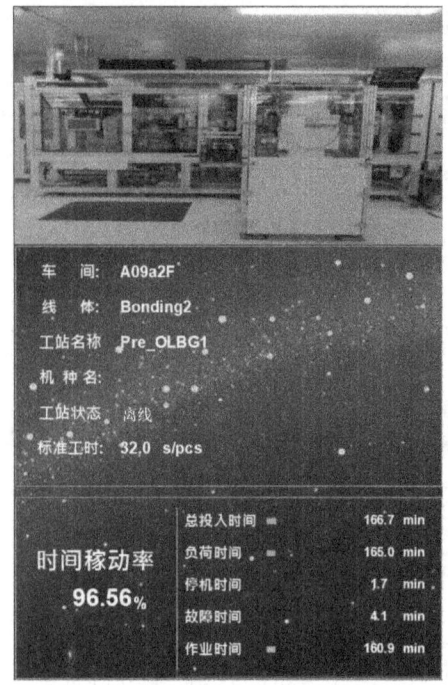

图 6-43 设备信息区

图 6-44 内部变量起始值

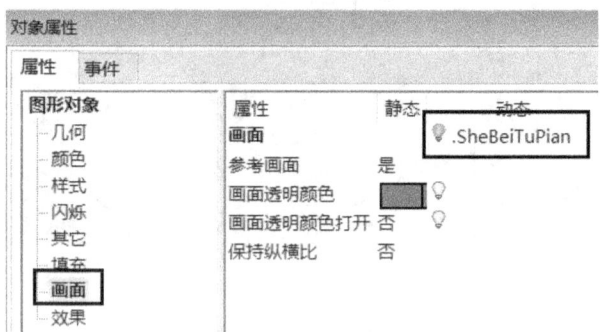

图 6-45 为图片绑定"画面"属性

(3) 报警记录区 报警记录区如图 6-47 所示。

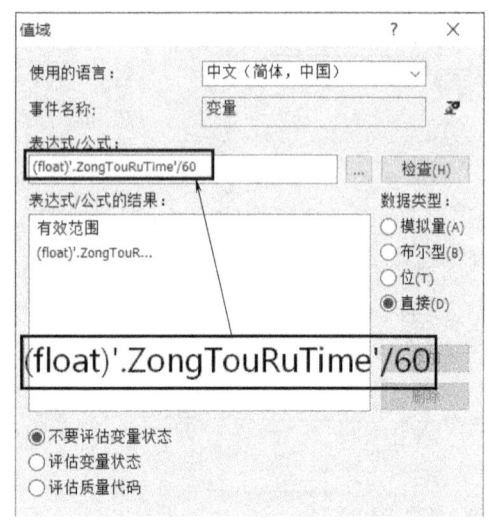

图 6-46 时间转换

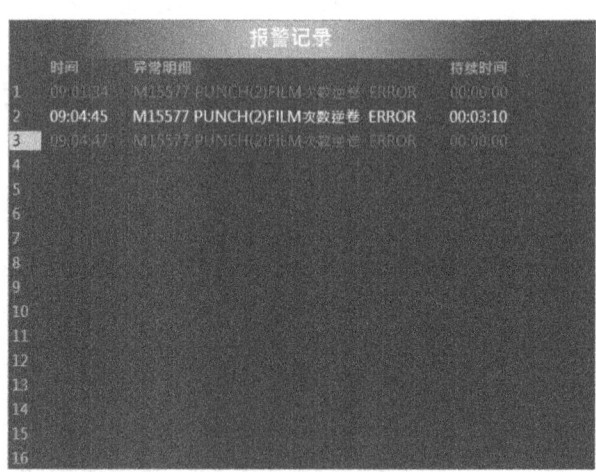

图 6-47 报警记录区

报警记录区显示的是当天设备的"短期归档列表"。具体实现方式如下。

1) 在画面指定区域放置一个"报警控件",并将其"打开画面时显示的列表"属性修改为"短期归档列表",如图 6-48 所示。

2) 在报警控件的"DefaultMsgFilterSQL"属性处,设置当前设备与当天条件的判断及更新,代码如图 6-49 所示。

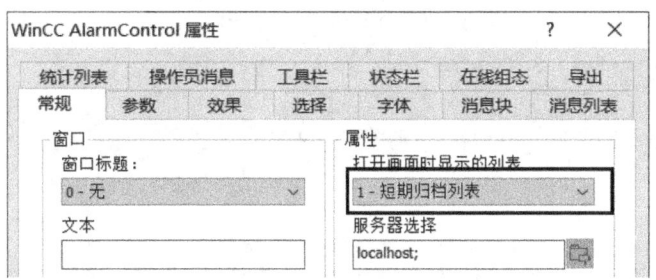

图 6-48 "打开画面时显示的列表"设置

```
Function DefaultMsgFilterSQL_Trigger(ByVal Item)
    '获取变量前缀与当天开始时间
    Dim myItem,myTagPrefix,EqId,strDT
    Set myItem = ScreenItems("BaoJing")
    myTagPrefix = myItem.Parent.Parent.TagPrefix
    EqId=Right(myTagPrefix,Len(myTagPrefix)-3)
    strDT=Year(Now)&"-"&Right("0"&Month(Now),2)&"-"&Right("0"&Day(Now),2)&" 00:00:00.000"
    '赋值筛选条件
    DefaultMsgFilterSQL_Trigger="Text4 LIKE '"&EqId&"' AND DateTime>='"&strDT&"'"
End Function
```

图 6-49 当前设备与当天条件的判断及更新代码

(4) 时间饼图区　时间饼图区如图 6-50 所示。

时间饼图区针对当前设备的停机时间、故障时间与作业时间进行简单的饼图分析。具体实现方式如下。

1) 在画面放置 3 个 "部分圆" 对象，分别代表 3 类时间的百分比饼图，设置 "圆点" 与 "半径" 相同，并设置显示层（如项目中设置作业时间图为 5 层、故障时间图为 6 层、停机时间图为 7 层）。

2) 在总时间的 "输入/输出" 的 "输出值" 更改处（图 6-51）添加更新饼图的代码，详细代码如图 6-52 所示。

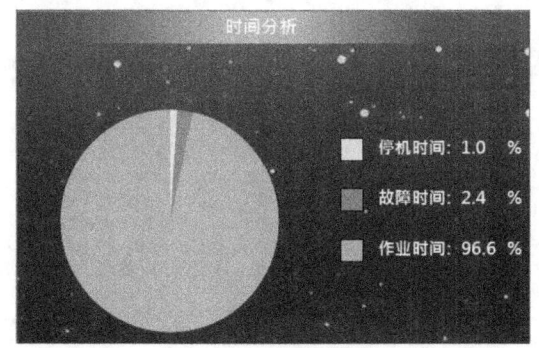

图 6-50　时间饼图区

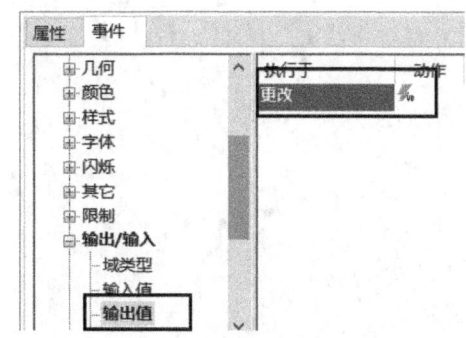

图 6-51　设置 "输出值"→"更改" 属性

(5) 制程参数区　制程参数区如图 6-53 所示。

制程参数区显示了当前设备参数的实际值。具体实现方式如下。

1) 针对每台设备的参数组态参数画面（参数相同的设备可共用），参数画面列表如图 6-54 所示。

```
Sub OutputValue_OnPropertyChanged(ByVal Item, ByVal value)
    '获取时间变量值
    Dim TingJiTime,ZuoYeTime,GuZhangTime
    Set TingJiTime=HMIRuntime.Tags(".TingJiTime")
    Set ZuoYeTime=HMIRuntime.Tags(".ZuoYeTime")
    Set GuZhangTime=HMIRuntime.Tags(".GuZhangTime")
    TingJiTime.Read
    ZuoYeTime.Read
    GuZhangTime.Read
    '计算占比
    Dim TingJiTimeRadio,ZuoYeTimeRadio,GuZhangTimeRadio
    TingJiTimeRadio=TingJiTime.Read/(TingJiTime.Read+ZuoYeTime.Read+GuZhangTime.Read)*100
    ZuoYeTimeRadio=ZuoYeTime.Read/(TingJiTime.Read+ZuoYeTime.Read+GuZhangTime.Read)*100
    GuZhangTimeRadio=100-TingJiTimeRadio-ZuoYeTimeRadio
    '赋值对象
    Dim TingJiTu,ZuoYeTu,GuZhangTu
    Set TingJiTu=ScreenItems("TingJiTu")
    Set ZuoYeTu=ScreenItems("ZuoYeTu")
    Set GuZhangTu=ScreenItems("GuZhangTu")
    TingJiTu.EndAngle=TingJiTimeRadio/100*360
    GuZhangTu.EndAngle=(TingJiTimeRadio+GuZhangTimeRadio)/100*360
    Dim TingJiRadio,ZuoYeRadio,GuZhangRadio
    Set TingJiRadio=ScreenItems("TingJiRadio")
    Set ZuoYeRadio=ScreenItems("ZuoYeRadio")
    Set GuZhangRadio=ScreenItems("GuZhangRadio")
    TingJiRadio.OutputValue=TingJiTimeRadio
    ZuoYeRadio.OutputValue=ZuoYeTimeRadio
    GuZhangRadio.OutputValue=GuZhangTimeRadio
End Sub
```

图 6-52　更新饼图代码

2）在设备信息画面添加"画面窗口"用于显示设备参数，并在"画面名称"处根据"变量前缀"设备显示参数页面，代码如图 6-55 所示。

图 6-53　制程参数区 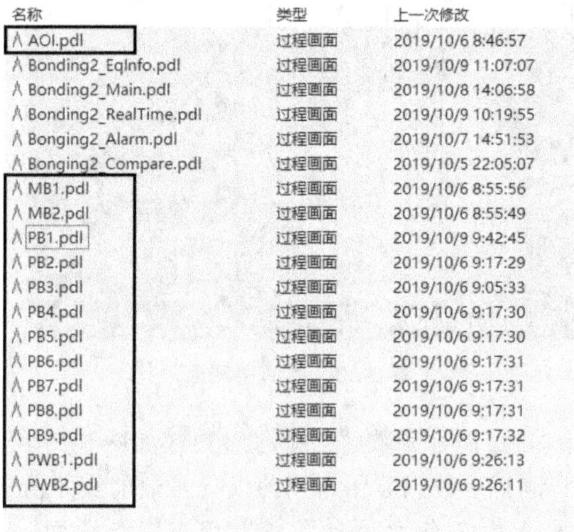　　　　　　　　图 6-54　参数画面列表

第6章 实战演练

3. 报警记录追溯画面

报警记录追溯画面如图 6-56 所示。

报警记录追溯画面用于查询当前线体已发生的报警历史信息,可根据"设备名称""开始时间""结束时间"进行查询。具体实现方式如下。

1)创建报警信息画面,在画面中放置一个"报警控件"并重命名为"Alarm",放置一个"组合框"并重命名为"EqName"。

2)放置 4 个"日期控件(Microsoft Date And Time Picker Control, Version 6.0)",分别重命名为"StartDate""Start-Time""EndDate"与"EndTime",并将 Time 对应的两个时间控件格式调整为"dtpTime"。

```
Function ScreenName_Trigger(Byval Item)
'根据变量前缀设置参数画面
Dim myItem,myTagPrefix
Set myItem = ScreenItems("BaoJing")
myTagPrefix = myItem.Parent.Parent.TagPrefix
Select Case myTagPrefix
        Case "B2_1"
            ScreenName_Trigger = "PB1.pdl"
        Case "B2_2"
            ScreenName_Trigger = "PB1.pdl"
        Case "B2_3"
            ScreenName_Trigger = "PB1.pdl"
        Case "B2_4"
            ScreenName_Trigger = "PB1.pdl"
        Case "B2_5"
            ScreenName_Trigger = "MB1.pdl"
        Case "B2_6"
            ScreenName_Trigger = "MB1.pdl"
        Case "B2_8"
            ScreenName_Trigger = "PWB1.pdl"
        Case "B2_9"
            ScreenName_Trigger = "PWB1.pdl"
        Case "B2_10"
            ScreenName_Trigger = "PWB1.pdl"
        Case "B2_11"
            ScreenName_Trigger = "PWB1.pdl"
        Case Else
            ScreenName_Trigger = "AOI1.pdl"
    End Select
End Function
```

图 6-55 设置参数画面的代码

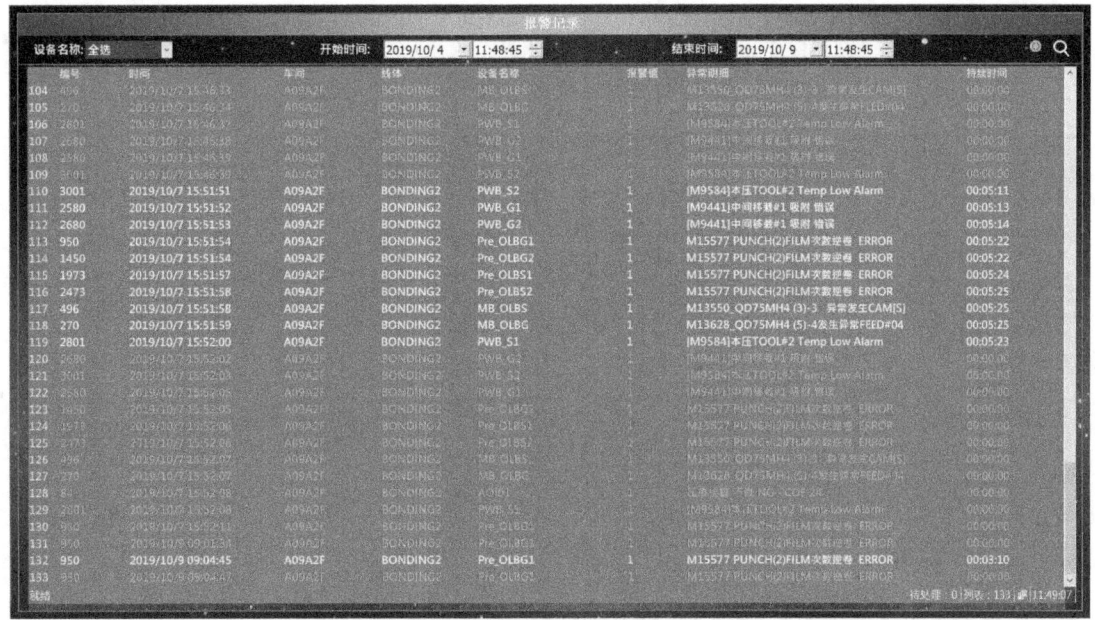

图 6-56 报警记录追溯画面

3)使用"标准对象"或"库"文件添加"搜索"与"清除"条件图标。

4)为"清除"与"搜索"操作添加代码,如图 6-57 与图 6-58 所示。

4. 归档参数追溯画面

归档参数追溯画面如图 6-59 所示。

归档参数追溯画面用于查询当前线体已归档的设备参数,可根据"设备名称""开始时间""结束时间"进行查询。具体实现方式如下。

```
Sub OnClick(ByVal Item)
    '清空查询条件
    Dim Alarm
    Set Alarm = ScreenItems("Alarm")
    Alarm.MsgFilterSQL = "MSGNR = 1"
    Msgbox "刷新成功"
End Sub
```

图 6-57 "清除"操作代码

```
Sub OnClick(Byval Item)
'声明报警控件
Dim Alarm
Set Alarm = ScreenItems("Alarm")
'获取起止时间,StartDT,EndDT
Dim StartDate,StartTime,EndDate,EndTime,StartDT,EndDT
Set StartDate=ScreenItems("StartDate")
Set StartTime=ScreenItems("StartTime")
Set EndDate=ScreenItems("EndDate")
Set EndTime=ScreenItems("EndTime")
StartDT=Year(StartDate.Value)&"-"&Right("0"&Month(StartDate.Value),2)&"-"&Right("0"&Day(StartDate.Value),2)&Right("0"& Hour(StartTime.Value),2)&":"
StartDT=StartDT&Right("0"&Minute(StartTime.Value),2)&":"&Right("0"&Second(StartTime.Value),2)&".000"
EndDT=Year(EndDate.Value)&"-"&Right("0"&Month(EndDate.Value),2)&"-"&Right("0"&Day(EndDate.Value),2)&" "&Right("0"& Hour(EndTime.Value),2)&":"
EndDT=EndDT&Right("0"&Minute(EndTime.Value),2)&":"&Right("0"&Second(EndTime.Value),2)&".000"
'获取选择设备
Dim EqName,strFilter,strEqName
Set EqName = ScreenItems("EqName")
If EqName.SelText="全选" Then
    strFilter="DATETIME >= '"&StartDT&"' AND DATETIME <= '"&EndDT&"'"
Else
    strEqName=Replace(EqName.SelText,"_","[_]")
    strFilter="DATETIME >= '"&StartDT&"' AND DATETIME <= '"&EndDT&"' AND Text6 LIKE '"&strEqName&"'"
End If
'赋值筛选条件
Alarm.MsgFilterSQL = strFilter
End Sub
```

图 6-58 "搜索"操作代码

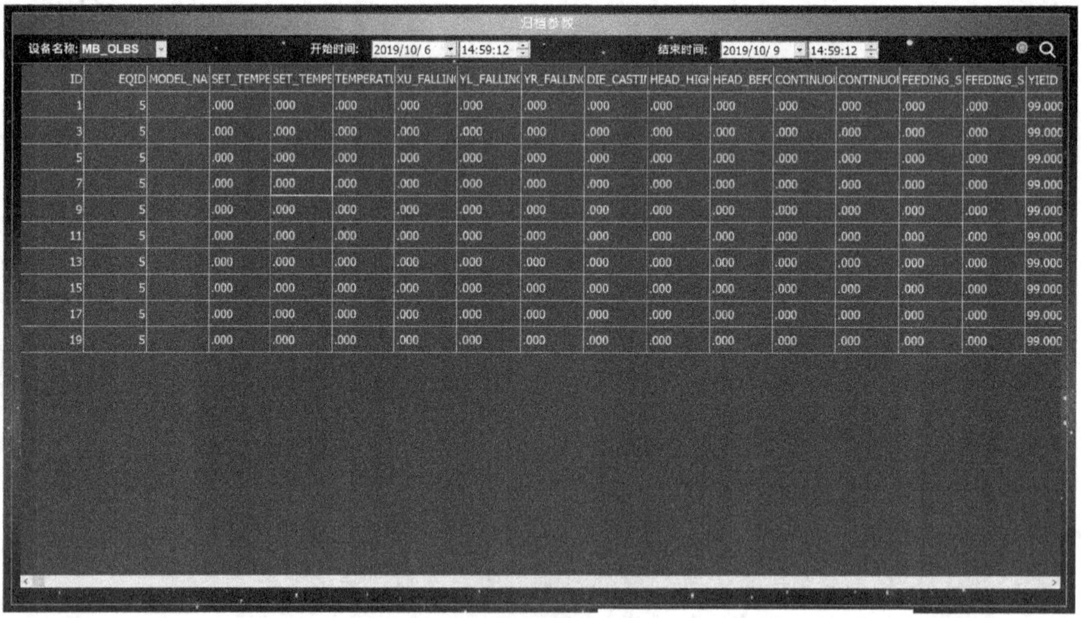

图 6-59 归档参数追溯画面

1) 创建归档搜索画面，在画面中放置一个"表格控件（Microsoft Hierarchical FlexGrid Control，Version 6.0（OLEDB））"并重命名为"MSHFGrid"，放置一个"组合框"并重命名为"EqName"。

2）放置4个"日期控件（Microsoft Date And Time Picker Control，Version 6.0）"，分别重命名为"StartDate""StartTime""EndDate"与"EndTime"，并将Time对应的两个时间控件格式调整为"dtpTime"。

3）使用"标准对象"或"库"文件添加"搜索"与"清除"条件图标。

4）为"清除"与"搜索"操作添加代码，如图6-60与图6-61所示。

```
Sub OnClick(ByVal Item)
    '清空查询列表
    Dim MSHFGrid
    Set MSHFGrid = ScreenItems("MSHFGrid")
    MSHFGrid.Clear
    MSHFGrid.Refresh
End Sub
```

图6-60 "清除"操作代码

```
Sub OnClick(Byval Item)
    '声明表格控件
    Dim MSHFGrid
    Set MSHFGrid = ScreenItems("MSHFGrid")
    '获取起止时间,StartDT,EndDT
    Dim StartDate,StartTime,EndDate,EndTime,StartDT,EndDT
    Set StartDate=ScreenItems("StartDate")
    Set StartTime=ScreenItems("StartTime")
    Set EndDate=ScreenItems("EndDate")
    Set EndTime=ScreenItems("EndTime")
    StartDT=Year(StartDate.Value)&"-"&Right("0"&Month(StartDate.Value),2)&"-"&Right("0"&Day(StartDate.Value),2)&" "&Right("0"& Hour(StartTime.Value),
    StartDT=StartDT&Right("0"&Minute(StartTime.Value),2)&":"&Right("0"&Second(StartTime.Value),2)&".000"
    EndDT=Year(EndDate.Value)&"-"&Right("0"&Month(EndDate.Value),2)&"-"&Right("0"&Day(EndDate.Value),2)&" "&Right("0"& Hour(EndTime.Value),2)&":"
    EndDT=EndDT&Right("0"&Minute(EndTime.Value),2)&":"&Right("0"&Second(EndTime.Value),2)&".000"
    '获取选择设备
    Dim EqName,TBName
    Set EqName = ScreenItems("EqName")
    '根据设备类型判断参数表格
    Select Case Left(EqName.SelText,3)
        Case "Pre"
            TBName="Unit_6_Discrete_Demo.dbo.ACTUALVALUE_PRE"
        Case "MB_"
            TBName="Unit_6_Discrete_Demo.dbo.ACTUALVALUE_MB"
        Case "PWB"
            TBName="Unit_6_Discrete_Demo.dbo.ACTUALVALUE_PWB"
        Case Else
            Msgbox "暂无该设备参数！！"
    End Select
    '拼接SQL语句
    Dim Sql
    Sql="SELECT * FROM "&TBName&" WHERE UPDATEDATE BETWEEN '"&StartDT&"' AND '"&EndDT&"'"
    Sql=Sql&" AND EQID=(SELECT EQID FROM Unit_6_Discrete_Demo.dbo.TB_STANDARD WHERE EQNAME='"&EqName.SelText&"')"
    '调用模块,获取数据集
    Dim oRs,Conn
    Set Conn=FC_SQLConnect(".\WINCC","sa","123456")
    Set oRs=FC_GetDataTable(Conn,Sql)
    '表格控件数据源与刷新
    MSHFGrid.DataSource=oRs
    MSHFGrid.Refresh
    MSHFGrid.Colwidth(0)=0.
    '关闭连接,释放资源
    Set oRs=Nothing
    FC_SQLClose(Conn)
```

图6-61 "搜索"操作代码

本节小结

在实际的WinCC项目开发过程中，遇到的问题更为复杂，如客户的需求特殊、设备通信接口多样、车间网络、设备数量太多等相关问题，每个问题都非常棘手。因此，项目的管理特别重要。

对于项目的管理，首先需要由项目经理带领前期的调研小组进行调研工作，了解车间的设备清单、控制系统清单、设备布局情况、设备通信协议情况、车间网络布局情况、客户的需求清单。然后制订切实可行的项目工作说明书，作为项目的验收标准。

工作说明书签字后，项目开发组进场，根据项目工作说明书和前期的调研工作，进行通信接口测试、车间网络搭建、数据采集、监控画面开发工作。对于监控画面，建议与客户保持密切沟通，及时了解客户的需求详情。

由于每个客户所拥有的设备类型都是独特的，因此对采集方式的需求也是非常独特的。面对客户的独特需求，项目经理需要根据对系统的了解程度和对需求开发的风险进行分析，给出一个双方都能接受的方案。

因此，WinCC 的项目开发要充分利用 WinCC 的灵活性，但是同时也需要分清 SCADA 系统的界限，才能将一个典型 WinCC 系统实施落地。

6.2 流程行业数据采集与监控系统开发案例

6.2.1 流程行业简述

流程型产品的生产过程：从原材料的投入至最终成为产品，完全是按照顺序连续加工的过程，主要通过对原材料进行混合、分离、粉碎、加热等物理或化学方法，使原材料增值。通常以批量或连续的方式进行生产。

典型的流程行业有化工行业、纺织行业、制药行业、食品饮料行业、纸浆及造纸业等。下面将以污水处理为例讲述如何通过 WinCC 对流程行业进行数据采集与监控系统的开发。本案例基于一个小型污水处理的数据采集与监控系统进行分析。

6.2.2 需求分析

该污水处理产线使用 S7-300 PLC 进行控制，采集与归档参数较少。PLC 自带 Profibus 接口，无以太网接口。PLC 密码等保护信息与采集参数的寄存器地址等信息都可提供，授权见表 6-3。

表 6-3 授权

名 称	数 量
WinCC RC 512	1

根据现场设备情况并结合授权信息得到如下方案：PLC 加装以太网模块，使用 WinCC 自带的 SIMATIC S7 Protocol Suite 通信通道连接设备 PLC 进行数据采集，主要采集现场设备的设备信息、生产信息、故障报警等数据，实时性高，最小通信周期可达到 500ms；使用变量记录归档参数。

6.2.3 建立通信

步骤 1：添加驱动程序和设置系统参数。

打开 WinCC 的变量管理器，添加"SIMATIC S7 Protocol Suite"驱动程序，如图 6-62 所示。

右击"TCP/IP"，选择"新建连接"命令，为设备建立一个连接通道，可根据实际情况对通道进行重命名（如 NewConnection），如图 6-63 所示。

选中新建的连接"NewConnection"，右击，选择"连接参数"命令，进入"连接参数-TCP/IP"对话框。输入 PLC 的 IP 地址等信息后，单击"确定"按钮，激活 WinCC 即可查看该设备的通信状态（PLC 连接参数需与现场 PLC 参数对应），如图 6-64 所示。

步骤 2：读取 PLC 变量到 WinCC 变量管理器。

创建变量组，如图 6-65 所示。

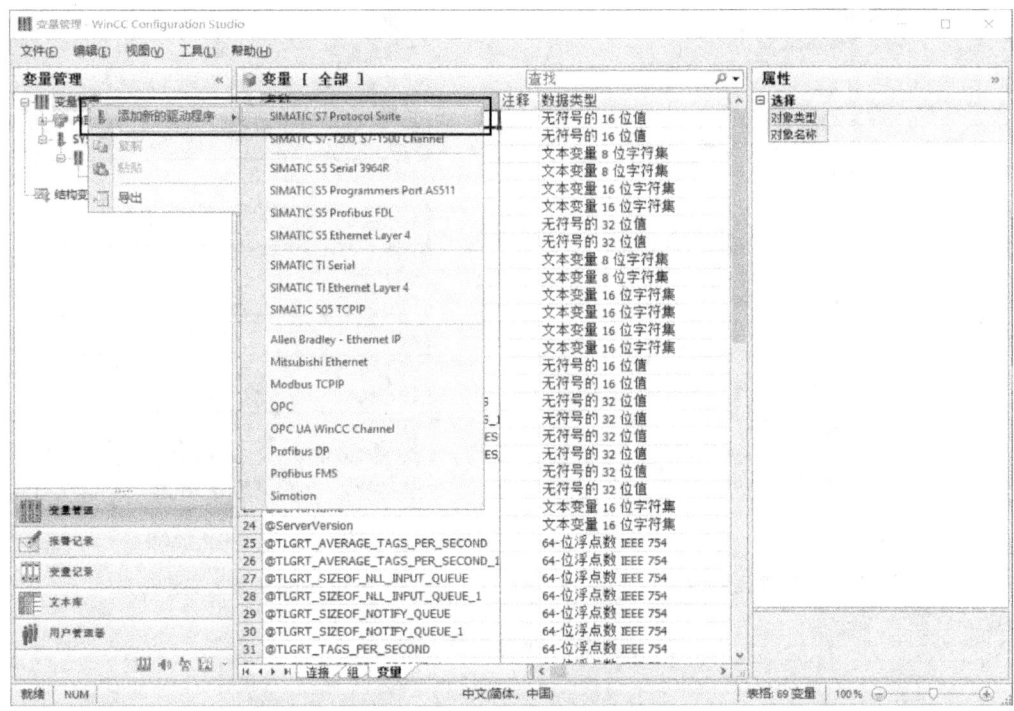

图 6-62　添加新的驱动程序

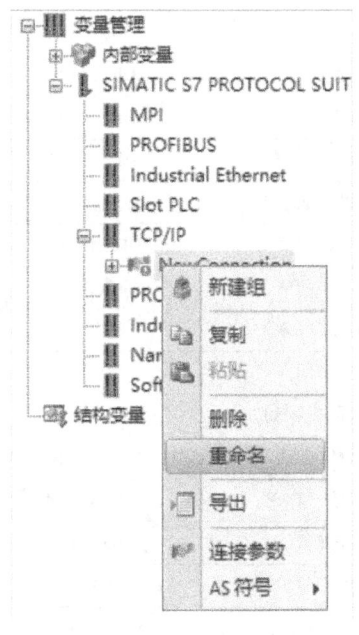

图 6-63　重命名设置

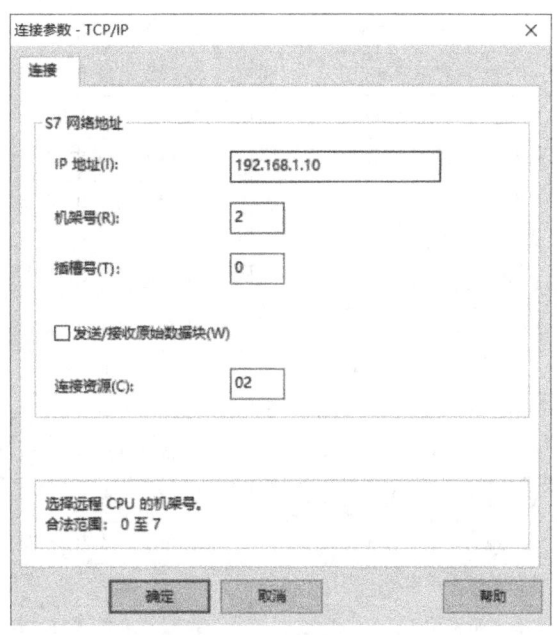

图 6-64　设置连接参数

在对应变量组下添加变量信息，主要包括 WinCC 变量名称、PLC 寄存器地址、参数数据类型等，如图 6-66 所示。

变量主要信息见表 6-4。

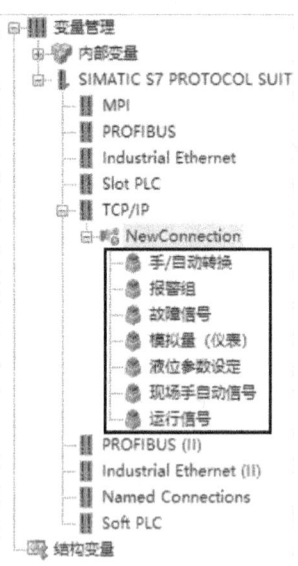

图 6-65　创建变量组

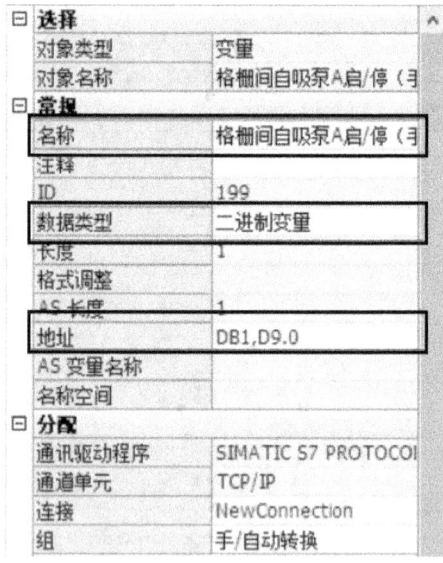

图 6-66　添加变量信息

表 6-4　变量主要信息

名称	数据类型	组	地址
A/O 池回流井低液位报警	二进制变量	报警组	Q3.3
A/O 池 01 段 1 格 pH 值	32-位浮点数 IEEE 754	模拟量（仪表）	DB3,DD72
A/O 池 01 段 1 格温度	32-位浮点数 IEEE 754	模拟量（仪表）	DB3,DD76
A/O 池 01 段 2 格 pH 值	32-位浮点数 IEEE 754	模拟量（仪表）	DB3,DD80
A/O 池 01 段 2 格温度	32-位浮点数 IEEE 754	模拟量（仪表）	DB3,DD84
A/O 池 02 段 1 格溶氧仪	32-位浮点数 IEEE 754	模拟量（仪表）	DB3,DD92
A/O 池 02 段 2 格溶氧仪	32-位浮点数 IEEE 754	模拟量（仪表）	DB3,DD96
A/O 池 A 段 1 格 ORP	32-位浮点数 IEEE 754	模拟量（仪表）	DB3,DD280
A/O 池 A 段 2 格 ORP	32-位浮点数 IEEE 754	模拟量（仪表）	DB3,DD292
A/O 池回流井液位	32-位浮点数 IEEE 754	模拟量（仪表）	DB3,DD284
A/O 池回流井高水位报警	二进制变量	报警组	Q3.2
A/O 池回流流量计（DN100）	32-位浮点数 IEEE 754	模拟量（仪表）	DB3,DD288
A/O 池回流流量计（DN150）	32-位浮点数 IEEE 754	模拟量（仪表）	DB3,DD276
A/O 池备用工艺配水管流量	32-位浮点数 IEEE 754	模拟量（仪表）	DB3,DD44
A/O 池工艺配水管流量	32-位浮点数 IEEE 754	模拟量（仪表）	DB3,DD40
事故池低水位报警	二进制变量	报警组	Q1.2
事故池低液位	32-位浮点数 IEEE 754	液位参数设定	DB3,DD824
事故池液位	32-位浮点数 IEEE 754	模拟量（仪表）	DB3,DD268
事故池自吸泵 A 故障	二进制变量	故障信号	DB1,D14.7
事故池自吸泵 A 运行	二进制变量	运行信号	DB1,D14.6
事故池自吸泵 B 故障	二进制变量	故障信号	DB1,D15.1

(续)

名称	数据类型	组	地址
事故池自吸泵 B 运行	二进制变量	运行信号	DB1,D15.0
事故池高水位报警	二进制变量	报警组	Q1.5
事故池高液位	32-位浮点数 IEEE 754	液位参数设定	DB3,DD832
刮吸泥机(X466-1)故障	二进制变量	故障信号	DB1,D24.5
刮吸泥机(X466-1)运行	二进制变量	运行信号	DB1,D24.4
刮吸泥机(X468-1)故障	二进制变量	故障信号	DB1,D24.7
刮吸泥机(X468-1)运行	二进制变量	运行信号	DB1,D24.6
剩余污泥泵故障	二进制变量	故障信号	DB1,D24.1
剩余污泥泵运行	二进制变量	运行信号	DB1,D24.0
加药混合反应装置 1 故障	二进制变量	故障信号	DB1,D11.1
加药混合反应装置 1 运行	二进制变量	运行信号	DB1,D11.0
加药混合反应装置 2 故障	二进制变量	故障信号	DB1,D11.3
加药混合反应装置 2 运行	二进制变量	运行信号	DB1,D11.2
加药混合反应装置 3 故障	二进制变量	故障信号	DB1,D12.1
加药混合反应装置 3 运行	二进制变量	运行信号	DB1,D12.0
加药混合反应装置 4 故障	二进制变量	故障信号	DB1,D12.3
加药混合反应装置 4 运行	二进制变量	运行信号	DB1,D12.2
化学污泥泵故障	二进制变量	故障信号	DB1,D24.3
化学污泥泵运行	二进制变量	运行信号	DB1,D24.2
反冲洗泵故障	二进制变量	故障信号	DB1,D16.7
反冲洗泵运行	二进制变量	运行信号	DB1,D16.6
回流井低液位	32-位浮点数 IEEE 754	液位参数设定	DB3,DD872
回流井高液位	32-位浮点数 IEEE 754	液位参数设定	DB3,DD880
带压机故障	二进制变量	故障信号	DB1,D17.1
带压机运行	二进制变量	运行信号	DB1,D17.0
平浆式搅拌机故障	二进制变量	故障信号	DB1,D15.3
平浆式搅拌机运行	二进制变量	运行信号	DB1,D15.2
无轴螺旋输送机故障	二进制变量	故障信号	DB1,D17.3
无轴螺旋输送机运行	二进制变量	运行信号	DB1,D17.2
格栅机故障	二进制变量	故障信号	DB1,D10.1
格栅机运行	二进制变量	运行信号	DB1,D10.0
格栅间自吸泵 A	二进制变量	现场手动信号	DB1,D52.0
格栅间自吸泵 A 启/停(手动)	二进制变量	手动/自动转换	DB1,D9.0
格栅间自吸泵 A 手动/自动	二进制变量	手动/自动转换	DB1,D10.2
格栅间自吸泵 A 故障	二进制变量	故障信号	DB1,D10.4
格栅间自吸泵 A 运行	二进制变量	运行信号	DB1,D10.3

（续）

名称	数据类型	组	地址
格栅间自吸泵 B	二进制变量	现场手动信号	DB1,D52.1
格栅间自吸泵 B 启/停（手动）	二进制变量	手动/自动转换	DB1,D9.2
格栅间自吸泵 B 手动/自动	二进制变量	手动/自动转换	DB1,D10.5
格栅间自吸泵 B 故障	二进制变量	故障信号	DB1,D10.7
格栅间自吸泵 B 运行	二进制变量	运行信号	DB1,D10.6
格栅间集水池上液位	32-位浮点数 IEEE 754	模拟量(仪表)	DB3,DD260
格栅间集水池中液位	32-位浮点数 IEEE 754	液位参数设定	DB3,DD804
格栅间集水池低水位报警	二进制变量	报警组	Q0.3
格栅间集水池低液位	32-位浮点数 IEEE 754	液位参数设定	DB3,DD800
格栅间集水池高水位报警	二进制变量	报警组	Q0.2
格栅间集水池高液位	32-位浮点数 IEEE 754	液位参数设定	DB3,DD808
气浮装置中刮渣减速机故障	二进制变量	故障信号	DB1,D12.7
气浮装置中刮渣减速机运行	二进制变量	运行信号	DB1,D12.6
气浮装置中搅拌减速机故障	二进制变量	故障信号	DB1,D13.1
气浮装置中搅拌减速机运行	二进制变量	运行信号	DB1,D13.0
气浮装置中溶气泵故障	二进制变量	故障信号	DB1,D12.5
气浮装置中溶气泵运行	二进制变量	运行信号	DB1,D12.4
气浮装置中螺旋输送器故障	二进制变量	故障信号	DB1,D13.3
气浮装置中螺旋输送器运行	二进制变量	运行信号	DB1,D13.2
混合液回流泵 A 故障	二进制变量	故障信号	DB1,D20.1
混合液回流泵 A 运行	二进制变量	运行信号	DB1,D20.0
混合液回流泵 B 故障	二进制变量	故障信号	DB1,D20.3
混合液回流泵 B 运行	二进制变量	运行信号	DB1,D20.2
混合液回流泵 C 故障	二进制变量	故障信号	DB1,D20.5
混合液回流泵 C 运行	二进制变量	运行信号	DB1,D20.4
潜水搅拌机 A 故障	二进制变量	故障信号	DB1,D18.1
潜水搅拌机 A 运行	二进制变量	运行信号	DB1,D18.0
潜水搅拌机 B 故障	二进制变量	故障信号	DB1,D18.3
潜水搅拌机 B 运行	二进制变量	运行信号	DB1,D18.2
潜水搅拌机 C 故障	二进制变量	故障信号	DB1,D18.5
潜水搅拌机 C 运行	二进制变量	运行信号	DB1,D18.4
潜水搅拌机 D 故障	二进制变量	故障信号	DB1,D18.7
潜水搅拌机 D 运行	二进制变量	运行信号	DB1,D18.6
空压机故障	二进制变量	故障信号	DB1,D16.5
空压机运行	二进制变量	运行信号	DB1,D16.4
立式回流污泥泵 A	二进制变量	现场手动信号	DB1,D52.6

(续)

名称	数据类型	组	地址
立式回流污泥泵 A 启/停(手动)	二进制变量	手动/自动转换	DB1,D25.4
立式回流污泥泵 A 手动/自动	二进制变量	手动/自动转换	DB1,D22.6
立式回流污泥泵 A 故障	二进制变量	故障信号	DB1,D23.0
立式回流污泥泵 A 运行	二进制变量	运行信号	DB1,D22.7
立式回流污泥泵 B	二进制变量	现场手动信号	DB1,D52.7
立式回流污泥泵 B 启/停(手动)	二进制变量	手动/自动转换	DB1,D25.6
立式回流污泥泵 B 手动/自动	二进制变量	手动/自动转换	DB1,D23.1
立式回流污泥泵 B 故障	二进制变量	故障信号	DB1,D23.3
立式回流污泥泵 B 运行	二进制变量	运行信号	DB1,D23.2
立式回用水泵 A	二进制变量	现场手动信号	DB1,D52.4
立式回用水泵 A 启/停(手动)	二进制变量	手动/自动转换	DB1,D25.0
立式回用水泵 A 手动/自动	二进制变量	手动/自动转换	DB1,D22.0
立式回用水泵 A 故障	二进制变量	故障信号	DB1,D22.2
立式回用水泵 A 运行	二进制变量	运行信号	DB1,D22.1
立式回用水泵 B	二进制变量	现场手动信号	DB1,D52.5
立式回用水泵 B 启/停(手动)	二进制变量	手动/自动转换	DB1,D25.2
立式回用水泵 B 手动/自动	二进制变量	手动/自动转换	DB1,D22.3
立式回用水泵 B 故障	二进制变量	故障信号	DB1,D22.5
立式回用水泵 B 运行	二进制变量	运行信号	DB1,D22.4
综合工房1混合反应装置流量	32-位浮点数 IEEE 754	模拟量(仪表)	DB3,DD272
综合工房1混合反应装置温度	32-位浮点数 IEEE 754	模拟量(仪表)	DB3,DD32
综合工房2污泥泵出口流量	32-位浮点数 IEEE 754	模拟量(仪表)	DB3,DD52
综合泵房水泵出口流量	32-位浮点数 IEEE 754	模拟量(仪表)	DB3,DD112
罗茨鼓风机 A 故障	二进制变量	故障信号	DB1,D20.7
罗茨鼓风机 A 运行	二进制变量	运行信号	DB1,D20.6
罗茨鼓风机 B 故障	二进制变量	故障信号	DB1,D21.1
罗茨鼓风机 B 运行	二进制变量	运行信号	DB1,D21.0
罗茨鼓风机 C 故障	二进制变量	故障信号	DB1,D21.3
罗茨鼓风机 C 运行	二进制变量	运行信号	DB1,D21.2
蒸氨污水入口流量	32-位浮点数 IEEE 754	模拟量(仪表)	DB3,DD8
调节池上液位	32-位浮点数 IEEE 754	模拟量(仪表)	DB3,DD264
调节池中液位	32-位浮点数 IEEE 754	液位参数设定	DB3,DD816
调节池低水位报警	二进制变量	报警组	Q1.0
调节池低液位	32-位浮点数 IEEE 754	液位参数设定	DB3,DD812
调节池自吸泵 A	二进制变量	现场手动信号	DB1,D52.2
调节池自吸泵 A 启/停(手动)	二进制变量	手动/自动转换	DB1,D9.4

(续)

名称	数据类型	组	地址
调节池自吸泵 A 手动/自动	二进制变量	手动/自动转换	DB1,D14.0
调节池自吸泵 A 故障	二进制变量	故障信号	DB1,D14.2
调节池自吸泵 A 运行	二进制变量	运行信号	DB1,D14.1
调节池自吸泵 B	二进制变量	现场手动信号	DB1,D52.3
调节池自吸泵 B 启/停（手动）	二进制变量	手动/自动转换	DB1,D9.6
调节池自吸泵 B 手动/自动	二进制变量	手动/自动转换	DB1,D14.3
调节池自吸泵 B 故障	二进制变量	故障信号	DB1,D14.5
调节池自吸泵 B 运行	二进制变量	运行信号	DB1,D14.4
调节池高水位报警	二进制变量	报警组	Q0.7
调节池高液位	32-位浮点数 IEEE 754	液位参数设定	DB3,DD820
输泥螺杆泵 A 故障	二进制变量	故障信号	DB1,D16.1
输泥螺杆泵 A 运行	二进制变量	运行信号	DB1,D16.0
输泥螺杆泵 B 故障	二进制变量	故障信号	DB1,D16.3
输泥螺杆泵 B 运行	二进制变量	运行信号	DB1,D16.2
集水池上液位	32-位浮点数 IEEE 754	模拟量(仪表)	DB3,DD296
集水池中液位	32-位浮点数 IEEE 754	液位参数设定	DB3,DD840
集水池低水位报警	二进制变量	报警组	Q2.5
集水池低液位	32-位浮点数 IEEE 754	液位参数设定	DB3,DD836
集水池提升泵出口流量	32-位浮点数 IEEE 754	模拟量(仪表)	DB3,DD4
集水池高水位报警	二进制变量	报警组	Q2.4
集水池高液位	32-位浮点数 IEEE 754	液位参数设定	DB3,DD844
集泥池 1 上液位	32-位浮点数 IEEE 754	模拟量(仪表)	DB3,DD300
集泥池 1 中液位	32-位浮点数 IEEE 754	液位参数设定	DB3,DD852
集泥池 1 低水位报警	二进制变量	报警组	Q2.7
集泥池 1 低液位	32-位浮点数 IEEE 754	液位参数设定	DB3,DD848
集泥池 1 高水位报警	二进制变量	报警组	Q2.6
集泥池 1 高液位	32-位浮点数 IEEE 754	液位参数设定	DB3,DD856
集泥池 2 上液位	32-位浮点数 IEEE 754	模拟量(仪表)	DB3,DD304
集泥池 2 低水位报警	二进制变量	报警组	Q3.1
集泥池 2 低液位	32-位浮点数 IEEE 754	液位参数设定	DB3,DD860
集泥池 2 高水位报警	二进制变量	报警组	Q3.6
集泥池 2 高液位	32-位浮点数 IEEE 754	液位参数设定	DB3,DD868

6.2.4 组态报警记录

报警记录用于记录设备在运行过程中产生的报警信息。在组态时，需定义显示何种报警、报警的内容等信息，以便其以用户期望的形式显示在运行系统中。在本项目中，具体的组态步骤如下。

步骤 1：打开"报警记录"以确认报警消息的"消息等级"，创建"消息类型"，并设置该类型的属性，如图 6-67 所示。

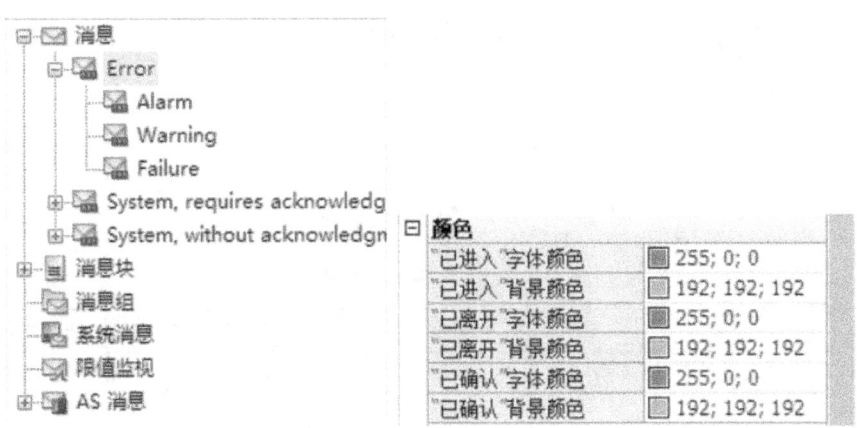

图 6-67 创建"消息类型"

步骤 2：组态报警消息，如图 6-68 所示。

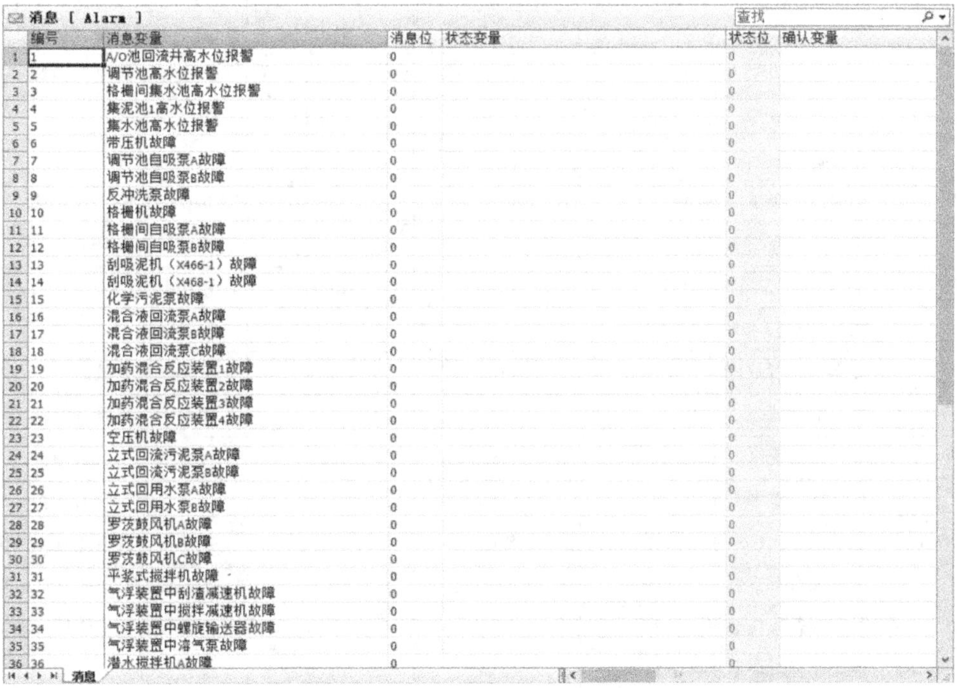

图 6-68 组态报警消息

步骤 3：组态报警消息后，在"计算机属性"对话框的"启动"选项卡中勾选"报警记录运行系统"复选框，可使用报警控件（WinCC Alarm Control）显示已发生的报警消息，如图 6-69 所示。组态报警消息主要信息见表 6-5。

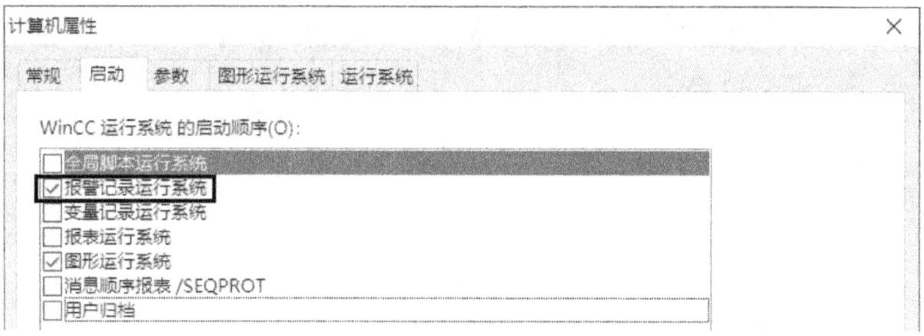

图 6-69 启动"报警记录运行系统"

表 6-5 组态报警消息主要信息

编号	变量	类型	等级	消息文本
1	A/O 池回流井高水位报警	Error	Alarm	A/O 池回流井高水位
2	调节池高水位报警	Error	Alarm	调节池高水位
3	格栅间集水池高水位报警	Error	Alarm	格栅间集水池高水位
4	集泥池 1 高水位报警	Error	Alarm	集泥池 1 高水位
5	集水池高水位报警	Error	Alarm	集水池高水位
6	带压机故障	Error	Alarm	带压机故障
7	调节池自吸泵 A 故障	Error	Alarm	调节池自吸泵 A 故障
8	调节池自吸泵 B 故障	Error	Alarm	调节池自吸泵 B 故障
9	反冲洗泵故障	Error	Alarm	反冲洗泵故障
10	格栅机故障	Error	Alarm	格栅机故障
11	格栅间自吸泵 A 故障	Error	Alarm	格栅间自吸泵 A 故障
12	格栅间自吸泵 B 故障	Error	Alarm	格栅间自吸泵 B 故障
13	刮吸泥机（X466-1）故障	Error	Alarm	刮吸泥机（X466-1）故障
14	刮吸泥机（X468-1）故障	Error	Alarm	刮吸泥机（X468-1）故障
15	化学污泥泵故障	Error	Alarm	化学污泥泵故障
16	混合液回流泵 A 故障	Error	Alarm	混合液回流泵 A 故障
17	混合液回流泵 B 故障	Error	Alarm	混合液回流泵 B 故障
18	混合液回流泵 C 故障	Error	Alarm	混合液回流泵 C 故障
19	加药混合反应装置 1 故障	Error	Alarm	加药混合反应装置 1 故障
20	加药混合反应装置 2 故障	Error	Alarm	加药混合反应装置 2 故障
21	加药混合反应装置 3 故障	Error	Alarm	加药混合反应装置 3 故障
22	加药混合反应装置 4 故障	Error	Alarm	加药混合反应装置 4 故障
23	空压机故障	Error	Alarm	空压机故障
24	立式回流污泥泵 A 故障	Error	Alarm	立式回流污泥泵 A 故障
25	立式回流污泥泵 B 故障	Error	Alarm	立式回流污泥泵 B 故障
26	立式回用水泵 A 故障	Error	Alarm	立式回用水泵 A 故障
27	立式回用水泵 B 故障	Error	Alarm	立式回用水泵 B 故障

(续)

编号	变量	类型	等级	消息文本
28	罗茨鼓风机 A 故障	Error	Alarm	罗茨鼓风机 A 故障
29	罗茨鼓风机 B 故障	Error	Alarm	罗茨鼓风机 B 故障
30	罗茨鼓风机 C 故障	Error	Alarm	罗茨鼓风机 C 故障
31	平浆式搅拌机故障	Error	Alarm	平浆式搅拌机故障
32	气浮装置中刮渣减速机故障	Error	Alarm	气浮装置中刮渣减速机故障
33	气浮装置中搅拌减速机故障	Error	Alarm	气浮装置中搅拌减速机故障
34	气浮装置中螺旋输送器故障	Error	Alarm	气浮装置中螺旋输送器故障
35	气浮装置中溶气泵故障	Error	Alarm	气浮装置中溶气泵故障
36	潜水搅拌机 A 故障	Error	Alarm	潜水搅拌机 A 故障
37	潜水搅拌机 B 故障	Error	Alarm	潜水搅拌机 B 故障
38	潜水搅拌机 C 故障	Error	Alarm	潜水搅拌机 C 故障
39	潜水搅拌机 D 故障	Error	Alarm	潜水搅拌机 D 故障
40	剩余污泥泵故障	Error	Alarm	剩余污泥泵故障
41	事故池自吸泵 A 故障	Error	Alarm	事故池自吸泵 A 故障
42	事故池自吸泵 B 故障	Error	Alarm	事故池自吸泵 B 故障
43	输泥螺杆泵 A 故障	Error	Alarm	输泥螺杆泵 A 故障
44	输泥螺杆泵 B 故障	Error	Alarm	输泥螺杆泵 B 故障
45	无轴螺旋输送机故障	Error	Alarm	无轴螺旋输送机故障
46	集泥池 2 高水位报警	Error	Alarm	集泥池 2 高水位
47	事故池高水位报警	Error	Alarm	事故池高水位
48	A/O 池回流井低液位报警	Error	Alarm	A/O 池回流井低液位报警
49	调节池低水位报警	Error	Alarm	调节池低水位报警
50	格栅间集水池低水位报警	Error	Alarm	格栅间集水池低水位报警
51	集泥池 1 低水位报警	Error	Alarm	集泥池 1 低水位报警
52	集泥池 2 低水位报警	Error	Alarm	集泥池 2 低水位报警
53	集水池低水位报警	Error	Alarm	集水池低水位报警
54	事故池低水位报警	Error	Alarm	事故池低水位报警

6.2.5 组态变量记录

组态变量记录的目的是采集、处理和归档工业现场的过程数据,由此获得的过程数据可根据与设备操作状态有关的重要技术标准进行过滤,所起的作用主要包括提前检测危险和故障条件、提高生产力、优化维护周期等。本项目的具体组态步骤如下:

步骤1:打开"变量记录"以确认归档消息的"归档类型",项目中使用"过程值归档",在类型下新建归档,设置名称为ProcessValueArchive,并设置归档属性,如图6-70所示。

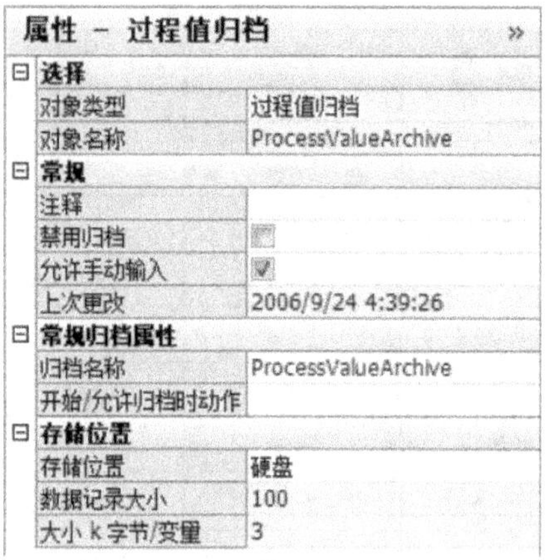

图 6-70 创建新归档并设置

步骤 2：在新建归档下组态归档内容，如图 6-71 所示。

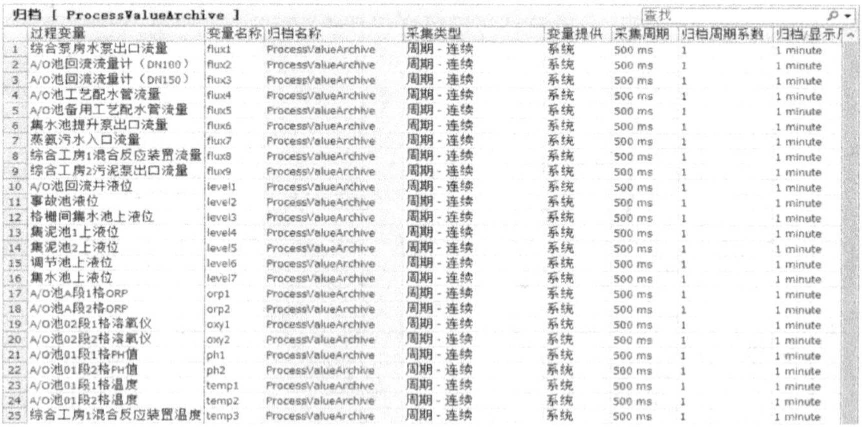

图 6-71 组态归档内容

步骤 3：组态归档内容后，在"计算机属性"对话框"启动"选项卡中勾选"变量记录运行系统"复选框，可使用趋势控件（WinCC OnlineTrend Control）与表格控件（WinCC OnlineTable Control）等显示已归档的过程值数据，如图 6-72 所示。组态变量记录主要信息见表 6-6。

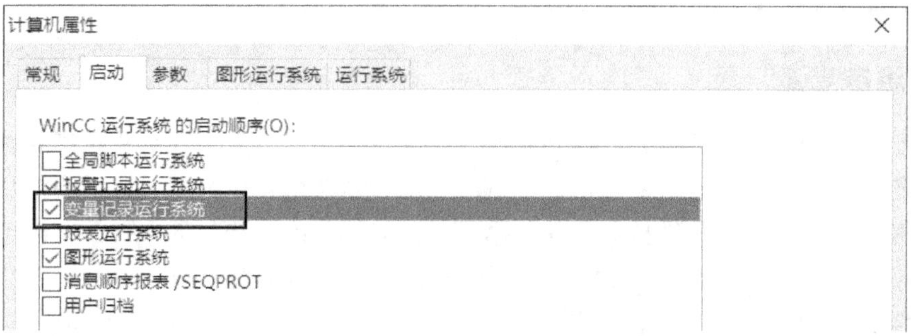

图 6-72 启动"变量记录运行系统"

表 6-6 组态变量记录主要信息

过程变量	采集类型	采集周期	归档/显示周期
综合泵房水泵出口流量	周期-连续	500ms	1min
A/O 池回流流量计（DN100）	周期-连续	500ms	1min
A/O 池回流流量计（DN150）	周期-连续	500ms	1min
A/O 池工艺配水管流量	周期-连续	500ms	1min
A/O 池备用工艺配水管流量	周期-连续	500ms	1min
集水池提升泵出口流量	周期-连续	500ms	1min
蒸氨污水入口流量	周期-连续	500ms	1min
综合工房 1 混合反应装置流量	周期-连续	500ms	1min
综合工房 2 污泥泵出口流量	周期-连续	500ms	1min
A/O 池回流井液位	周期-连续	500ms	1min
事故池液位	周期-连续	500ms	1min
格栅间集水池上液位	周期-连续	500ms	1min
集泥池 1 上液位	周期-连续	500ms	1min
集泥池 2 上液位	周期-连续	500ms	1min
调节池上液位	周期-连续	500ms	1min
集水池上液位	周期-连续	500ms	1min
A/O 池 A 段 1 格 ORP	周期-连续	500ms	1min
A/O 池 A 段 2 格 ORP	周期-连续	500ms	1min
A/O 池 O2 段 1 格溶氧仪	周期-连续	500ms	1min
A/O 池 O2 段 2 格溶氧仪	周期-连续	500ms	1min
A/O 池 O1 段 1 格 pH 值	周期-连续	500ms	1min
A/O 池 O1 段 2 格 pH 值	周期-连续	500ms	1min
A/O 池 O1 段 1 格温度	周期-连续	500ms	1min
A/O 池 O1 段 2 格温度	周期-连续	500ms	1min

6.2.6 建立监控画面

整个案例系统画面分为 6 个小画面：主流程画面（一个）、子流程画面与报警记录画面（子流程画面与报警记录画面共 5 个）。其中，主流程画面展示了整个产线的流程图与各个区域的主要参数，子流程画面分别展示了各子流程的流程图、设备状态与关键参数信息，报警记录画面展示了整个产线在运行过程中产生的报警信息。

1. 主流程画面

主流程画面如图 6-73 所示。

主流程画面主要分为标题区、导航区与流程画面区。

（1）标题区　标题区如图 6-74 所示。

标题区显示了项目标题、"报警查询"按钮、"用户登录"按钮、"退出系统"按钮、当前用户名称与最新报警列表。

1）项目标题：是对整个项目的一个简明概括。在工业数据采集项目中，常见的项目标题格式为"XXX 数据采集与监控（SCADA）系统"。项目标题实现的常见方法：使用静态文本，输入实际系统名称，字体与背景等属性根据实际情况调整即可。

2）"报警查询"按钮：用于显示报警查询画面，针对产线已发生的报警信息起查询与编辑等作用。常见实现方式如下。

① 在流程画面区域添加一个"画面窗口"，重命名为"报警"，如图 6-75 所示。

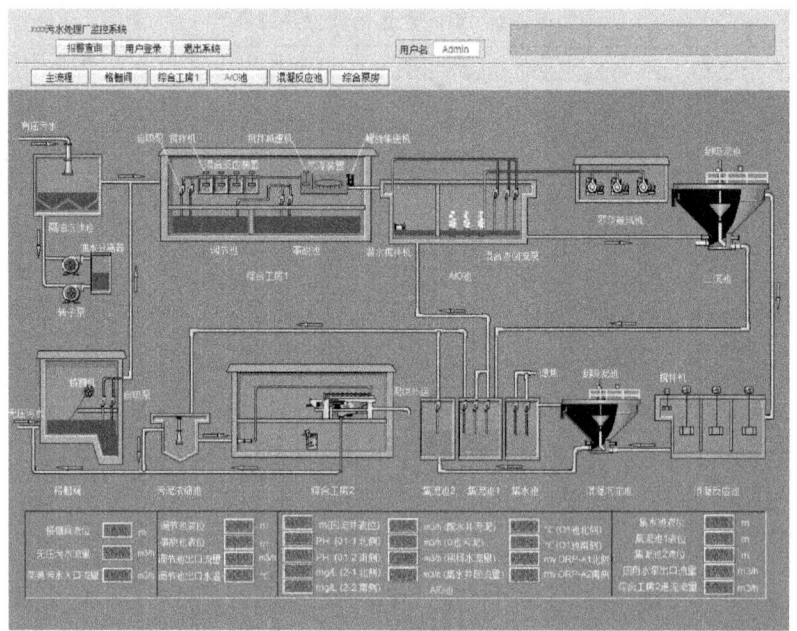

图 6-73 主流程画面

图 6-74 标题区

② 将画面的"可关闭"属性修改为"是",将"画面名称"属性设置为报警画面 (alarm.Pdl),如图 6-76 所示。

③ 新建报警画面 (alarm.Pdl),放置报警控件 (WinCC AlarmControl),并双击控件来打开"WinCC AlarmControl 属性"对话框,从中进行设置,如图 6-77 所示。

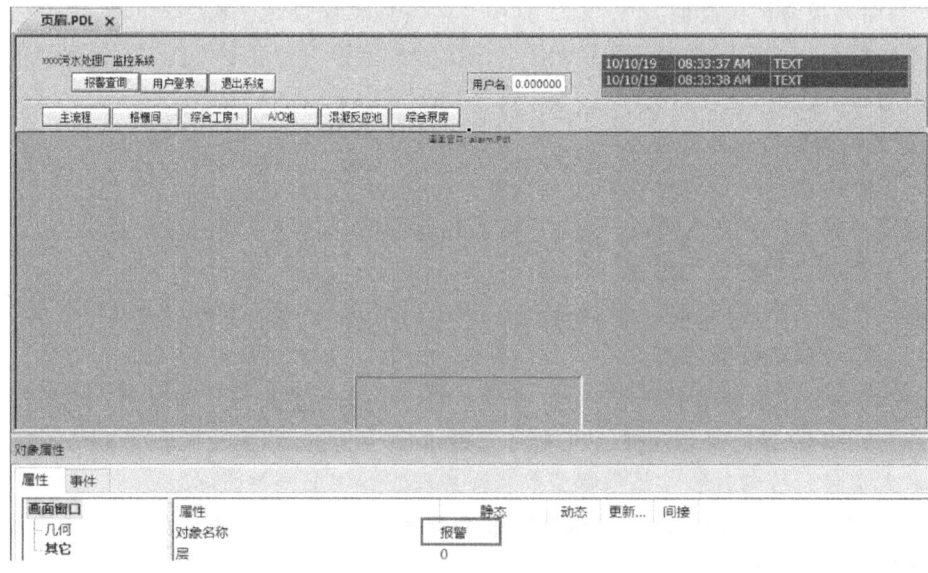

图 6-75 添加画面窗口并修改名称

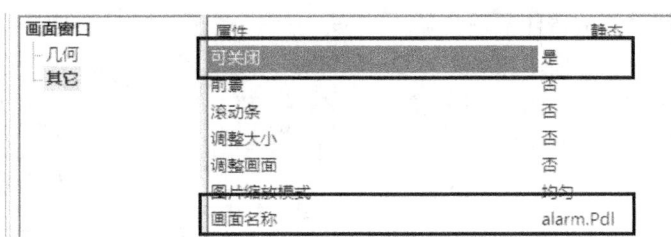

图 6-76 修改画面窗口属性

图 6-77 报警控件部分属性设置

3)"用户登录"按钮:用于登录、注销与切换用户,具体代码如图 6-78 所示。

4)"退出系统"按钮:用于退出数据采集与监控系统(关闭画面并取消激活 WinCC),具体实现代码如图 6-79 所示。

```
#pragma code("UseAdmin")
#include "pwrt_api.h"
#pragma code ()
PWRTLogin(1);
```

图 6-78 "用户登录"代码

```
#include "apdefap.h"
void OnClick(char* lpszPictureName, char* lpszObjectName, char* lpszPropertyName)
{
HWND hWnd=NULL;
int iRet;
hWnd=FindWindow(NULL,"WinCC ");
iRet=MessageBox(NULL,"此操作将关闭系统,并丢失一部分报警记录! \n 单击"确定"则退出系统!","警告!",MB_YESNO|MB_ICONQUESTION|MB_SETFOREGROUND|MB_SYSTEMMODAL);
if(iRet==IDYES)DeactivateRTProject ();
}
```

图 6-79 "退出系统"代码

5)当前用户名称:显示当前登录系统的用户名称。用户关联操作权限,通过当前登录用户名称可以判断当前登录者的操作等级。显示用户名称常见的方法：在画面添加一个"输入/输出域"，绑定内部变量"@CurrentUser"或"@CurrentUserName"即可。

6) 最新报警列表：显示的是最新的两种报警信息，便于用户在不打开报警查询的情况下了解最新报警情况。具体实现方式：在画面添加报警列表控件（WinCC AlarmControl），并设置显示属性值，如取消"可调整尺寸"设置、取消"行标签"显示、取消"列标签"显示、设置"背景颜色"、为"消息列表"的"固定选择"添加"state =′已到达′属性"等，部分内容如图 6-80 所示。

(2) 导航区　导航区用于切换下方流程画面区的显示流程画面，主要实现方式：通过按钮单击事件改变流程画面区的"画面窗口"的"画面名称"属性，以达到切换画面的效果。具体代码如图 6-81 所示（以主流程按钮为例）。

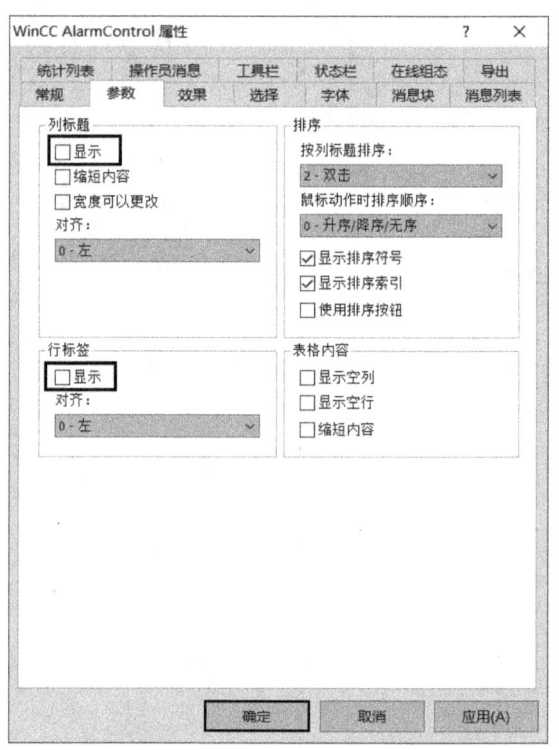

图 6-80　报警控件属性部分设置

```
#include "apdefap.h"
void OnClick(char* lpszPictureName, char* lpszObjectName, char* lpszPropertyName)
{
SetPictureName("页眉.PDL","MainPic","总流程.pdl");
}
```

图 6-81　切换画面代码

(3) 流程画面区　流程画面区使用"画面窗口"来显示流程画面，并根据上方导航区按钮的设置值来切换画面名称，常见实现方式：在流程画面区域放置一个"画面名称"控件，并根据导航区代码设置"对象名称"（如 MainPic），并设置"画面名称"默认值为主流程画面（总流程.pdl），如图 6-82 所示。

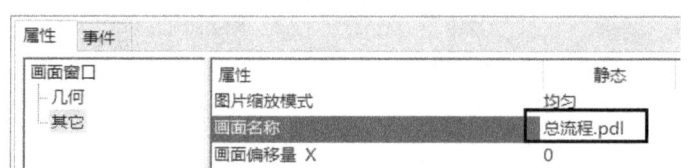

图 6-82　设置"画面名称"默认值

2. 子流程画面

子流程画面如图 6-83~图 6-87 所示。

第6章 实战演练

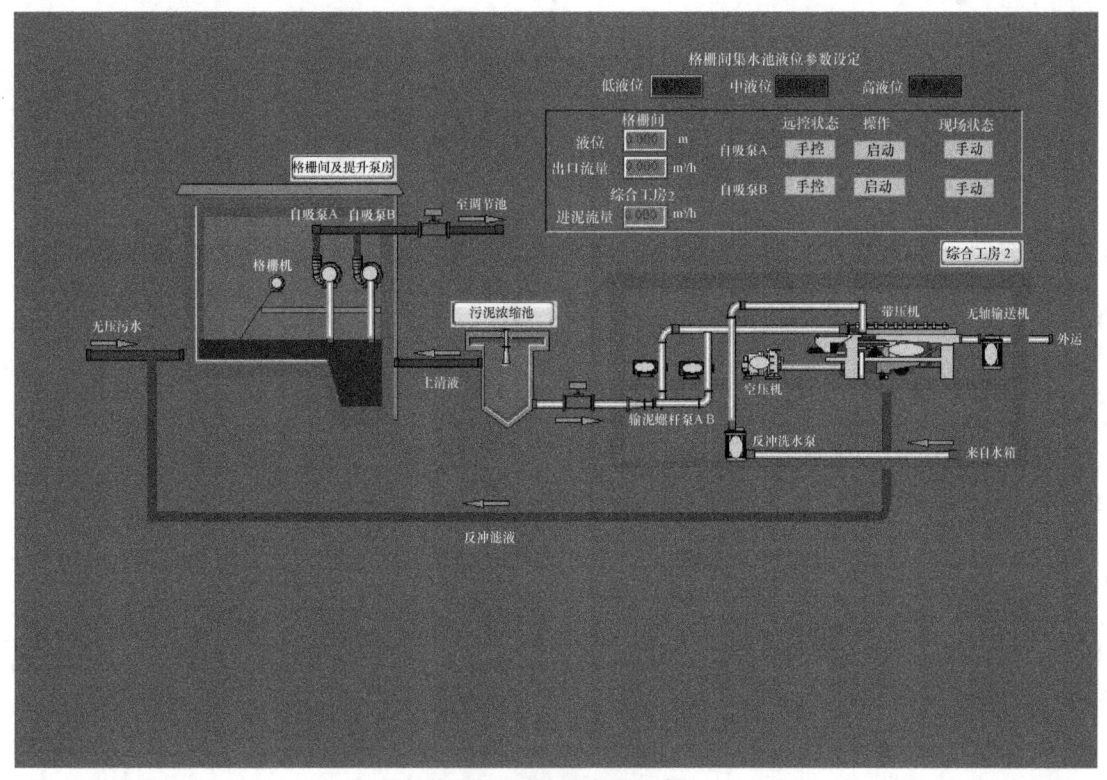

图 6-83 格栅间流程画面

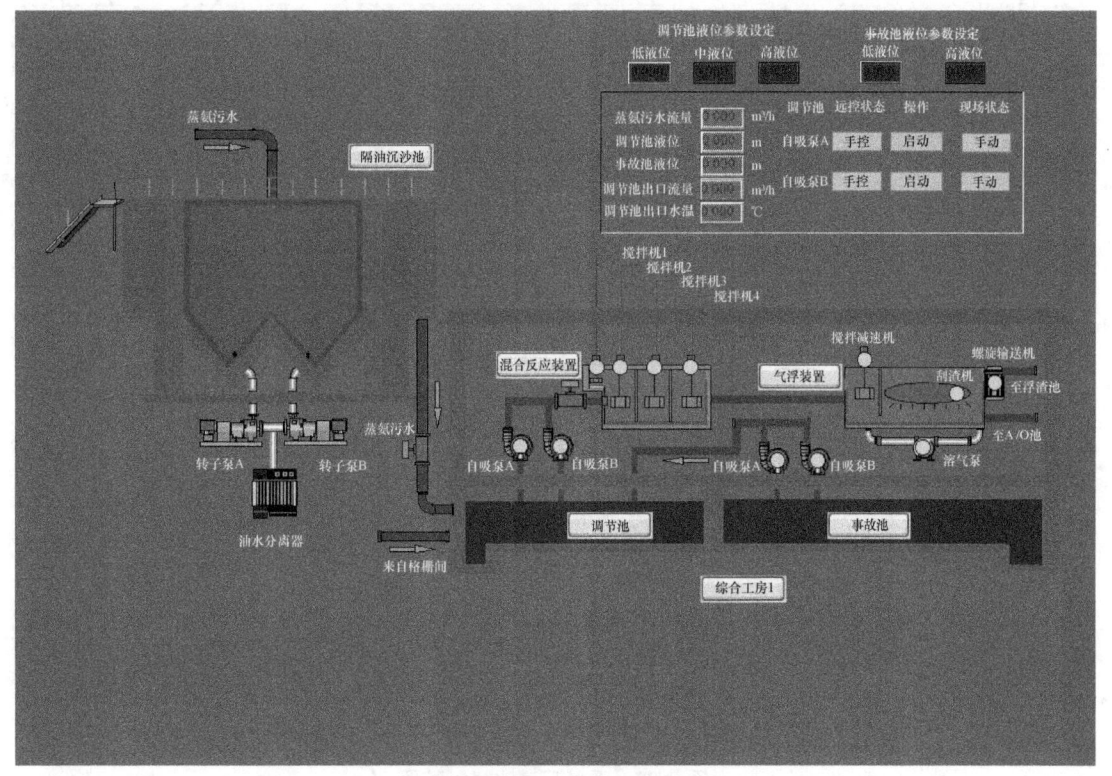

图 6-84 综合工房流程画面

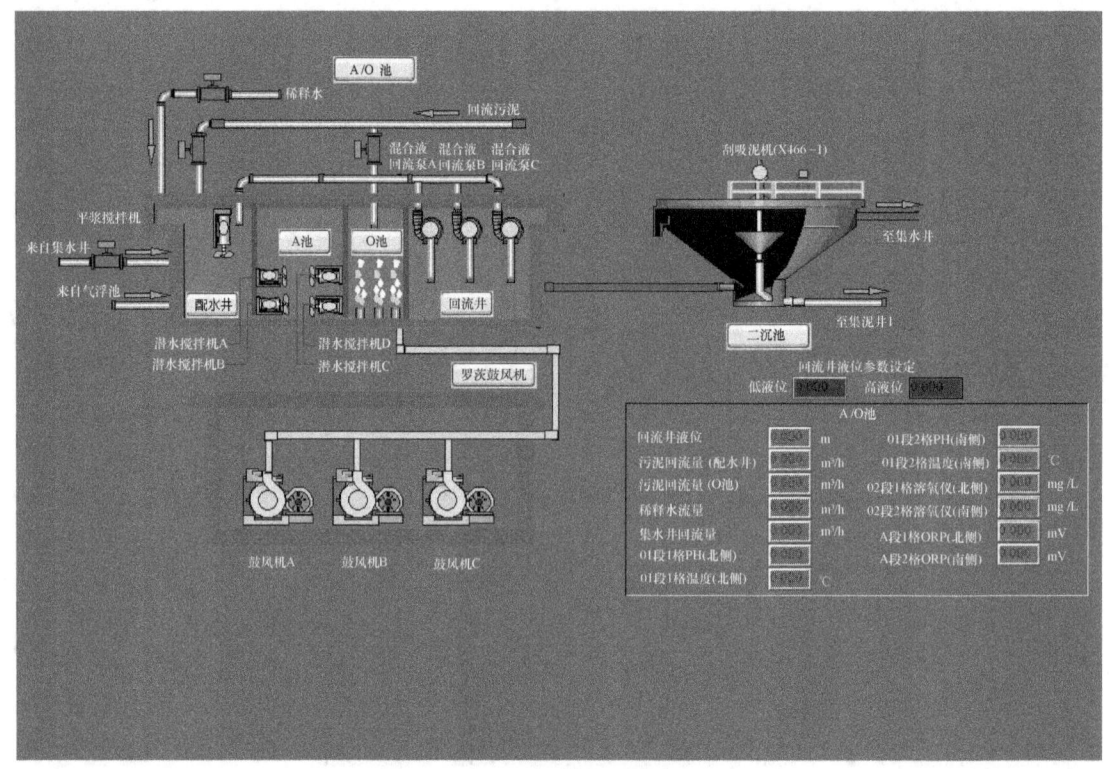

图 6-85　A/O 池流程画面

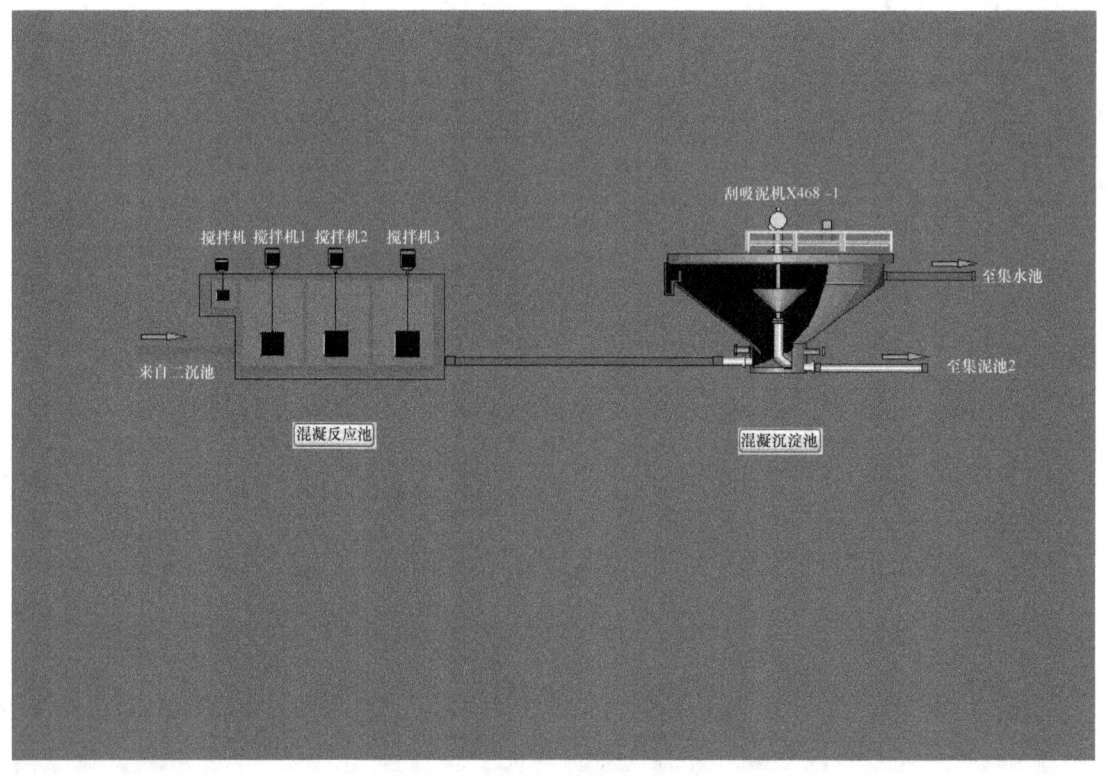

图 6-86　混凝反应池流程画面

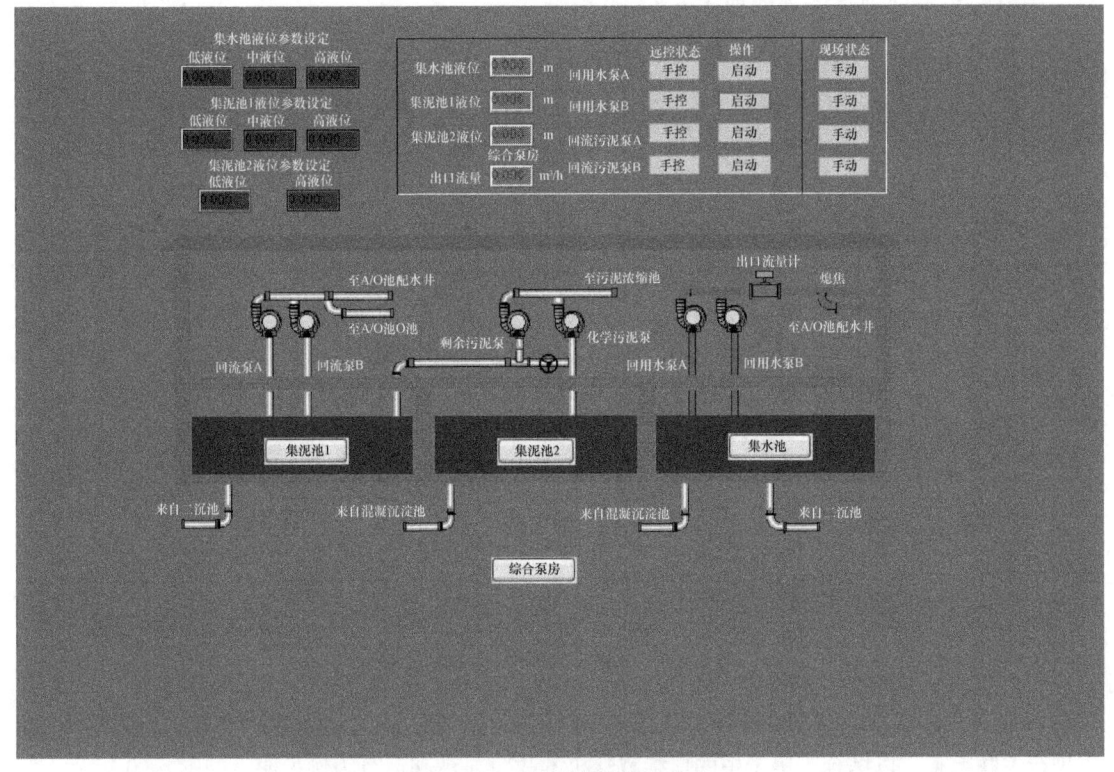

图 6-87 综合泵房流程画面

子流程画面用于在流程画面区显示流程图与数据。具体实现方式如下。

1) 在图形编辑器中新建各流程的 Pdl 画面,并设置画面的大小。

2) 添加"静态文本"与"输入/输出域"以显示各个流程所涉及的数据。

3) 将各个处理流程图通过"库文件"与"标准"对象画出来。鉴于该步骤重复操作量大,此处仅对其中一个环节做解释说明,流程图的创建如图 6-88 所示。

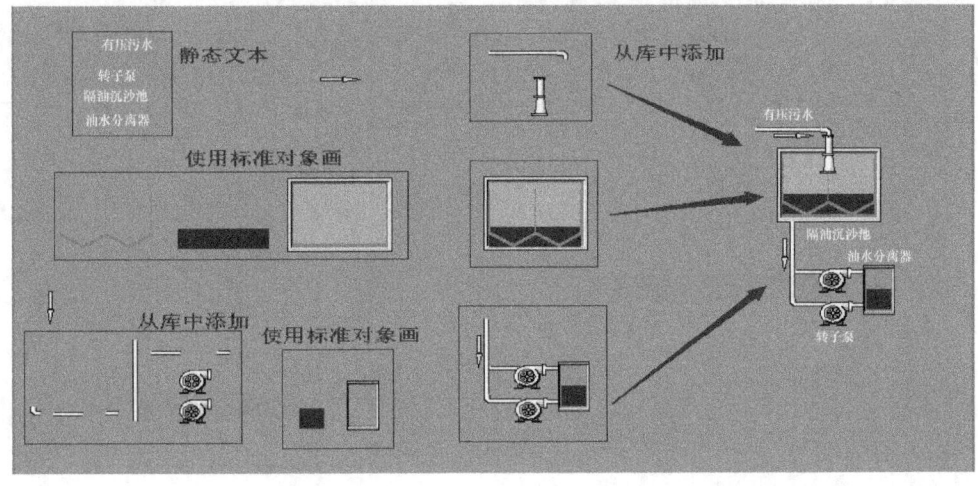

图 6-88 流程图的创建

完整的污水处理总流程图如图 6-89 所示。

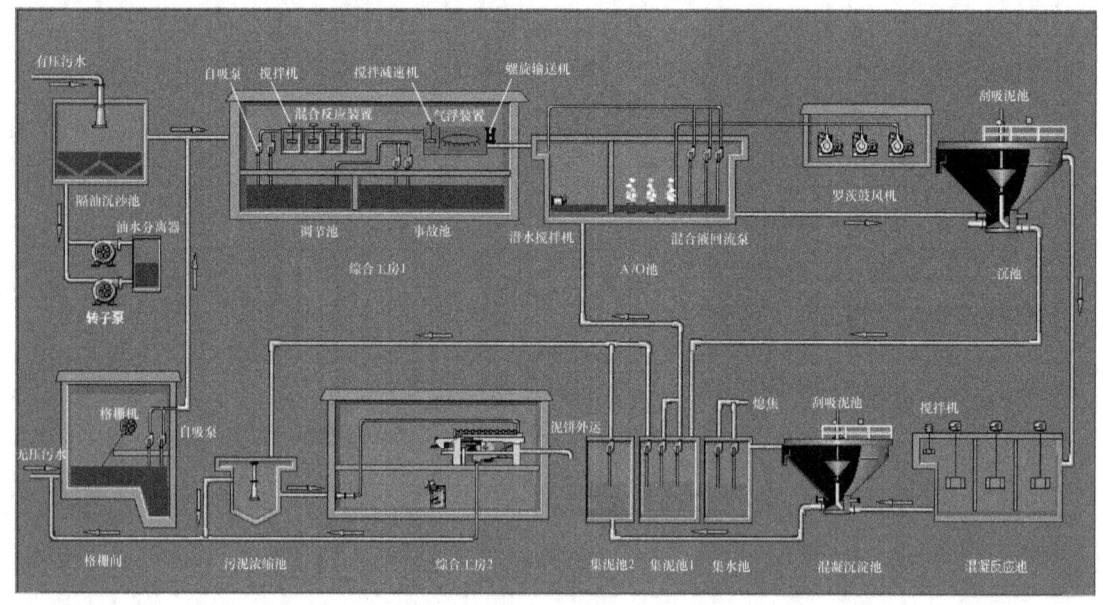

图 6-89　完整的污水处理总流程图

将从 PLC 中读取上来的各个设备运行和故障信号的变量分别与流程图中表示该工位的状态对象进行关联组态。以综合工房 1 中的搅拌减速机的故障显示和运行为例说明，如图 6-90 所示。

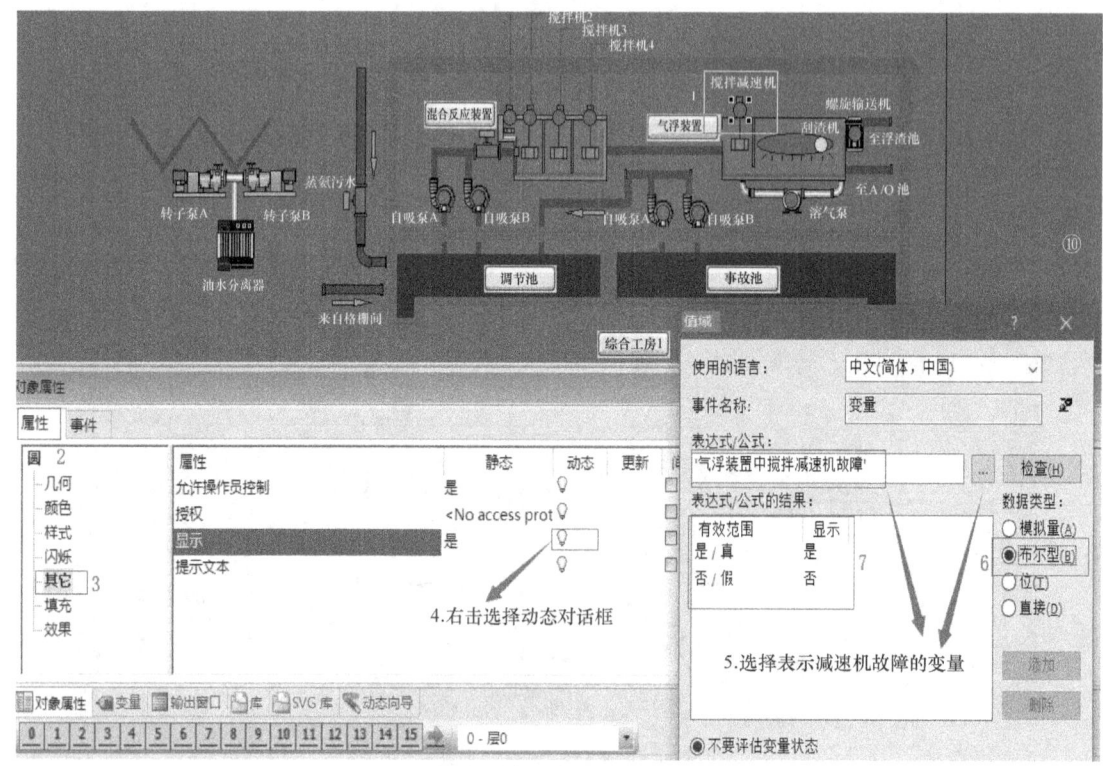

图 6-90　组态搅拌减速机的故障显示

在红色圆（即标号为①的圆）下方放置一个底层黄色圆（即标号为②的圆），当"气浮装置中搅拌减速机故障"变量为真时，红色圆显示而黄色圆隐藏，否则红色圆隐藏而黄色圆显示。当黄色圆显示且"气浮装置中搅拌减速机运行"变量为真时，绿色表示搅拌减速机正在运行，为假时，黄色表示搅拌减速机停止运行，如图6-91所示。

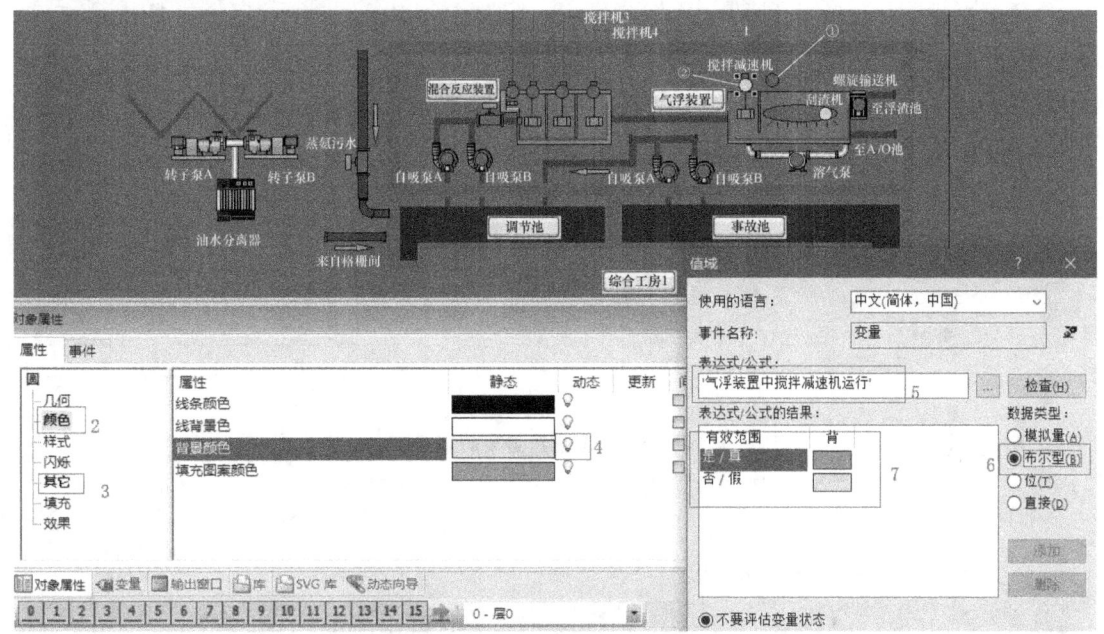

图6-91 组态搅拌减速机的运行状态

重复以上操作步骤，将各个流程画面的流程图与状态工位显示组态完成。

3. 趋势图显示数据

污水处理主要是采集各个流程的液位、水温、流量、PH、ORP、溶氧等数据，如图6-92所示。

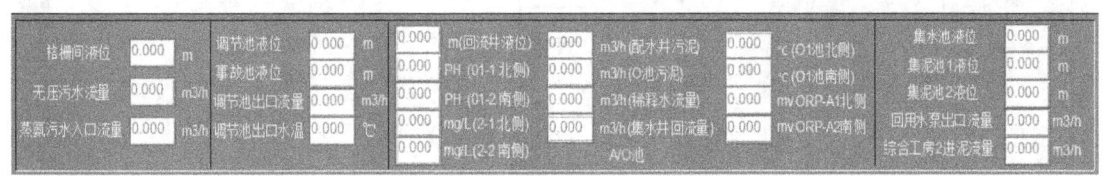

图6-92 数据内容

趋势图用于显示产线主要参数的历史数据趋势，具体实现方式如下。

1）在各个流程界面为每个数据添加相对应数量的"画面窗口"，根据参数名称重命名"对象名称"，设置"画面名称"默认值，设置为默认不显示，如图6-93所示。

2）在每个数据的"输入/输出域"上添加一个"按钮"对象，用于显示该参数的趋势画面窗口，如图6-94所示。

3）为每个数据新建一个画面，在每个新建的画面中添加"WinCC Online Trend Control (Classic)"控件，为控件绑定所归档的参数变量，如图6-95所示。

图 6-93 设置趋势窗口属性

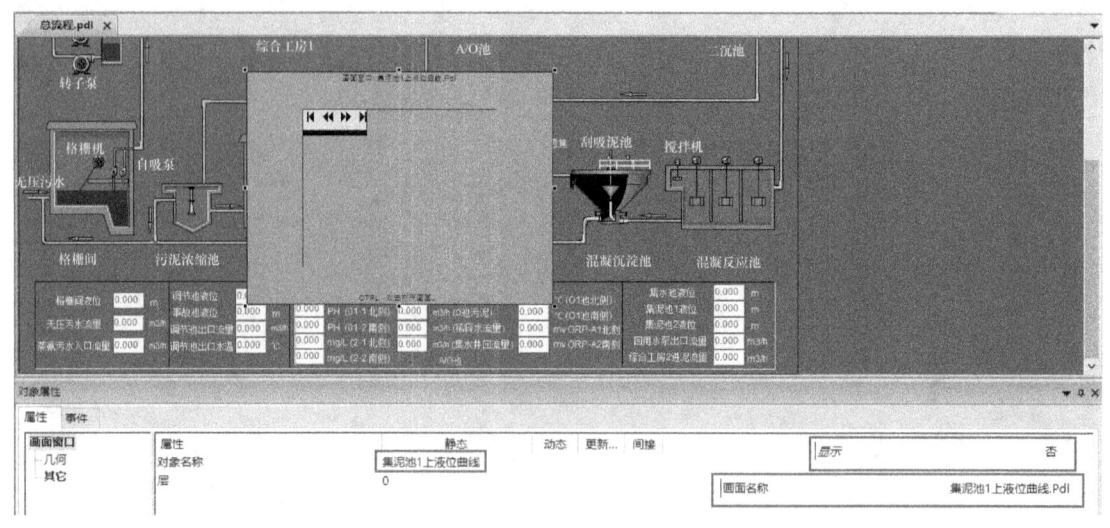

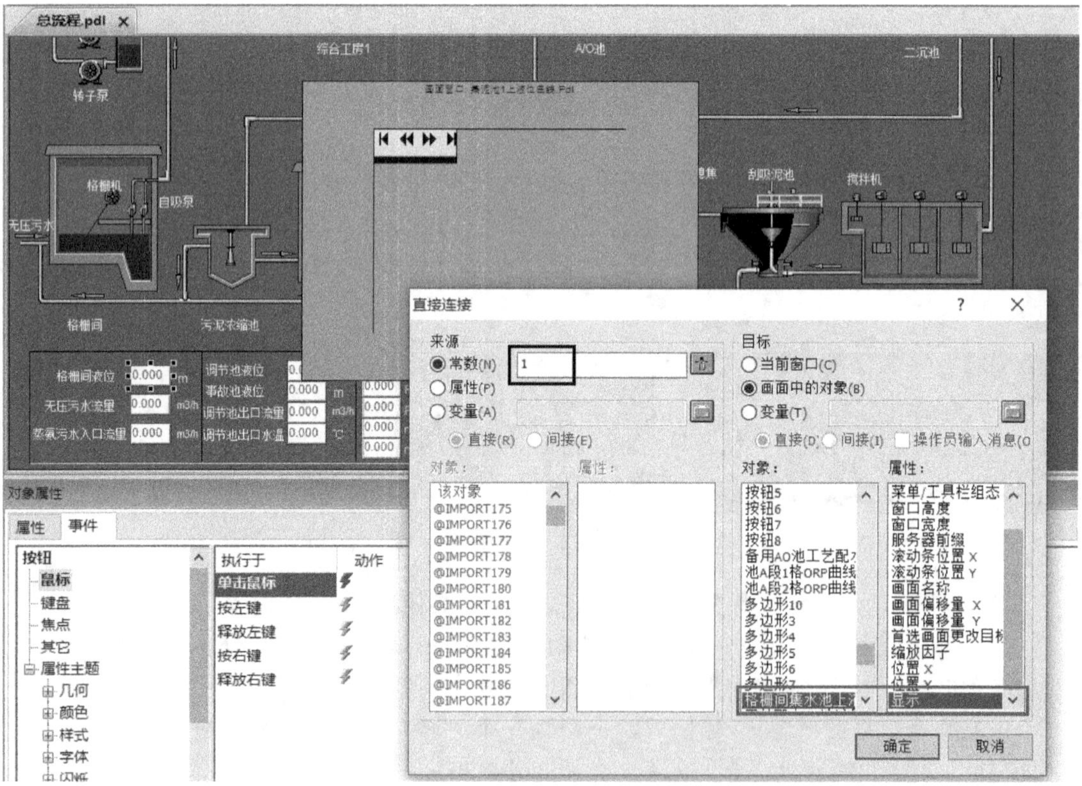

图 6-94 设置显示趋势窗口按钮

第6章 实战演练

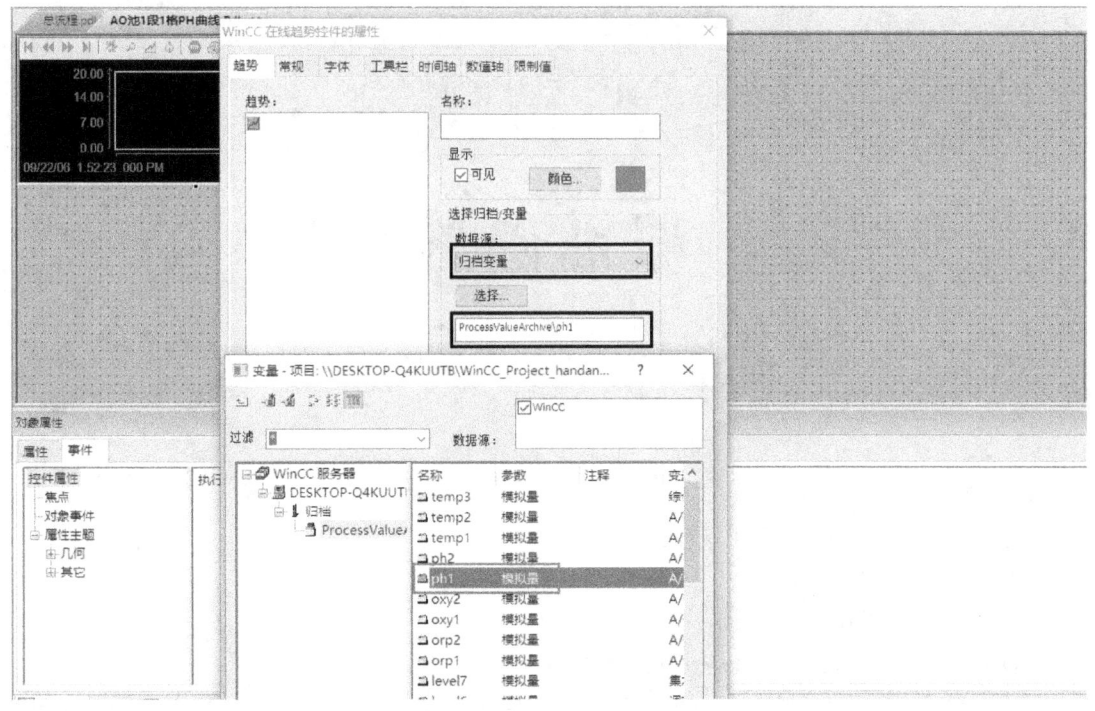

图 6-95 绑定归档变量

本 节 小 结

污水处理的案例从建立通信采集信号开始,然后创建主画面和子画面并组态在一起,最后在子画面中建立监控系统、数据采集系统和报警系统。到此,流程行业数据采集与监控系统的开发已基本完成。重点主要在于监控系统、数据采集系统和报警系统的建立。这都需要花费一定的时间去开发、测试和优化。

附录A

标准函数

1. 报警(标准函数)

这些函数的返回值为下列出错代码。

TRUE:函数执行正确。

FALSE:产生错误。

BOOL GMsgFunction(char * pszMsgData)

功能:此函数为用于单个信息的全局函数。它提供单个信息的数据,如果"触发动作"参数被设置,则该函数可以被激活。

参数:pszMsgData=存储信息记录的缓冲器指针。

BOOL OnBtnArcLong(char * pszMsgWin)和 BOOL AXC_OnBtnArcLong(char * pszMsgWin)

功能:通过图形对象完成外部信息窗口的操作。此函数显示顺序归档。

参数:pszMsgWin=信息窗口名称的指针(OnBtnArcLong()函数)。

pszMsgWin=OLE→控制→单元上的指针(AXC_OnBtnArcLong()函数)。

BOOL OnBtnArcShort(char * pszMsgWin)和 BOOL AXC_OnBtnArcShort(char * pszMsgWin)

功能:通过图形对象完成外部信息窗口的操作。此函数显示短期归档。

参数:pszMsgWin=信息窗口名称的指针(OnBtnArcShort()函数)。

pszMsgWin=OLE→控制→单元上的指针(AXC_OnBtnArcShort()函数)。

BOOL OnBtnComment(char * pszMsgWin)

功能:通过图形对象完成外部信息窗口的操作。此函数显示注释。

参数:pszMsgWin=信息窗口名称的指针。

BOOL OnBtnEmergAckn(char * pszMsgWin)

功能:通过图形对象完成外部信息窗口的操作。此函数打开确认对话框(紧急确认/重新设置)。

参数:pszMsgWin=信息窗口名称的指针。

BOOL OnBtnHornAckn(char * pszMsgWin)和(BOOL AXC _ OnBtnHornAckn(char * pszMsgWin)

功能：通过图形对象完成外部信息窗口的操作。此函数确认报警器信号（报警器确认）。

参数：pszMsgWin=信息窗口名称的指针（OnBtnHornAckn()函数）。

pszMsgWin=在 OLE→控制→单元上的指针（AXC_OnBtnHornAckn()函数）。

BOOL OnBtnInfo（char * pszMsgWin）

功能：通过图形对象完成外部信息窗口的操作。此函数显示信息文本（信息文本）。

参数：pszMsgWin=信息窗口名称的指针。

BOOL OnBtnLanguage（char * pszMsgWin）

功能：通过图形对象完成外部信息窗口的操作。此函数允许用户改变信息窗口、操作的语言（语言开关）。

参数：pszMsgWin=信息窗口名称的指针。

此函数不支持以 WinCC V4.0 启动。

BOOL OnBtnLock（char * pszMsgWin）

功能：通过图形对象完成外部信息窗口的操作。此函数激活"设置锁定"对话框。

参数：pszMsgWin=信息窗口名称的指针。

BOOL OnBtnLoop（char * pszMsgWin）和 BOOL AXC_OnBtnLoop（char * pszMsgWin）

功能：通过图形对象完成外部信息窗口的操作。此函数触发所选择信息的"循环报警"函数。

参数：pszMsgWin=信息窗口名称的指针（OnBtnLoop()函数）。

pszMsgWin=OLE→控制→单元上的指针（AXC_OnBtnLoop()函数）。

BOOL OnBtnMsgFirst（char * pszMsgWin）和 BOOL AXC_OnBtnMsgFirst（char * pszMsgWin）

功能：通过图形对象完成外部信息窗口的操作。此函数切换信息列表的起始位置（第一列表）。

参数：pszMsgWin=信息窗口名称的指针（OnBtnMsgFirst()函数）。

pszMsgWin=OLE→控制→单元上的指针（AXC_OnBtnMsgFirst()函数）。

BOOL OnBtnMsgLast（char * pszMsgWin）和 BOOL AXC_OnBtnMsgLast（char * pszMsgWin）

功能：通过图形对象完成外部信息窗口的操作。此函数切换信息列表的末尾位置（最后列表）。

参数：pszMsgWin=信息窗口名称的指针（OnBtnMsgLast()函数）。

pszMsgWin=OLE→控制→单元上的指针（AXC_OnBtnMsgLast()函数）。

BOOL OnBtnMsgNext（char * pszMsgWin）和 BOOL AXC_OnBtnMsgNext（char * pszMsgWin）

功能：通过图形对象完成外部信息窗口的操作。此函数切换信息列表中的下一个信息。

参数：pszMsgWin=信息窗口名称的指针（OnBtnMsgNext()函数）。

pszMsgWin=OLE→控制→单元上的指针（AXC_OnBtnMsgNext()函数）。

BOOL OnBtnMsgPrev（char * pszMsgWin）和 BOOL AXC_OnBtnMsgPrev（char *

pszMsgWin）

功能：通过图形对象完成外部信息窗口的操作。此函数切换信息列表中的前一个信息。

参数：pszMsgWin＝信息窗口名称的指针（OnBtnMsgPrev( )函数）。

pszMsgWin＝OLE→控制→单元上的指针（AXC_OnBtnMsgPrev( )函数）。

BOOL OnBtnMsgWin（char * pszMsgWin）和 BOOL AXC_OnBtnMsgWin（char * pszMsgWin）

功能：通过图形对象完成外部信息窗口的操作。此函数调用过程信息窗口。

备注：过程信息窗口包含没有被确认的当前信息。

参数：pszMsgWin＝信息窗口名称的指针（OnBtnMsgWin( )函数）。

pszMsgWin＝OLE→控制→单元上的指针（AXC_OnBtnMsgWin( )函数）。

BOOL OnBtnPrint（char * pszMsgWin）和 BOOL AXC_OnBtnPrint（char * pszMsgWin）

功能：通过图形对象完成外部信息窗口的操作。此函数激活报表。

参数：pszMsgWin＝信息窗口名称的指针（OnBtnPrint( )函数）。

pszMsgWin＝OLE→控制→单元上的指针（AXC_OnBtnPrint( )函数）。

BOOL OnBtnScroll（char * pszMsgWin）和 BOOL AXC_OnBtnScroll（char * pszMsgWin）

功能：通过图形对象完成外部信息窗口的操作。此函数激活水平和垂直滚动函数（自动滚动开/关）。

参数：pszMsgWin＝信息窗口名称的指针（OnBtnScroll( )函数）。

pszMsgWin＝OLE→控制→单元上的指针（AXC_OnBtnScroll( )函数）。

BOOL OnBtnSelect（char * pszMsgWin）

功能：通过图形对象完成外部信息窗口的操作。此函数激活"设置选择"对话框。

参数：pszMsgWin＝信息窗口名称的指针。

BOOL OnBtnSinglAckn（char * pszMsgWin）和 BOOL AXC_OnBtnSinglAckn（char * pszMsgWin）

功能：通过图形对象完成外部信息窗口的操作。此函数执行信息的确认（单个确认）。

参数：pszMsgWin＝信息窗口名称的指针（OnBtnSinglAckn( )函数）。

pszMsgWin＝OLE→控制→单元上的指针（AXC_OnBtnSinglAckn( )函数）。

BOOL OnBtnVisibleAckn（char * pszMsgWin）和 BOOL AXC_OnBtnVisibleAckn（char * pszMsgWin）

功能：通过图形对象完成外部信息窗口的操作。此函数执行所有在信息窗口中可见信息的确认（组确认）。

参数：pszMsgWin＝信息窗口名称的指针（OnBtnVisibleAckn( )函数）。

pszMsgWin＝OLE→控制→单元上的指针（AXC_OnBtnVisibleAckn( )函数）。

2. 画面（标准函数）

Void OpenPicture（Picture Name）

功能：用设置的画面名称打开图形。

参数：Picture Name＝画面名称。

3. 标签记录（标准函数）

int TlgGetColumnPosition(char * lpszTemplate)

返回值：制表窗口中列指针的当前位置。

功能：在制表窗口中给定列指针当前位置。制表窗口的名称以参数 lpszTemplate 传送。

参数：lpszTemplate = 制表窗口名称上的指针。

int TlgGetNumberOfColumns(char * lpszTemplate)

返回值：制表窗口中列的编号。

功能：在制表窗口中为列编号。制表窗口的名称以参数 lpszTemplate 传送。

参数：lpszTemplate = 制表窗口名称上的指针。

int TlgGetNumberOfRows(char * lpszTemplate)

返回值：制表窗口中行的编号。

功能：在制表窗口中为行编号。制表窗口的名称以参数 lpszTemplate 传送。

参数：lpszTemplate = 制表窗口名称上的指针。

int TlgGetNumberOfTrends(char * lpszTemplate)

返回值：趋势窗口中可见趋势的编号。

功能：在趋势窗口中为可见趋势编号。趋势窗口的名称以参数 lpszTemplate 传送。

参数：lpszTemplate = 趋势窗口名称上的指针。

int TlgGetRowPosition(char * lpszTemplate)

返回值：制表窗口中行指针的当前位置。

功能：在制表窗口中给定行指针当前位置。制表窗口的名称以参数 lpszTemplate 传送。

参数：lpszTemplate = 制表窗口名称上的指针。

char * TlgGetRulerArchivNameTrend(char * lpszTemplate, int nTrend)

返回值：趋势窗口中标尺位置上趋势的归档名称。

功能：在趋势窗口中的标尺位置上给趋势的归档名称一个编号"n 趋势"。趋势窗口的名称以参数 lpszTemplate 传送。

参数：lpszTemplate = 趋势窗口名称上的指针。

nTrend = 趋势的编号（0≤nTrend≤可见趋势的编号−1）。

SYSTEMTIME TlgGetRulerTimeTrend(char * lpszTemplate, int nTrend)

返回值：趋势窗口中标尺位置上趋势的时间。

功能：在趋势窗口中的标尺位置上给趋势的时间一个编号"n 趋势"。趋势窗口的名称以参数 lpszTemplate 传送。

参数：lpszTemplate = 趋势窗口名称上的指针。

nTrend = 趋势的编号（0≤nTrend≤可见趋势的编号−1）。

double TlgGetRulerValueTrend(char * lpszTemplate, int nTrend)

返回值：趋势窗口中标尺位置上趋势的值。

功能：在趋势窗口中的标尺位置上给趋势的值一个编号"n 趋势"。趋势窗口的名称以参数 lpszTemplate 传送。

参数：lpszTemplate = 趋势窗口名称上的指针。

nTrend = 趋势的编号（0≤nTrend≤可见趋势的编号−1）。

Char * TlgGetRulerVariableNameTrend(char * lpszTemplate, int nTrend)

返回值：趋势窗口中标尺位置上趋势的标签名称。

功能：在趋势窗口中的标尺位置上给趋势的标签名称一个编号"n趋势"。趋势窗口的名称以参数 lpszTemplate 传送。

参数：lpszTemplate＝趋势窗口名称上的指针。

nTrend＝趋势的编号（0≤nTrend≤可见趋势的编号-1）。

Char * TlgGetTextAtPos(char * lpszTemplate, int nColumn, int nLine)

返回值：作为文本的制表窗口单元的内容。

功能：用于过程值归档和用户归档。作为文本返回制表窗口单元内容，单元由 n 列和 n 行指定。制表窗口的名称以参数 lpszTemplate 传送。

参数：lpszTemplate＝制表窗口名称上的指针。

nColumn＝列的编号

nLine＝行的编号

BOOL TlgTableWindowPressEditRecordButton(char * lpszTemplateName)

功能：允许/不允许编辑制表窗口（切换函数）。

参数：lpszTemplateName＝应用软件窗口名称上的指针。

BOOL TlgTableWindowPressFirstButton(char * lpszTemplateName)

功能：在制表窗口的显示区域中显示第一个数据记录。显示记录的编号基于组态的时间范围。

参数：lpszTemplateName＝应用软件窗口名称上的指针。

BOOL TlgTableWindowPressHelpButton(char * lpszTemplateName)

功能：在制表窗口中显示在线帮助。

参数：lpszTemplateName＝应用软件窗口名称上的指针。

BOOL TlgTableWindowPressInsertRecordButton(char * lpszTemplateName)

功能：插入数据记录。

参数：lpszTemplateName＝应用软件窗口名称上的指针。

BOOL TlgTableWindowPressLastButton(char * lpszTemplateName)

功能：在制表窗口的显示区域中显示最后一个数据记录。显示记录的编号基于组态的时间范围。

参数：lpszTemplateName＝应用软件窗口名称上的指针。

BOOL TlgTableWindowPressNextButton(char * lpszTemplateName)

功能：在制表窗口的当前显示区域后面显示数据记录。显示记录的编号基于组态的时间范围。

参数：lpszTemplateName＝应用软件窗口名称上的指针。

BOOL TlgTableWindowPressNextItemButton(char * lpszWindowName)

功能：制表窗口的列向左移动一列，左列的位置被右列取代。

参数：lpszWindowName＝应用软件窗口名称上的指针。

BOOL TlgTableWindowPressOpenArchiveVariableSelectionDlgButton(char * lpszWindowName)

功能：打开用来连接表格列与归档和变量的对话框。

参数：lpszWindowName=应用软件窗口名称上的指针。

BOOL TlgTableWindowPressOpenDlgButton(char * lpszTemplateName)

功能：打开制表窗口的在线组态对话框。

参数：lpszTemplateName=应用软件窗口名称上的指针。

BOOL TlgTableWindowPressOpenItemSelectDlgButton(char * lpszWindowName)

功能：打开用于选择可见列的对话框。

参数：lpszWindowName=应用软件窗口名称上的指针。

BOOL TlgTableWindowPressOpenTimeSelectDlgButton(char * lpszWindowName)

功能：打开用于将表格列连接到显示数值的每个时间范围上的对话框。

参数：lpszWindowName=应用软件窗口名称上的指针。

BOOL TlgTableWindowPressPrevButton(char * lpszTemplateName)

功能：在制表窗口的当前显示区域后面显示数据记录。显示记录的编号基于组态的时间范围。

参数：lpszTemplateName=应用软件窗口名称上的指针。

BOOL TlgTableWindowPressPrevItemButton(char * lpszWindowName)

功能：制表窗口的列向右移动一列，右列的位置被左列取代。

参数：lpszWindowName=应用软件窗口名称上的指针。

BOOL TlgTableWindowPressRemoveRecordButton(char * lpszTemplateName)

功能：删除数据记录。

参数：lpszTemplateName=应用软件窗口名称上的指针。

BOOL TlgTableWindowPressStartStopButton(char * lpszTemplateName)

功能：制表窗口的更新被打开/关闭（切换函数）。

参数：lpszTemplateName=应用软件窗口名称上的指针。

BOOL TlgTrendWindowPressFirstButton(char * lpszTemplateName)

功能：在趋势窗口的显示区域中显示第一个数据记录。显示记录的编号基于组态的时间范围。

参数：lpszTemplateName=应用软件窗口名称上的指针。

BOOL TlgTrendWindowPressHelpButton(char * lpszTemplateName)

功能：显示趋势窗口的在线帮助。

参数：lpszTemplateName=应用软件窗口名称上的指针。

BOOL TlgTrendWindowPressLastButton(char * lpszTemplateName)

功能：在趋势窗口的显示区域中显示最后一个数据记录。显示记录的编号基于组态的时间范围。

参数：lpszTemplateName=应用软件窗口名称上的指针。

BOOL TlgTrendWindowPressLinealButton(char * lpszTemplateName)

功能：打开/关闭趋势窗口的标尺（切换函数）。标尺可以通过左右光标键移动。

参数：lpszTemplateName=应用软件窗口名称上的指针。

BOOL TlgTrendWindowPressNextButton(char * lpszTemplateName)

功能：在趋势窗口的当前显示区域后面显示数据记录。显示记录的编号基于组态的时间范围。

参数：lpszTemplateName=应用软件窗口名称上的指针。

BOOL　TlgTrendWindowPressNextItemButton（char * lpszWindowName）

功能：将趋势窗口中的所有趋势向前移动一个层面，前面的趋势向后移动。

参数：lpszWindowName=应用软件窗口名称上的指针。

BOOL TlgTrendWindowPressOneToOneButton（char * lpszTemplateName）

功能：趋势窗口将回到放大镜打开前的状态，放大镜被关闭。

参数：lpszTemplateName=应用软件窗口名称上的指针。

BOOL　TlgTrendWindowPressOpenArchiveTagSelectionDlg　Button（char * lpszWindowName）

功能：打开一个对话框，用来将趋势窗口的趋势连接到每个归档名称和标签上。

参数：lpszWindowName=应用软件窗口名称上的指针。

BOOL TlgTrendWindowPressOpenDlgButton（char * lpszTemplateName）

功能：打开趋势窗口的在线组态对话框。

参数：lpszTemplateName=应用软件窗口名称上的指针。

BOOL TlgTrendWindowPressOpenItemSelectDlgButton（char * lpszWindowNumber）

功能：打开用于选择可见趋势和将在前面显示的趋势对话框。

参数：lpszWindowName=应用软件窗口名称上的指针。

BOOL TlgTrendWindowPressOpenTimeSelectDlgButton（char * lpszWindowNumber）

功能：打开用于将趋势连接到显示数值的每个时间范围上的对话框。

参数：lpszWindowName=应用软件窗口名称上的指针。

BOOL TlgTrendWindowPressPrevButton（char * lpszTemplateName）

功能：在趋势窗口的当前显示区域后面显示数据记录。显示记录的编号基于组态的时间范围。

参数：lpszTemplateName=应用软件窗口名称上的指针。

BOOL TlgTrendWindowPressPrevItemButton（char * lpszWindowName）

功能：将趋势窗口中的所有趋势向后移动一个层面，后面的趋势向前移动。

参数：lpszWindowName=应用软件窗口名称上的指针。

BOOL TlgTrendWindowPressStartStopButton（char * lpszTemplateName）

功能：趋势窗口的更新被打开/关闭（切换函数）。

参数：lpszTemplateName=应用软件窗口名称上的指针。

BOOL TlgTrendWindowPressZoomInButton（char * lpszTemplateName）

功能：放大镜被打开，只能用鼠标选择比例缩放区域。

参数：lpszTemplateName=应用软件窗口名称上的指针。

4. WinCC（标准函数）

Void OnErrorExecute（CCAPErrorExecute ErrorExecute）

功能：当执行动作或函数时产生错误，调用出错执行。这可使用户执行自己的错误处理，并确定错误的原因。

参数：ErrorExecute=告知用户有关产生错误的结构。

结构定义：

```
typedef struckt
    DWORD dwCurrentThreadID;        //当前线程中的线程 ID
    DWORD dwErrorCode1;             //错误代码 1
    DWORD dwErrorCode2;             //错误代码 2
    BOOL bCycle;                    //周期/非周期
    Char * szApplicationName;       //应用软件的名称
    Char * szFunctionName;          //函数的名称
    Char * szTagName;               //标签的名称
    LPVOID lpParam;                 //动作堆栈的指针
    DWORD dwParamSize;              //动作堆栈的尺寸
    DWORD dwCycle;                  //变量的周期
    CMN ERROR * pError;             //CMN ERROR 的指针
｝CCAPErrorExecute;
```

5. Windows（标准函数）

unsigned int ProgramExecute(char * Programm Name)

功能：用提供的名称启动程序。

参数：Program Name=程序名称的指针。

6. 选项（标准函数）

BOOL GetCSigPicture (LPCSTR lpcPictureName, LPCSTR lpcObjectName, LPCSTR lpcPropertyName, LPSTR lpPictureName)

此函数是基本过程控制选项软件包的一部分。

只在内部使用。

DWORD GetSignificantMask(LPCTSTR lpszPictureName, LPCTSTR lpszObjectName)

此函数是基本过程控制选项软件包的一部分。

只在内部使用。

BOOL PASSCheckAreaPermission(LPCTSTR areaname)

此函数是基本过程控制选项软件包的一部分。

返回值：出错代码。TRUE=有权限存在；FALSE=无权限存在。

功能：确定用户是否产生用于操作指定系统的权限。

参数：areaname=系统名称。

BOOL PASSCheckAreaLevelPermission(LPCTSTR areaname,DWORD leVel)

此函数是高级过程控制选项软件包的一部分。

返回值：出错代码。TRUE=有权限存在；FALSE=无权限存在。

功能：检查用户是否具有当授权级别被传送时用于已传送系统的权限。

参数：areaname=系统名称。

　　　leVel=作为编号数值的授权级别。

Void PASSLoginDialog(TCHAR ch)

此函数是基本过程控制选项软件包的一部分。

功能：显示登录对话框，并在登录成功时将用户数据下载至共享存储器。

参数：ch = 登录用的监视器名称。

7. 报告（标准函数）

Void ReportJob(LPSTR lpJobName, LPSTR lpMethodName)

此函数将被函数 RPTJobPreview 与 RPTJobPrint 替代，因此不能继续使用。

功能：基于参数值 lpMethodName 启动打印作业或打印预览。

参数：lpJobName = 打印作业上的指针。

　　　lpMethodName = 函数模式上的指针。

BOOL RPTJobPreview(LPSTR lpJobName)

功能：启动打印作业的预览。

参数：lpJobName = 打印作业名称上的指针。

BOOL RPTJobPrint(LPSTR lpJobName)

功能：启动打印作业。

参数：lpJobName = 打印作业名称上的指针。

8. 分割画面管理器（标准函数）

BOOL AcknowledgeAllPicture(LPCTSTR pictName)

此函数是基本过程控制选项软件包的一部分。

只在内部使用。

Void GetASVarlndex(int nVarIndex, int nClassIndex, BOOL * bActiVe, BOOL * bQuit)

此函数是基本过程控制选项软件包的一部分。

只在内部使用。

int GetIndexFromMask(DWORD dwMask)

此函数是基本过程控制选项软件包的一部分。

只在内部使用。

Void GetMessageClassFromVar(TCHAR VarName VarName, int nClassIndex, BOOL * bActiVe, BOOL * bQuit)

此函数是基本过程控制选项软件包的一部分。

只在内部使用。

BOOL GetCountPicture(LPTSTR aktName, LPTSTR newName, int nNewNameLength, DWORD dwBitMask)

此函数是基本过程控制选项软件包的一部分。

只在内部使用。

BOOL LoopInAlarm(TCHAR * TagName)

此函数是基本过程控制选项软件包的一部分。

返回值：出错代码。

　　　　TRUE = 有权限存在；FALSE = 无权限存在。

功能：此函数显示提供用于标签名称的原型图形，以及连接到标签名称上的原型图形。

参数：TagName = 标签名称的指针。

Void profile(long pos no,long Value,LPCTSTR lpszPictureName)
此函数是基本过程控制选项软件包的一部分。
只在内部使用。

BOOL PTMUnload( )
此函数是基本过程控制选项软件包的一部分。
只在内部使用。
功能：此函数卸载图形树管理器。

Void reset_hoer(Tag Var)
此函数是基本过程控制选项软件包的一部分。
只在内部使用。

Void SetASVarlndex(int nVarIndex,int nClassIndex,BOOL bActiVe,BOOL bQuit)
此函数是基本过程控制选项软件包的一部分。
只在内部使用。

Void SetMessageClassToVar (TCHAR * VarName, int nClassIndex, BOOL bActiVe, BOOL bQuit)
此函数是基本过程控制选项软件包的一部分。
只在内部使用。

BOOL SFCLooplnAlarm(TCHAR * TagInfo)
此函数是高级过程控制选项软件包的一部分。
返回值：出错代码。
　　　　TRUE=函数被执行；FALSE=函数没有被执行，或输入了错误的参数。
功能：此函数打开在度量点上触发信息的 SFC 计划的浏览。
参数：TagInfo=信息缓冲器的指针。

BOOL SSMChangeButtonField(char Screen,char * PictureName)
此函数是基本过程控制选项软件包的一部分。
返回值：出错代码。
　　　　TRUE=在按钮区的显示被改变；FALSE=错误，显示没有被改变。
功能：名为 lptPictureName 的图形显示在以画面描述的监视器的按钮区。
参数：Screen=包含作为字符串的监视器编号。
　　　PictureName=名称的指针，包括扩展名将在按钮区显示的图形。

BOOL SSMChangeOverviewField(char Screen,char * PictureName)
此函数是基本过程控制选项软件包的一部分。
返回值：出错代码。
　　　　TRUE=在总览区的显示被改变；FALSE=错误，显示没有被改变。
功能：名为 lptPictureName 的图形显示在以画面描述的监视器的总览区。
参数：Screen=包含作为字符串的监视器编号。
　　　PictureName=名称的指针，包括扩展名将在总览区显示的图形。

BOOL SSMChangeWorkField(char Screen,char * PictureName,BOOL Store)
此函数是基本过程控制选项软件包的一部分。

返回值：出错代码。

    TRUE＝在总览区的显示被改变；FALSE＝错误，显示没有被改变。

功能：文件的内容显示在以画面描述的监视器的工作空间。

参数：Screen＝包含作为字符串的监视器编号。

    PictureName＝名称的指针，包括扩展名将被显示的 PDL 文件。如果名称被指定在 PictureName 中，并包括在体系中的"图形树管理器"中，则区域名为自动传送和保存。可以通过 SSMGetAreaFromPicturePath( ) 函数访问区域名。如果名称被指定在 PictureName 中的文件不在体系中（图形原型），则可以设置区域名，调用 SSMRTSetAreaToPicturePath( ) 函数。

    Store＝如果为 TRUE，则更新图形存储（TRUE 为默认值设置）。

BOOL SSMCheckWorkFieldDown(char Screen)

此函数是基本过程控制选项软件包的一部分。

返回值：出错代码。

    TRUE＝下面第一个节点中的图形存在；FALSE＝错误或下面第一个节点中的图形不存在。

功能：此函数确定在画面工作空间中的哪个图形被显示，以及图形是否存在于"图形树管理器"体系的相关下部节点中。

参数：Screen＝包含作为字符串的监视器编号。

BOOL SSMCheckWorkFieldLeft(char Screen)

此函数是基本过程控制选项软件包的一部分。

返回值：出错代码。

    TRUE＝左面节点中的图形存在；FALSE＝错误或左面节点中的图形不存在。

功能：此函数确定在画面工作空间中的哪个图形被显示，以及图形是否存在于"图形树管理器"体系的相关左面节点中。

参数：Screen＝包含作为字符串的监视器编号。

BOOL SSMCheckWorkFieldRight(char Screen)

此函数是基本过程控制选项软件包的一部分。

返回值：出错代码。

    TRUE＝右面节点中的图形存在；FALSE＝错误或右面节点中的图形不存在。

功能：此函数确定在画面工作空间中的哪个图形被显示，以及图形是否存在于"图形树管理器"体系的相关右面节点中。

参数：Screen＝包含作为字符串的监视器编号。

BOOL SSMCheckWorkFieldUp(char Screen)

此函数是基本过程控制选项软件包的一部分。

返回值：出错代码。

    TRUE＝上面下一个节点中的图形存在；FALSE＝错误或上面下一个节点中的图形不存在。

功能：此函数确定在画面工作空间中的哪个图形被显示，以及图形是否存在于"图形树管理器"体系的相关上部节点中。

参数：Screen＝包含作为字符串的监视器编号。

BOOL SSMChgWorkFieldDown(**char Screen**)
此函数是基本过程控制选项软件包的一部分。
返回值：出错代码。
    TRUE＝工作空间中的显示被改变；FALSE＝错误或工作空间中的显示没有被改变。
功能：此函数决定哪个图形显示在监视器的工作空间中。从"图形树管理器"体系的下面第一个节点得到适当的图形，并且在画面工作空间显示此图形。图形堆栈自动更新。
参数：Screen＝包含作为字符串的监视器编号。

BOOL SSMChgWorkFieldLeft(**char Screen**)
此函数是基本过程控制选项软件包的一部分。
返回值：出错代码。
    TRUE＝工作空间中的显示被改变；FALSE＝错误或工作空间中的显示没有被改变。
功能：此函数决定哪个图形显示在画面工作空间中。从"图形树管理器"体系的左面节点得到适当的图形，并且在画面工作空间显示此图形。图形堆栈自动更新。
参数：Screen＝包含作为字符串的监视器编号。

BOOL SSMCheckWorkFieldRight(**char Screen**)
此函数是基本过程控制选项软件包的一部分。
返回值：出错代码。
    TRUE＝工作空间中的显示被改变；FALSE＝错误或工作空间中的显示没有被改变。
功能：此函数决定哪个图形显示在画面工作空间中。从"图形树管理器"体系的右面节点得到适当的图形，并且在画面工作空间显示此图形。图形堆栈自动更新。
参数：Screen＝包含作为字符串的监视器编号。

BOOL SSMCheckWorkFieldUp(**char Screen**)
此函数是基本过程控制选项软件包的一部分。
返回值：出错代码。
    TRUE＝工作空间中的显示被改变；FALSE＝错误或工作空间中的显示没有被改变。
功能：此函数决定哪个图形显示在画面工作空间中。从"图形树管理器"体系的上面第二个节点得到适当的图形，并且在画面工作空间显示此图形。图形堆栈自动更新。
参数：Screen＝包含作为字符串的监视器编号。

BOOL SSMDeleteUserSettings(**LPCTSTR lpctUserName**)
此函数是基本过程控制选项软件包的一部分。
返回值：出错代码。
    TRUE＝相关用户设置被删除；FALSE＝错误。

功能：使用此函数可删除所有在标准文件夹 lpctUserName 中由 lpctUserName 创建的"分离画面管理器"中的所有文件。属于其他用户或编辑器的文件不受影响。属于当前用户的其他文件夹中的文件也不受影响。

参数：lpctUserName=设置被删除用户名的指针。

BOOL SSMGetAreaFromPath(char * PicturePath,char * AreaName,int len)

此函数是基本过程控制选项软件包的一部分。

返回值：出错代码。

   TRUE=相关用户设置被删除；FALSE=错误。

功能：此函数得到指定图形路径的系统分配。此函数不使用图形树。图形路径必须包含在工作空间或顶部区域中显示的图形的完整路径。

参数：PicturePath=图形名称的指针，包括路径。不用输入扩展名。

   AreaName=存储区域/系统名称的缓冲器的指针。

   len=AreaName 缓冲器的最大长度。

BOOL SSMGetAreaFromWorkField(char Screen,char * AreaName,int nAreaNameLen)

此函数是基本过程控制选项软件包的一部分。

返回值：出错代码。

   TRUE=无错误；FALSE=产生错误。

功能：此函数得到指定监视器中的工作空间的系统分配。

参数：Screen=包含作为字符串的监视器编号。

   AreaName=存储区域/系统名称的缓冲器的指针。

   nAreaNameLen=AreaName 缓冲器最大长度。

BOOL SSMGetAutoLoadSettings( )

此函数是基本过程控制选项软件包的一部分。

返回值：出错代码。

   TRUE=自动装载激活；FALSE=错误。

功能：此函数确定用户登录后是否自动装载用户指定的设置到运行系统中。

BOOL SSMGetContainerToPicture(char * PictureName,char * ReturnContainer,int len)

此函数是基本过程控制选项软件包的一部分。

返回值：出错代码

   TRUE=得到容器；FALSE=错误。

功能：此函数使用"图形树管理器"来得到适用于指定图形的容器。

参数：PictureName=图形名称。

   ReturnContainer=存储容器名称的缓冲器的指针。

   len=ReturnContainer 缓冲器的最大长度。

BOOL SSMGetContPict(int area no,int subarea no,char * ReturnPictureName)

此函数是基本过程控制选项软件包的一部分。

返回值：出错代码。
    TRUE＝得到图形名称；FALSE＝错误。
功能：此函数得到由系统编号和子系统编号指定容器的图形名称。如果子系统编号为0，则函数得到系统容器的图形名称。
参数：area no＝系统编号。
   subarea no＝子系统编号。
   ReturnPictureName＝存储图形名称的缓冲器的指针。

BOOL SSMGetContainer(int area no,int subarea no,char * ReturnName)
此函数是基本过程控制选项软件包的一部分。
返回值：出错代码。
    TRUE＝得到容器名称；FALSE＝错误。
功能：此函数得到由系统编号和子系统编号指定容器的容器名称。如果子系统编号为0，则系统得到系统容器的容器名称。
参数：area no＝系统编号。
   subarea no＝子系统编号。
   ReturnName＝存储容器名称的缓冲器的指针。

BOOL SSMGetRootToPicture(char * PictureName,char * ReturnRootContainer)
此函数是基本过程控制选项软件包的一部分。
返回值：出错代码。
    TRUE＝得到系统容器名称；FALSE＝错误。
功能：此函数使用图形名称来得到系统容器名称。
参数：PictureName＝图形名称。
   ReturnRootContainer＝存储系统容器名称的缓冲器的指针。

char SSMGetScreen(char * lpszPictureName)
此函数是基本过程控制选项软件包的一部分。
功能：此函数指定显示所选择图形的监视器。
参数：lpszPictureName＝将被检查的图形的指针。

BOOL SSMGetWorkFieldPicture(char Screen,char * ReturnPictureName,int len)
此函数是基本过程控制选项软件包的一部分。
返回值：出错代码。
    TRUE＝得到图形名称；FALSE＝错误。
功能：此函数得到当前在画面工作空间中显示的图形名称（包括扩展名）。
参数：Screen＝包含作为字符串的监视器编号。
   ReturnPictureName＝存储图形名称缓冲器的指针。
   len＝ReturnPictureName 缓冲器的长度。

BOOL SSMGetWorkFieldCoordinates(TCHAR cMonitor,int * pLeft,int * pTop,int * pWidth,int * pHeight)
此函数是基本过程控制选项软件包的一部分。
返回值：出错代码。

TRUE＝得到工作空间的大小和位置；FALSE＝错误。

功能：此函数得到用于 cMonitor 监视器工作空间的定位和位置，并将它装载到 pLeft、pTop、pWidth 和 pHeight 参数。

参数：cMonitor＝包含作为字符串的监视器编号。

pLeft＝装载工作空间中 x 坐标的存储位置的指针。

pTop＝装载工作空间中 y 坐标的存储位置的指针。

pWidth＝装载工作空间中宽度的存储位置的指针。

pHeight＝装载工作空间中高度的存储位置的指针。

Void SSMGetWorkFieldPath（char Screen，char ＊ ReturnBaseName，int Length）

此函数是基本过程控制选项软件包的一部分。

功能：此函数从指定监视器得到位于工作空间中图形的完整路径。

参数：Screen＝包含作为字符串的监视器编号。

ReturnBaseName＝装载路径规定按钮的指针。

Length＝ReturnBaseName 缓冲器的长度。

BOOL SSMLoadCurrentFields（LPCTSTR lpctSettingsName，LPCTSTR lpctUserName）

此函数是基本过程控制选项软件包的一部分。

返回值：出错代码。

TRUE＝得到路径设置；FALSE＝错误。

功能：从在 lpctSettingsName 中指定的文件中装载用户指定信息，其长度等于在 lpctUserName 中指定的长度，相当于存储在文件中的用户名的长度。下面的信息被装载，用于每个监视器。

- 总览区域中的图形名称。
- 工作空间中的图形名称。
- 按钮区中的图形名称。
- 此处所有在过程显示窗口中显示的图形名称和位置。
- 图形堆校。
- 图形存储。
- 此处所有可见区域的名称和位置。

参数：lpctSettingsName＝存储用户指定信息的文件名称的指针。如果 lpctSettingsName 不包含扩展名，则扩展名".SSM"被添加。如果 lpctSettingsName 不包含路径规定，则文件被设置在 lpctUserName 用户的 SSM 标准文件夹中。如果 lpctSettingsName 包含相对或绝对的路径规定，则路径被使用且不进行任何改变（不推荐）。

lpctUserName＝设置被装载的用户名称的指针。如果在 lpctUserName 中没有输入用户名（ZERO 或空字符串），则当前登录的用户名被使用。

BOOL SSMLoadSettings（TCHAR cMonitor）

此函数是基本过程控制选项软件包的一部分。

返回值：出错代码。

TRUE＝得到路径设置；FALSE＝错误。

功能：此函数在窗口显示用户指定的设置。下面的信息被指定，用于指定的监视器。
- 总览区域中的图形名称。
- 工作空间中的图形名称。
- 按钮区中的图形名称。
- 此处所有在过程显示窗口中显示的图形名称和位置。
- 图形堆栈
- 图形存储
- 此处所有可见区域的名称和位置。

参数：cMonitor=作为字符串的监视器编号选择对话框被显示在字符串上。

BOOL SSMOpenSpecField(char Screen, char * FieldName)

此函数是基本过程控制选项软件包的一部分。

返回值：出错代码。

   TRUE=无错误；FALSE=产生错误。

功能：此函数在指定监视器上打开特殊区域。

参数：Screen=包含作为字符串的监视器编号。

   FieldName=存储特殊区域名称的缓冲器的指针。

BOOL SSMOpenTopField(char Screen, char * PictureName)

此函数是基本过程控制选项软件包的一部分。

返回值：出错代码。

   TRUE=打开的过程显示窗口；FALSE=错误或不存在顶部区域。

功能：此函数打开变量大小的过程显示窗口，并使用它来显示由 PictureName 指定的图形。

参数：Screen=包含作为字符串的监视器编号。

   PictureName=将被显示在过程显示窗口中的图形名称的指针。

BOOL SSMOpenTopFieldFixedSize(char Screen, char * PictureName)

此函数是基本过程控制选项软件包的一部分。

返回值：出错代码。

   TRUE=打开的过程显示窗口；FALSE=错误。

功能：此函数打开设置大小的过程显示窗口，并使用它来显示由 PictureName 指定的图形。

参数：Screen=包含作为字符串的监视器编号。

   PictureName=将被显示在过程显示窗口中的图形名称的指针。

BOOL SSMPictureStoreGet(char Screen, char * PictureName, int len)

此函数是基本过程控制选项软件包的一部分。

返回值：出错代码。

   TRUE=已编辑的图形存储；FALSE=错误。

功能：此函数从指定监视器的图形存储中装载图形名称。

参数：Screen=包含作为字符串的监视器编号。

   PictureName=存储在图形存储中的图形名称的指针。

len＝PictureName 缓冲器的长度。

int SSMPictureStoreNum(char Screen)

此函数是基本过程控制选项软件包的一部分。

功能：此函数指定位于图形存储中的图形的编号。

参数：Screen＝包含作为字符串的监视器编号。

BOOL SSMPictureStoreSet(char Screen,char ＊ PictureName)

此函数是基本过程控制选项软件包的一部分。

返回值：出错代码。

　　　　TRUE＝已编辑的图形存储；FALSE＝错误。

功能：此函数将图形名称存储在指定监视器的图形存储中。

参数：Screen＝包含作为字符串的监视器编号。

　　　PictureName＝存储在图形存储中的图形名称的指针。

unsigned int SSMProgramExecute(char Screen,char ＊ szCommandLine)

此函数是基本过程控制选项软件包的一部分。

功能：此函数在指定监视器上启动应用软件。

参数：Screen＝包含作为字符串的监视器编号。

　　　szCommandLine＝装载程序名称的指针。

BOOL SSMPictureMemoryInquire(char Screen,char ＊ PictureName,int len,int ＊ ReturnCount)

此函数是基本过程控制选项软件包的一部分。

返回值：出错代码。

　　　　TRUE＝无错误；FALSE＝产生错误。

功能：此函数得到图形堆校中顶部存储区域的图形名称。

参数：Screen＝包含作为字符串的监视器编号。

　　　PictureName＝存储在图形堆校中的图形名称的指针。

　　　len＝PictureName 缓冲器的长度。

　　　ReturnCount＝在监视器画面图形存储中的图形（单元）编号的指针。

int SSMPictureMemoryNum(char Screen)

此函数是基本过程控制选项软件包的一部分。

功能：此函数指定在指定的监视器图形堆校中放置多少个图形。在图形堆校中最多可存储 8 个图形。

参数：Screen＝包含作为字符串的监视器编号。

BOOL SSMPictureMemoryStore(char Screen,char ＊ PictureName,int ＊ ReturnCount)

此函数是基本过程控制选项软件包的一部分。

返回值：出错代码。

　　　　TRUE＝无错误；FALSE＝产生错误。

功能：此函数将图形从适当的监视器中保存到图形堆校中。

参数：Screen＝包含作为字符串的监视器编号。

　　　PictureName＝存储在图形堆校中的图形名称的指针。

ReturnCount=监视器图形堆校的图形（元素）的号码指针。

BOOL SSMPictureMemoryRestore(char Screen, char * PictureName, int len, int * ReturnCount)

此函数是基本过程控制选项软件包的一部分。

返回值：出错代码。

    TRUE=无错误；FALSE=产生错误。

功能：此函数将图形从图形堆校中装载到适当的监视器中。

参数：Screen=包含作为字符串的监视器编号。

    PictureName=存储在图形存储中的图形名称的指针。

    len=缓冲器的长度。

    ReturnCount=监视器 Screen 图形堆校中图形编号（单元）的指针。

BOOL SSMSetAreaNameToPicture(char * PicturePath, char * AreaName)

此函数是基本过程控制选项软件包的一部分。

返回值：出错代码。

    TRUE=无错误；FALSE=产生错误。

功能：此函数为图形路径设置区域名称。区域名称不由函数测试，但是被直接存储。

参数：PicturePath=图形名称的指针，包括路径设置，不需要给扩展名。

    AreaName=连接到图形路径的区域名称的指针。

BOOL SSMSetLanguage(DWORD dwLanguage)

此函数是基本过程控制选项软件包的一部分。

返回值：出错代码。

    TRUE=无错误；FALSE=产生错误。

功能：此函数设置运行中使用的语言。

参数：dwLanguage=当前编号值在运行中使用的语言。

BOOL SSMStoreCurrentFields(LPCTSTR lpctSettingsName, LPCTSTR lpctUserName)

此函数是基本过程控制选项软件包的一部分。

返回值：出错代码。

    TRUE=得到路径设置；FALSE=错误。

功能：此函数创建在 lpctSettingsName 中指定的文件，并将用户指定的信息保存在内。下面的信息被存储，用于每个监视器。

- 总览区域中的图形名称。
- 工作空间中的图形名称。
- 按钮区中的图形名称。
- 此处所有在过程显示窗口中显示的图形名称和位置。
- 图形堆校。
- 图形存储。
- 此处所有可见区域的名称和位置。

参数：lpctSettingsName=存储用户指定信息的文件名称的指针。如果在 lpctSettingsName 中指定的文件已经存在，则它被覆盖。没有关于文件名称的限制。如果提供扩展名，则必须是".SSM"。如果 lpctSettingsName 不包含扩展名，则扩展名".SSM"被添加。如果 lpctSettingsName 不包含路径规定，则文件被设置在 lpctUserName 用户的 SSM 标准文件夹中。如果 lpctSettingsName 包含相对或绝对的路径规定，则使用路径时不进行任何改变（不推荐）。

lpctUserName＝设置被装载的用户名的指针。如果 lpctUserName 中没有输入用户名（ZERO 或空字符串），则当前登录的用户名被使用。

BOOL SSMStoreSettings(TCHAR cMonitor)

此函数是基本过程控制选项软件包的一部分。

返回值：出错代码。

    TRUE＝得到路径设置；FALSE＝错误。

功能：此函数通过选择对话框将用户指定设置存储在选择的文件中。下面的信息被存储，用于指定的监视器。

- 总览区域中的图形名称。
- 工作空间中的图形名称。
- 按钮区中的图形名称。
- 此处所有在过程显示窗口中显示的图形的名称和位置。
- 图形堆校。
- 图形存储。
- 此时所有可见区域的名称和位置。

参数：cMonitor＝作为显示选择对话框的字符串的监视器编号。

BOOL SSMUnload( )

此函数是基本过程控制选项软件包的一部分。

只在内部使用。

返回值：出错代码。

    TRUE＝无错误；FALSE＝产生错误。

功能：此函数卸载分离画面管理器。

附录B

拓展软件介绍

1. TIA Portal 简介

TIA Portal（TIA 博途）软件为全集成自动化的实现提供了统一的工程平台。用户不仅可以将组态和程序编辑应用于通用控制器，也可以应用于具有 Safety 功能的安全控制器。除此之外，还可以将组态应用于可视化的 WinCC 等人机界面操作系统和 SCADA 系统。通过在 TIA 博途软件中集成应用于驱动装置的 Startdrive 软件，用户可以对 SINAMICS 系统驱动产品进行配置和调试。结合面向运动控制的 SCOUNT 软件，还可以实现对 SIMOTION 运动控制器的组态和程序编辑。TIA 博途软件下的集成自动化大体体现在以下 3 个方面。

1）各个设备的组态、配置和编程工作高度集成。这使得各部分在组态环节中出现的参数、变量以及在编程过程中使用的参数和变量可以高度共享。

2）各部分的数据集成及统一管理。这使得操作层、控制层和现场层之间对所有变量和数据可以高度共享，成为一个整体。

3）所有部件间的通信集成配置和管理。这使得配置所有需要通信的部件更为有效，因为各部件的信息集中在一款软件中，人们只需要组态出通信意向，软件在编译过程中就可以自动匹配通信双方的相关协议和配置。

TIA 博途软件在高度集成这个大理念下制作完成，在具体使用上，结合硬件平台，优化了很多功能，也新添加了很多实用的功能，可以大体概括为如下特点。

1）友好的界面。在 TIA 博途软件的界面上，以项目树为核心。项目中的所有文件通过树形逻辑结构整合在项目树中。单击项目树中的相应文件，可以在工作区打开该文件的逻辑窗口，同时巡视窗口显示相应的属性信息。各个资源卡智能地根据编辑的文件选择当前所需的资源。每个窗口都可以固定位置，也可以游离到主窗口之外的任意位置，便于多屏编辑时使用。

2）更加方便的帮助系统。软件不仅编辑了大量的帮助信息，并将这些信息有效编排和索引而且在进行编辑的时候，如果需要对某个按钮或属性值进行查询帮助，那么只需将鼠标指针放在其上方，便会显示一个概括的帮助信息，单击这个帮助信息，便会展开一个更详尽的帮助信息。再次单击其中的超链接，会进入帮助系统。这样的设计，使得程序的编辑可以高效进行。

3）FB 块的调用和修改更加方便。当 FB 块的调用被建立或删除的时候，软件可以自行管理背景数据库的建立、删除和分配。当 FB 块被修改后，其对应的所有背景数据块也会自行更新。

4）变量具有内置 ID 机制。在标签表中，变量除了有绝对地址和符号地址以外，还有一个内置的 ID 号。这样，任意修改一个变量的绝对地址或符号地址，都不会影响程序中相关变量的访问。

5）与 Office 软件实现互联互通。TIA 博途软件中的所有表格都可以与 Excel 软件的表格实现复制、粘贴。

6）SCL、Graph 语言的使用更加灵活。无须任何附加软件，便可直接建立 SCL 语言和 Graph 语言编辑的程序块。

7）优化的程序块功能更加强大。优化的 OB 块，对中断 OB 内的临时变量进行了重新梳理，使用更加便利。对于优化的 OB 块，CPU 访问数据更加快速，并可以在不改变原有数据的情况下向某 DB 块内添加新变量（下载而不初始化 DB 块）。

8）更加丰富的指令系统。重新规划了全新的指令系统，在经典 Step7 下，很多库中的功能整合在指令中。在全新的指令体系下，增添了 IEC 标准指令、工艺指令和可内部转换类型的指令（比如输入一个数学公式，可以直接得到计算结果，即使公式内部类型不一致，也可以被隐形转换）。

9）更加丰富的调试工具。除了优化原有的调试功能外，还增加了很多新功能，如可以基于某个 OB 块的循环周期采样记录某个变量的变化状况。

10）HMI、PLC 之间资源的高度共享。PLC 中的变量可以直接拖到 HMI 界面上，软件自动将该变量添加到变量词典中。

11）整合了 HMI 面板下的一些常用功能。如时间同步、在 HMI 上显示 CPU 诊断缓存等功能，不再需要烦琐的程序和设置来实现，可直接通过简单设置和相应控件完成。

12）更好的程序保护措施。程序的加密功能更加强大（仅限 S7-1200/1500）。一段程序可以和 SD 卡上的序列号绑定，也可以与 CPU 序列号绑定。加密的程序即便整体复制，也无法在其他 PLC 上运行。

2. S7-PLCSIM 简介

高效仿真对于学习及使用 TIA 博途软件非常重要。针对博途软件，西门子重新开发了 S7-PLCSIM 仿真工具。在无真实硬件的情况下，使用 S7-PLCSIM 仿真工具可以对所编写的程序进行仿真和调试。S7-PLCSIM 具有以下优点。

1）可在 PG/PC 上进行不依赖于硬件的 S7 程序测试。

2）可在程序开发早期消除错误。

3）降低开发成本，加速开发进程，提高程序质量。

4）适用于 LAD、FBD、STL、S7-GRAPH、S7-HiGraph、S7-SCL、CFC、S7-PDIAG、WinCC（本地安装）。

但是其作为 S7-PLC 仿真工具，并不能完全代替真实的 PLC，它与真实的硬件 PLC 有着如下的差别。

1）当对 S7-PLCSIM 进行"STOP"操作后，程序再开始时，从中断处开始执行。

2）当对 S7-PLCSIM 进行"STOP"操作时，不影响输出状态。

3）当在子窗口修改变量时，其修改立刻有效，而不会等到下个周期。

4）可以手动修改或复位定时器的值。

5) 可以实现单周期操作模式。

6) 可以触发中断 OB 块。

7) 对过程映像区的修改立刻生效。

8) 不支持所有的诊断信息，如 EEPROM 错误。

9) 不支持多 CPU 模式。

10) S7-PLCSIM 提供高档 CPU 才拥有的系统资源（如定时器范围为 T0～T2047），所以使用 S7-PLCSIM 模拟通过的程序（假设使用了定时器 T2000），可能会无法下载到低档 CPU 上运行（例如，CPU315-2AG10-0AB0 定时器的范围为 T0～T255）。

11) 不支持 FM 功能模块。

12) 不支持通信功能。

13) S7-PLCSIM 类似于 400CPU，有 4 个累加器，所以不同于仅有两个累加器的 300CPU。

14) 调用以下块时，S7-PLCSIM 执行空操作。SFB12、SFB13、SFB14、SFB15、SFB16、SFB19、SFB20、SFB21、SFB22、SFB23、SFB41、SFB42、SFB43、SFB44、SFB46、SFB47、SFB48、SFB49、SFB60、SFB61、SFB62、SFB63、SFB64、SFB65、SFC7、SFC11、SFC12、SFC25、SFC35、SFC36、SFC37、SFC38、SFC48、SFC60、SFC61、SFC62、SFC65、SFC66、SFC67、SFC68、SFC69、SFC72、SFC73、SFC74、SFC81、SFC82、SFC83、SFC84、SFC87、SFC102、SFC103、SFC105、SFC106、SFC107、SFC108、SFC126、SFC127、OB55、OB56、OB57、OB61、OB62、OB63、OB64、OB81、OB84、OB87、OB88、OB90。

3. 应用实例

本例使用 TIA Portal（TIA 博途）作为 PLC 编程组态软件，使用 S7-PLCSIM 作为 S7-PLC 仿真工具，WinCC 作为数据采集与监控软件连接 S7-PLCSIM 仿真器，在线修改 PLC 程序的值，达到模拟一个简单的电机起停的效果。

(1) TIA Portal PLC 编程

1) 打开西门子 PLC 编程软件 TIA Portal，图标如图 B-1 所示。

2) 进入 Portal 视图界面，选择"创建新项目"选项，并为新项目命名（如"电机的启停"），设置保存路径，然后单击"创建"按钮，如图 B-2 所示。

图 B-1 TIA Portal 图标

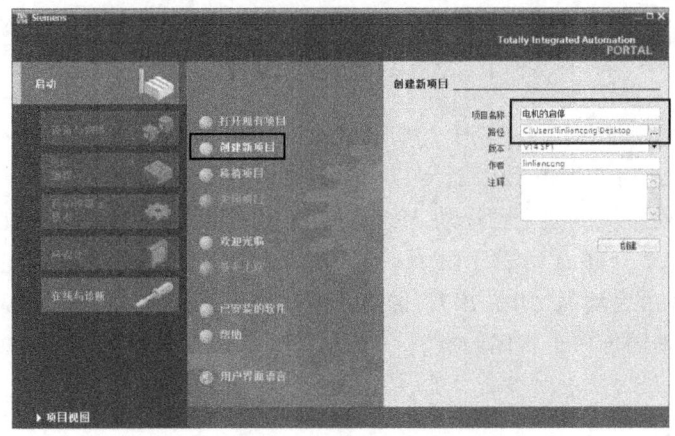

图 B-2 在 Portal 视图中创建新项目

3）创建完毕之后打开 Portal 项目视图，如图 B-3 所示。

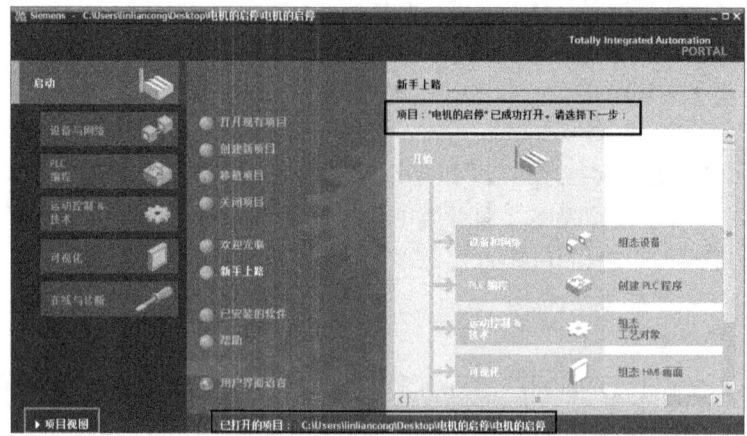

图 B-3　打开 Portal 项目视图

4）进入项目视图界面，双击项目树中的"添加新设备"进行新设备的添加，如图 B-4 所示。

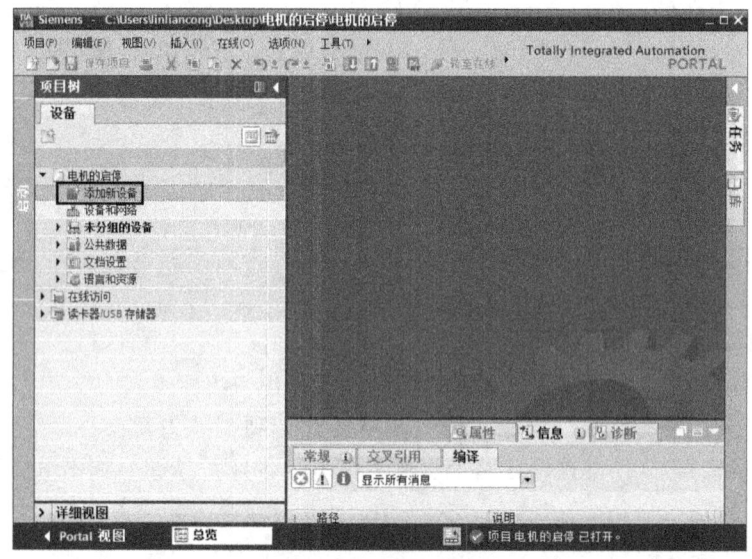

图 B-4　项目视图界面

5）为设备添加一个 S7-PLC CPU（如 SIMATIC S7-1200），如图 B-5 所示。

6）添加新 CPU 后，为该 CPU 配置以太网地址，如图 B-6 所示。

7）双击打开程序块中的主程序块 Main［OB1］，然后编写电机启停的简单程序，使用鼠标左键拖动一个常开触点到程序段 1，输入变量地址"M0.1"，接着选中常开触点并右击，重命名变量为"启动"，如图 B-7、图 B-8 所示。

8）同理，分别添加一个常闭触点、一个线圈、一个常开触点，完成整段程序编写，如图 B-9 所示。

(2) S7-PLCSIM 仿真

1）单击博途项目视图工具栏中的小计算机图标，打开 PLC 仿真器，如图 B-10 所示。

附录B 拓展软件介绍

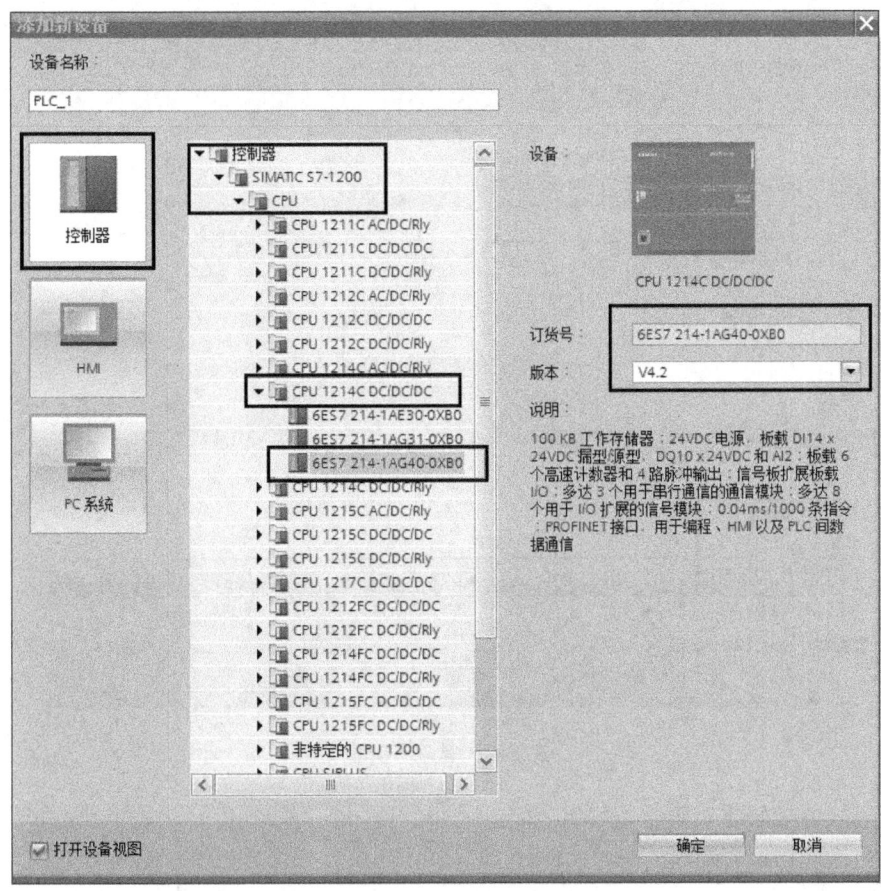

图 B-5 添加新 CPU

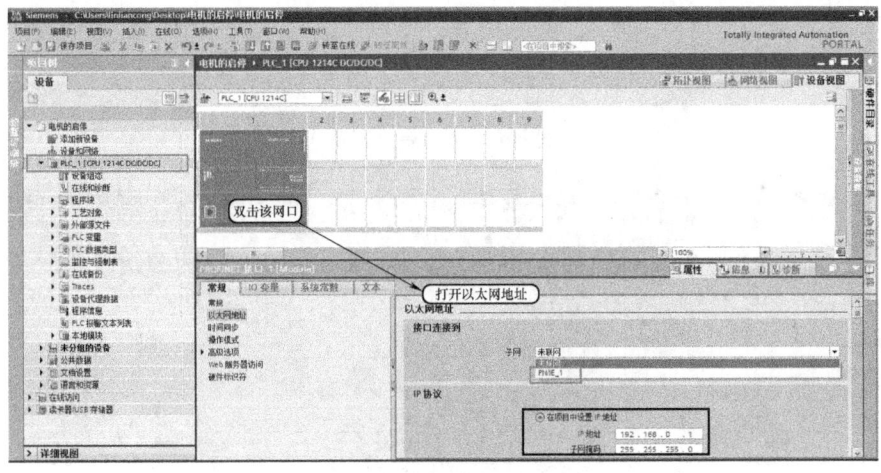

图 B-6 配置以太网地址

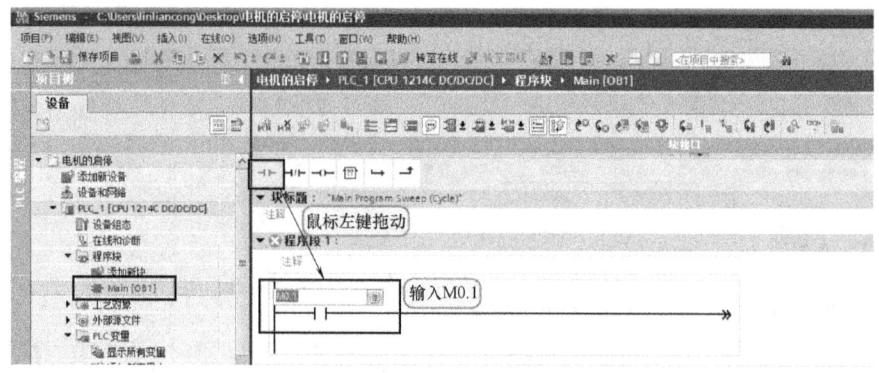

图 B-7　添加常开触点

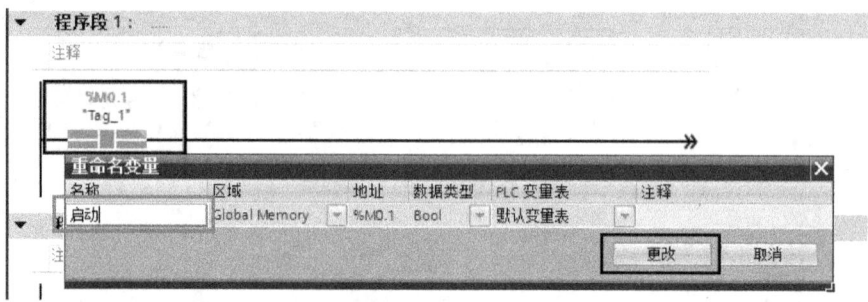

图 B-8　重命名变量

图 B-9　电机启停程序

图 B-10　打开 PLC 仿真器

2）单击工具栏中的"下载到设备"按钮，开始搜索设备，如图 B-11 所示。

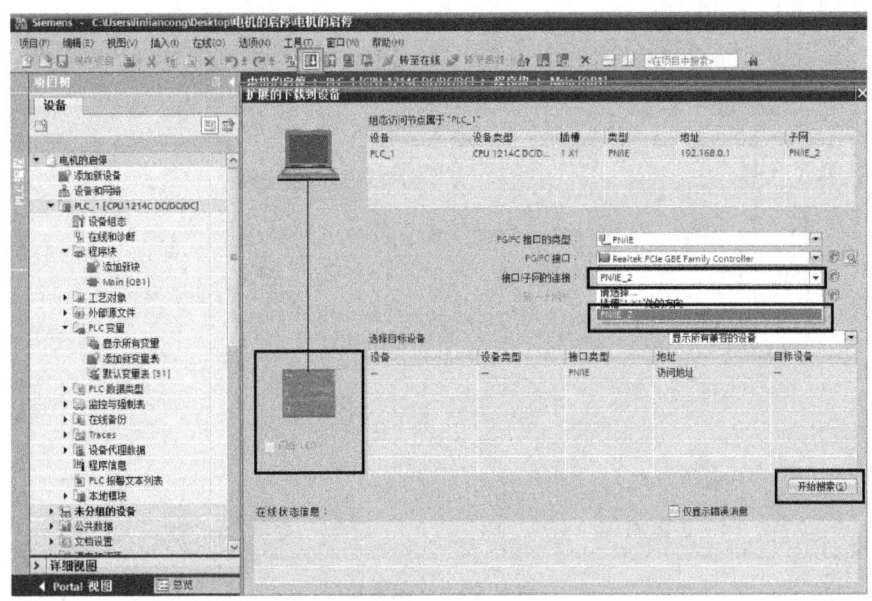

图 B-11 搜索设备

3）搜索到 IP 为 192.168.0.1 的设备，无报错信息后，单击"下载"按钮，如图 B-12 所示。

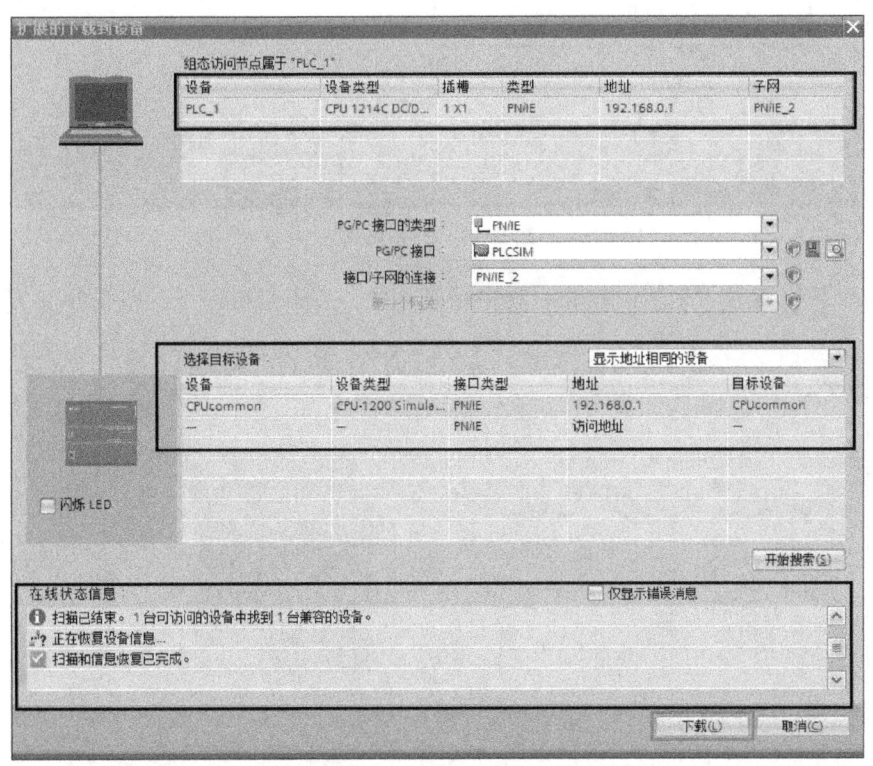

图 B-12 下载程序

4）在弹出的下载预览框中再次确认没有报错后，分别单击"装载"按钮和"完成"按钮，如图 B-13 和图 B-14 所示。

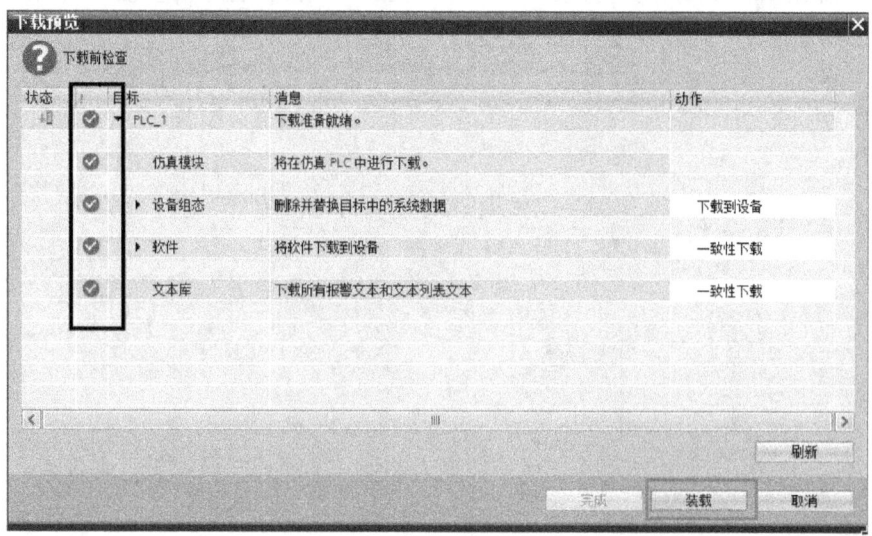

图 B-13　下载预览

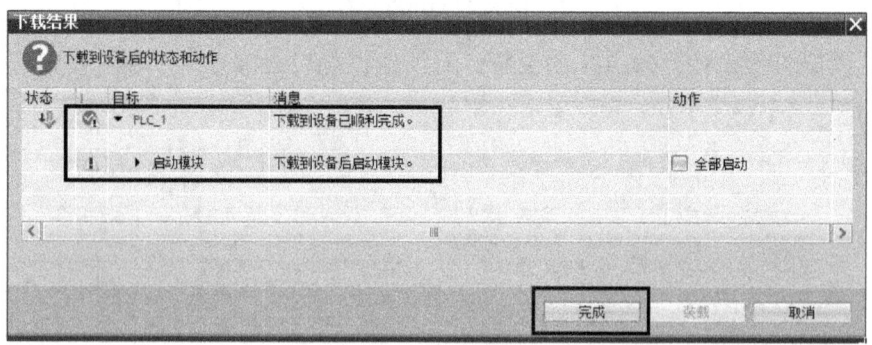

图 B-14　下载完成

5）单击仿真器的"RUN"按钮，程序转至在线，启用监视程序，如图 B-15 所示。

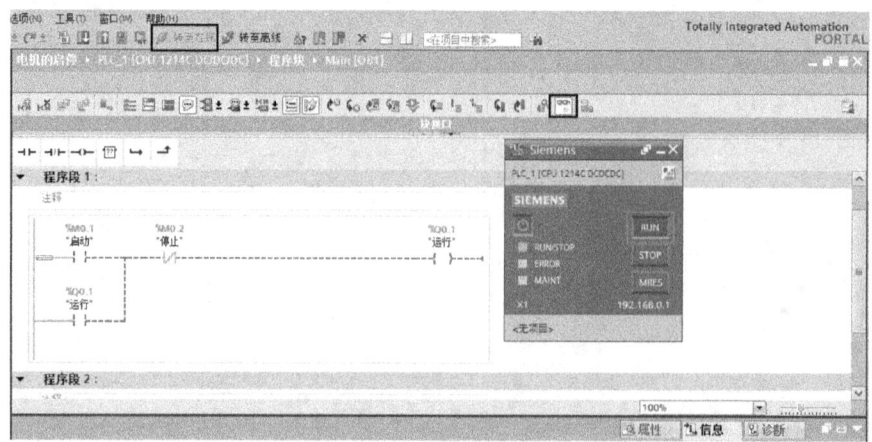

图 B-15　启用监视程序

6)启动电机,选中常开触点并右击,修改值为 1,则线圈通电,电机转动,再把常开触点修改为 0,方便下一次启动(理解为一个按钮,按下去为 1,松开复位为 0),如图 B-16 所示。

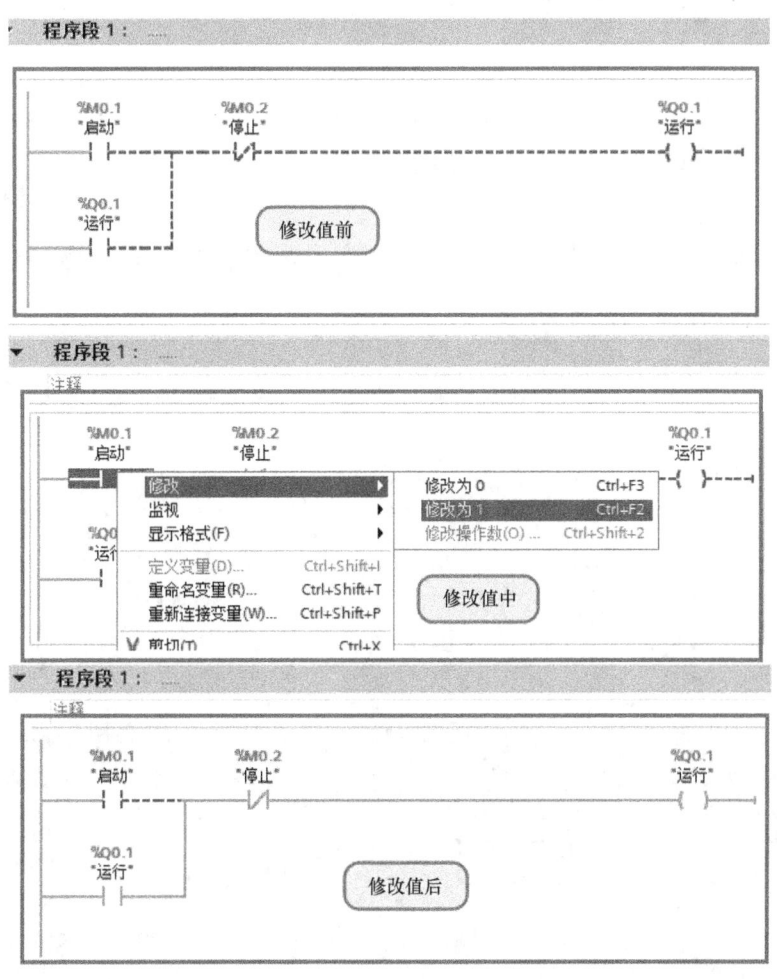

图 B-16 启动电机

7)停止电机,选择常闭触点并修改值为 1,则线圈断电,电机停止转动,再把常闭触点修改值为 0,方便下次停止,如图 B-17 所示。

(3)WinCC 组态

1)打开 WinCC,创建一个命名为"WinCC"的多用户项目,并创建一个名为"Motor"的画面,如图 B-18 所示。

2)打开变量管理器,右击"变量管理",添加"SIMATIC S7-1200,S7-1500 Channel",新建一个名为"Motor"的连接,并修改参数(访问点以实际使用网卡为准),如图 B-19 所示。

3)激活并运行 WinCC 项目,读取 PLC 变量,如图 B-20 所示。

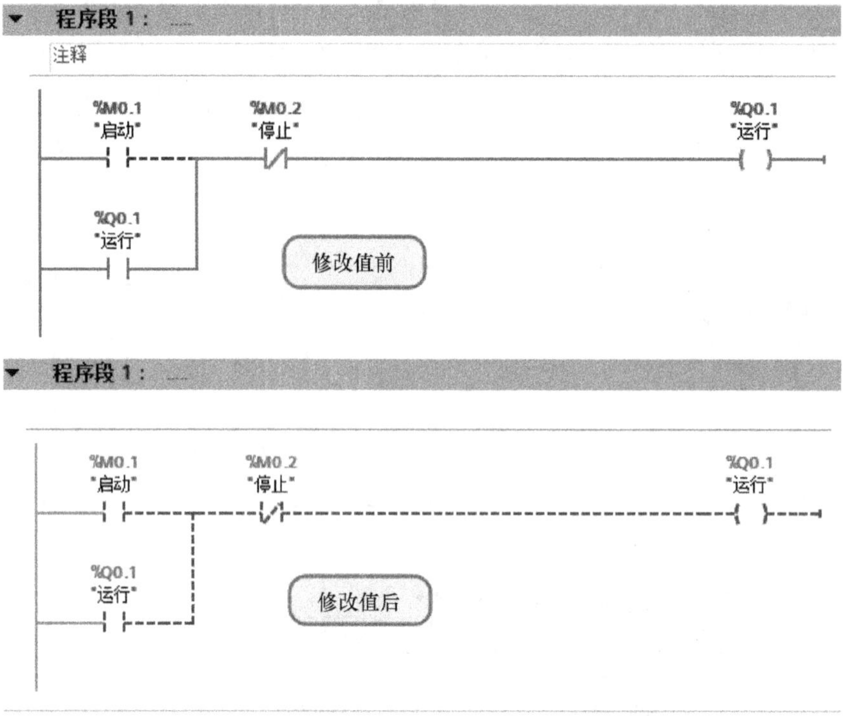

图 B-17 停止电机

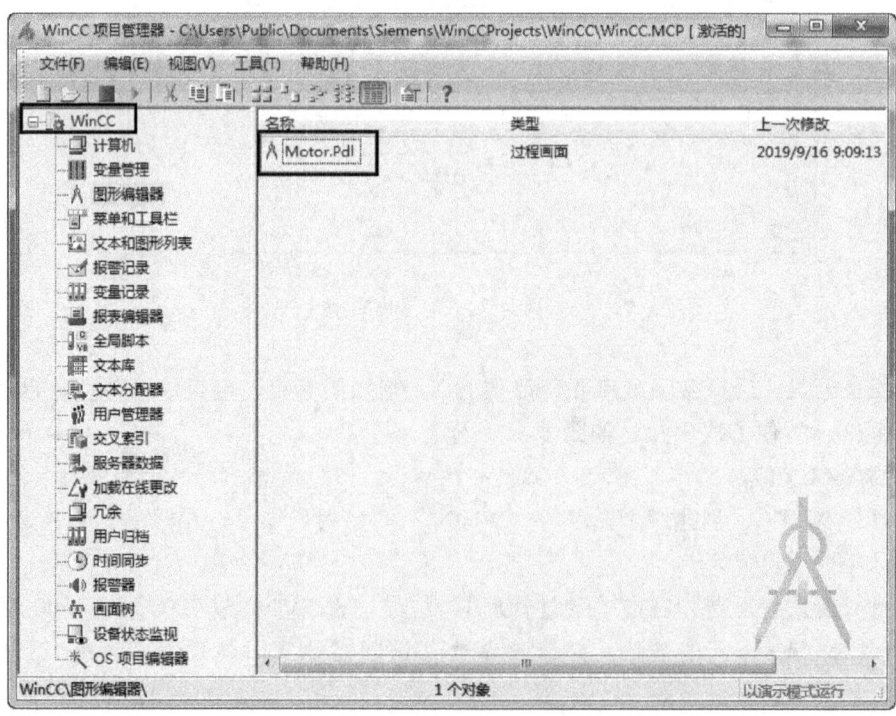

图 B-18 新建项目和画面

附录B 拓展软件介绍

图 B-19　新建连接

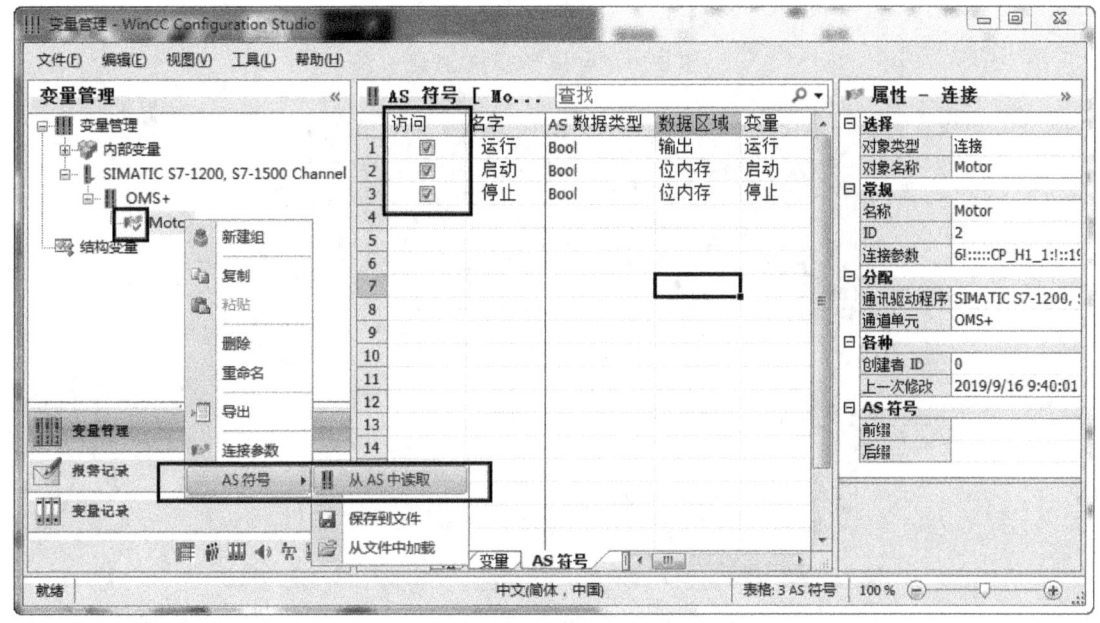

图 B-20　读取 PLC 变量

4）打开"Motor"画面，添加两个按钮，分别命名为"启动"和"停止"，选中"启动"按钮，在"对象属性"面板中选择"事件"选项卡，单击其中的"鼠标"属性，右击"按左键"，选择"直接连接"命令，在打开的"直接连接"对话框中修改参数，如图 B-21 所示。

5）同理，在"事件"选项卡的"鼠标"属性中右击"释放左键"，选择"直接连接"命令，在打开的"直接连接"对话框中修改参数，修改"常数""1"为"0"。对"停止"按钮进行组态。

6）激活并运行"Motor"画面，分别单击"启动"和"停止"按钮，观察 TIA Portal 中的程序变化，如图 B-22 所示。

工业数据采集与管理系统（下册）

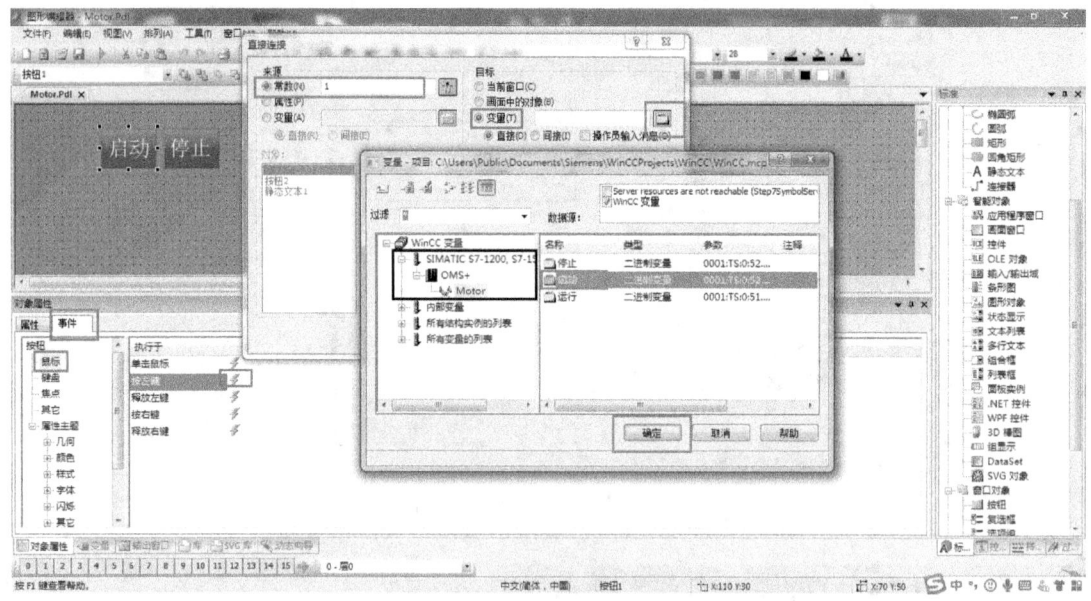

图 B-21 组态"启动"按钮

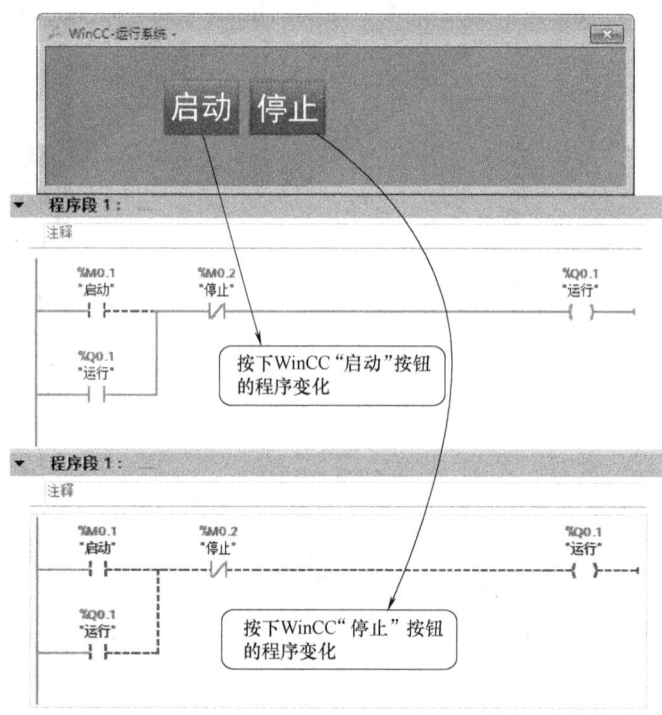

图 B-22 WinCC 控制电机启停

结 束 语

WinCC 具有强大的脚本编译范围，包括从图形对象上单个的动作到完成的功能以及独立于单个组件的全局动作脚本。WinCC 是通用的应用程序，适合工业领域的解决方案内置操作和管理功能，可简单、有效地进行组态，可基于 Web 持续延展，采用开放性标准，集成简便。集成的 Historian 系统作为 IT 和商务集成的平台、可用选件、附加件进行扩展，"全集成自动化"的组成部分适用于所有工业和技术领域的解决方案。

希望读者通过整本书的学习能在已基本认识 WinCC 的基础上有更深层的理解，可以熟练地编写脚本系统以及熟练应用图形编辑器里的控件，在对数据库有一定认识的基础上学会如何使用 WinCC 归档数据库，了解 WinCC 如何与其他软件进行通信数据交互。

参 考 文 献

［1］ 刘彬彬，高春艳，孙秀梅. Visual Basic 从入门到精通 ［M］. 北京：清华大学出版社，2010.
［2］ 韩旭，王娣. C 语言从入门到精通 ［M］. 北京：清华大学出版社，2010.
［3］ 梁绵鑫，边春元. WinCC 基础及应用开发指南 ［M］. 北京：机械工业出版社，2009.
［4］ 李俊民. 零基础学 Visual Basic ［M］. 北京：机械工业出版社，2010.
［5］ 甄立东. 西门子 WinCC V7 基础与应用 ［M］. 北京：机械工业出版社，2011.
［6］ 向晓汉. 西门子 WinCC V7 从入门到提高 ［M］. 北京：机械工业出版社，2012.
［7］ 石正喜. MySQL 数据库实用教程 ［M］. 北京：北京师范大学出版社，2014.
［8］ 姜建芳. 西门子 WinCC 组态软件工程应用技术 ［M］. 北京：机械工业出版社，2015.
［9］ 王前厚. 西门子 WinCC 从入门到精通 ［M］. 北京：化学工业出版社，2017.
［10］ STONETRE. WinCC V7.3_C 脚本手册 ［EB/OL］. (2017-9-18) ［2017-12-10］. https://wenku.baidu.com/view/96125367580216fc700afdf4.html.
［11］ 梁智斌. WinCC 应用与提高 ［EB/OL］. ［2017-12-10］. http://course.jcpeixun.com/1759/.
［12］ 张硕. TIA 博途软件与 S7-1200/1500 PLC 应用详解 ［M］. 北京：电子工业出版社，2017.
［13］ 陈华. 西门子 SIMATIC WinCC 使用指南：上册 ［M］. 北京：机械工业出版社，2019.
［14］ 陈华. 西门子 SIMATIC WinCC 使用指南：下册 ［M］. 北京：机械工业出版社，2019.